感情形容詞の用法
現代日本語における使用実態

On the Use of Emotional Adjectives ; How Emotional Adjectives are Used in Contemporary Japanese

村上佳恵
KAE MURAKAMI

笠間書院

目 次

序章

1. 本書の目的 …………………………………………………………… *1*
2. 本書の術語について ………………………………………………… *3*
3. 本書の構成 …………………………………………………………… *5*
4. 用例について ………………………………………………………… *23*
5. BCCWJ について …………………………………………………… *23*

第1章　感情形容詞研究の軌跡

1. 研究史のキーワード「対象語」と「属性と情意の綜合的な表現」、
   「人称制限」…………………………………………………………… *26*
   - 1.1. 時枝誠記（1941）（1950）……*26*
   - 1.2. 小山敦子（1966）……*28*
2. 対象語 ………………………………………………………………… *29*
   - 2.1. なぜガ格でマークされるのか……*29*
     - 2.1.1. 寺村秀夫（1982）……*29*
     - 2.1.2. 北原保雄（2010）……*30*
   - 2.2. 対象語は主語か目的語か……*31*
     - 2.2.1. 橋本進吉（1969）……*31*
     - 2.2.2. 鈴木重幸（1972a）（1972b）……*32*
     - 2.2.3. 久野暲（1973）……*32*
     - 2.2.4. 柴谷方良（1978）……*33*
3. 「属性と情意の綜合的な表現」……………………………………… *35*
   - 3.1. 三田村紀子（1966）……*35*
   - 3.2. 寺村秀夫（1982）……*35*
   - 3.3. 篠原俊吾（2008）……*36*
4. 人称制限 ……………………………………………………………… *38*

    4.1. 寺村秀夫（1971）（1973）……*38*
    4.2. 金水敏（1989）……*38*
    4.3. 益岡隆志（1997）……*39*
 5．形容詞の分類 …………………………………………………… *40*
    5.1. 感情形容詞と属性形容詞を中心とした分類……*41*
       5.1.1. 三田村紀子（1966）……*41*
       5.1.2. 西尾寅弥（1972）……*42*
       5.1.3. 草薙裕（1977）……*43*
       5.1.4. 寺村秀夫（1982）……*45*
       5.1.5. 細川英雄（1989）……*46*
       5.1.6. 小針浩樹（1994）……*46*
       5.1.7. 仁田義雄（1998）……*48*
       5.1.8. 北原保雄（2010）……*49*
    5.2. 状態形容詞と質形容詞……*49*
       5.2.1. 荒正子（1989）、樋口文彦（1996）……*49*
       5.2.2. 八亀裕美（2008）……*51*
    5.3. 「文機能」からの分類　山岡政紀（2000）……*53*
    5.4. 先行研究の形容詞分類に対する考え……*56*
 6．まとめ ………………………………………………………… *57*

第2章　現代日本語の形容詞分類
 ——様態のソウダを用いて——

1．感情形容詞とはどのような形容詞か ……………………… *59*
2．感情形容詞の定義 …………………………………………… *61*
3．分類の指標にソウダを用いる理由 ………………………… *61*
4．分類の指標 …………………………………………………… *62*
    4.1. 様態のソウダの2つの解釈……*62*
    4.2. 3つの指標……*66*
    4.3. 指標1・2……*67*

4.4.　指標3……*72*
5．分類の対象と分類の際に問題となる語 …………………………………　*74*
6．分類の結果 ………………………………………………………………　*77*
7．まとめ ……………………………………………………………………　*79*

第3章　イ形容詞の使用実態
　　　　──感情形容詞と属性形容詞の比較──

1．形容詞の使われ方をめぐる先行研究 ……………………………………　*82*
2．調査の対象の形容詞 ……………………………………………………　*84*
　　2.1.　調査対象の語彙数……*84*
　　2.2.　4つの形容詞群のデータ……*85*
3．活用形による分類 ………………………………………………………　*88*
　　3.1.　活用形別のデータ……*89*
　　3.2.　感情形容詞の語幹の出現頻度が高い理由……*92*
4．文の成分による分類 ……………………………………………………　*94*
　　4.1.　文の成分として何をたてるか……*94*
　　4.1.　文の成分別データ……*100*
　　4.3.　χ^2 検定……*103*
　　　　4.3.1.　修飾部の有意差について……*105*
　　　　4.3.2.　動詞句述部の有意差について……*106*
　　　　4.3.3.　形容詞述部と補部の有意差について……*109*
5．活用形と文の成分の関係 ………………………………………………　*109*
　　5.1.　終止形……*109*
　　5.2.　連体形……*111*
　　5.3.　連用形……*112*
　　5.4.　未然形……*113*
　　5.5.　意志推量形……*114*
　　5.6.　仮定形……*114*
　　5.7.　命令形……*114*

6. まとめ …………………………………………………………… *115*

第4章　感情形容詞が述語となる複文
——「動詞のテ形、感情形容詞」——

1. 「*友達に会わなくて、寂しいです」は、なぜおかしいのか………… *117*
   1.1. 「Vテ、感情形容詞」の適格性……*117*
   1.2. 非意志的な表現とは……*120*
2. 「Vテ、感情形容詞」の２分類 ………………………………… *121*
3. ［対象事態］の自己制御性 ……………………………………… *122*
   3.1. ［対象事態］の下位分類……*122*
   3.2. А 前件と後件が同一主体……*123*
      3.2.1. 前件肯定……*124*
      3.2.2. 前件否定……*127*
      3.2.3. 前件肯定の場合の自己制御性について……*128*
      3.2.4. 前件否定の場合の自己制御性について……*130*
   3.3. Ｂ 前件と後件が異主体……*133*
   3.4. Ｃ 前件の主体が人間以外……*133*
   3.5. ［対象事態］Ａ・Ｂ・Ｃの自己制御性……*134*
4. ［対象認識］の自己制御性 ……………………………………… *134*
   4.1. ［対象認識］と［対象事態］の関係……*135*
   4.2. ［対象認識］の自己制御性……*136*
5. ［対象事態］の受身と受益表現 ………………………………… *138*
   5.1. 受身と受益表現はいつ使われるのか……*138*
   5.2. 「Vテ、感情」の受身と受益表現に関する先行研究……*139*
   5.3. 前件に後件の主体が関与する場合……*140*
   5.4. 前件に後件の主体が関与しない場合……*141*
      5.4.1. 好ましいこと……*141*
      5.4.2. 好ましくないこと……*142*
   5.5. 受身と受益表現をいつ使うのか……*144*

6.「Vテ、感情形容詞」と「〜カラ、感情形容詞」
「〜ノデ、感情形容詞」 ………………………………………………… *144*
 6.1.　「〜カラ、感情形容詞」と「〜ノデ、感情形容詞」は
   いつ使われるのか……*145*
 6.2.　［条件的理由］……*146*
5. まとめ ………………………………………………………………………… *148*

第5章　連体修飾用法の感情形容詞と被修飾名詞の意味関係
——うれしい話、うれしい人、うれしい悲鳴——

1. 連体修飾用法の感情形容詞と被修飾名詞の意味的関係をめぐる問題　*153*
 1.1.　西尾寅弥（1972）……*153*
 1.2.　畢暁燕（2010）……*153*
 1.3.　寺村秀夫（1975）……*155*
 1.4.　意味的分類と統語的分類のかかわり……*157*
2. 考察の対象 …………………………………………………………………… *158*
3. 感情形容詞と被修飾名詞の意味的関係の7分類 ………………………… *159*
 3.1.　［対象］……*159*
 3.2.　［経験者］……*160*
 3.3.　［とき］……*160*
 3.4.　［内容］……*162*
 3.5.　［表出物］……*164*
 3.6.　［相対補充］……*168*
 3.7.　［その他］……*169*
4. 連体修飾用法の感情形容詞は被修飾名詞の属性を表すか ……………… *172*
5. 分類に迷う例 ………………………………………………………………… *174*
 5.1.　周辺的な例……*174*
  5.1.1.　［対象］……*174*
  5.1.2.　［経験者］……*175*
  5.1.3.　［とき］……*176*

5.1.4.　［表出物］……*177*
　　5.2.　感情を表していない形容詞……*178*
6．連体修飾用法の感情形容詞の使用実態 ………………………………… *179*
　　6.1.　結果……*180*
　　6.2.　考察……*180*
7．まとめ ………………………………………………………………………… *187*

第6章　感情形容詞の副詞的用法

1．悲しく｛聞く／枯れる／演じる｝は、何が悲しいのか ………………… *190*
2．感情形容詞の副詞的用法をめぐる先行研究 ……………………………… *191*
　　2.1.　副詞全体の中で感情形容詞の副詞的用法について言及した研究……*191*
　　2.2.　感情形容詞の副詞的用法の研究……*194*
　　2.3.　情態修飾成分と結果構文の先行研究……*196*
3．考察の対象 …………………………………………………………………… *198*
　　3.1.　感情形容詞……*198*
　　3.2.　副詞的成分とは……*200*
4．感情形容詞の副詞的用法の２分類 ………………………………………… *201*
5．動作主認識の副詞的成分 …………………………………………………… *202*
　　5.1.　動作主認識の副詞的成分と述語動詞の関係……*203*
　　　5.1.1.　認識系の動詞……*203*
　　　5.1.2.　認識系以外の動詞……*205*
　　5.2.　主体……*207*
　　　5.2.1.　主体が特定の例……*207*
　　　5.2.2.　主体が不特定の例……*210*
　　5.3.　形容詞の偏り……*211*
6．話者認識の副詞的成分 ……………………………………………………… *213*
　　6.1.　副詞的成分と述語動詞の関係……*213*
　　6.2.　主体……*216*
7．まとめ ………………………………………………………………………… *218*

第 7 章　日本語教育への応用に向けて

1. 初級の日本語の教科書で「Ｖテ、感情形容詞」をどう扱えばよいか… *222*
2. 「Ｖテ、感情形容詞」が適格文となる条件
   （日本語教育への応用に向けて） ……………………………………………… *223*
3. 「Ｖテ、感情動詞」と「Ｖテ、感情形容詞」の比較 ………………… *226*
   3.1. ［対象認識］の前件の制限…… *226*
   3.2. 「Ｖテ、感情動詞」の［対象認識］の前件の動詞…… *228*
4. 初級の日本語の教科書の分析 ……………………………………………… *231*
   4.1. 可能形の取り扱い…… *232*
      4.1.1. 日本語の可能表現の 2 分類…… *232*
      4.1.2. 出来事の成立と動作主の意図の関係…… *233*
      4.1.3. 初級の日本語の教科書の可能形の取り扱いの有無と取り扱い方…… *235*
   4.2. 「Ｖテ、感情」の取り扱い…… *248*
      4.2.1. 「Ｖテ、感情」の取り扱いの有無…… *248*
      4.2.2. 「Ｖテ、感情」の取り扱い方…… *248*
      4.2.3. 「Ｖテ、感情」の例文の分析…… *256*
   4.3. 初級の日本語の教科書の問題点…… *262*
5. 「Ｖテ、感情形容詞」の産出に向けて ……………………………… *262*
   5.1. 学習者に提示するルール…… *263*
   5.2. 日本語教師向け文法解説…… *264*
6. まとめ ……………………………………………………………………………… *265*

終章　まとめと今後の課題

1. 感情形容詞の分類 ………………………………………………………………… *268*
2. イ形容詞の使用実態──感情形容詞と属性形容詞の比較── ……………… *270*
3. 感情形容詞が述語となる複文 ………………………………………………… *272*
4. 感情形容詞の連体修飾用法 …………………………………………………… *275*
5. 感情形容詞の副詞的用法 ……………………………………………………… *275*

6．日本語教育に向けて …………………………………………… *277*
7．感情形容詞の3つの用法 ……………………………………… *278*
8．今後の課題 ……………………………………………………… *279*

参考文献……*281*

初出一覧……*289*

あとがき……*290*

索引（事項・人名）……*292*

序　章

１．本書の目的

　形容詞という品詞に分類される語には、「大きい」「白い」といった物の性質を表す語もあれば、「うれしい」「悲しい」という人間の感情を表す語もある。前者は、属性形容詞、後者は、感情形容詞と呼ばれている。本書は、感情形容詞についてまとめたものである。

　筆者は、日本語教師として、日本語を母語としない学生に日本語を教えてきた。日本語を教えていると、「この文は、おかしい。でも、どうしておかしいのだろう」という文に日々出くわす。筆者が、最も悩んだのは、次の（１）の例であった。

　なお、用例の文頭の「＊」は、非文法的であること、「？」は、不自然であることを示す。「＃」は、文法的な文であるが、当該の使用場面においては、不適切な発話となることを示す。

（１）（日本語学校の卒業式で）「＊みんなと会って、うれしいです。」

　日本の大学や専門学校へ旅立っていく学生たちは、卒業式の最後の一言で、このように述べた。次の（２）のように、「会えて、うれしいです」、または、「出会えて、うれしいです」と言ってほしいなと思いつつ、なぜ、（１）はおかしいのだろうかと考えていた。「会う」を使うか「出会う」を使うかという動詞の選択の問題は置いておくとして、なぜ、「会って」を使った（１）はおかしいと感じるのに、「会えて」と可能形のテ形にすると、おかしくなくなるのだろうか。

（２）みんなと会えて、うれしいです。

そして、他の例文を考えてみると、次の（3）は、可能形のテ形の「聞けて」ではなく、「聞いて」でおかしくない。

（3）知らせを聞いて、うれしいです。

日本語の母語話者は、（1）が不自然で、（2）（3）は自然な文であると判断できるが、なぜ（1）が不自然であるのかは、すぐにはわからない。しかし、何らかの法則、つまり、文法が存在しているからこそ、判断ができるのである。「～て、うれしいです」という文は、いつ自然な文となるのだろうか。
　感情形容詞には、ほかにも面白い現象が見られる。

（4）かわいい顔
（5）大きい顔
（6）苦しい顔

（4）-（6）は、すべて「形容詞＋顔」である。しかし、（4）の「かわいい」と「顔」は、「顔がかわいい」、（5）の「大きい」と「顔」は「顔が大きい」と言い換えることができる関係であり、「かわいい」と「大きい」は、「顔」の性質であると言える。しかし、（6）は、「顔が苦しい」と言い換えることはできない。また、別の言い方をすれば、「かわいい顔」は、「見る人にかわいいと思わせる顔」であり、「大きい顔」は「見る人に大きいと思わせる顔」である。しかし、「苦しい顔」は「見る人に苦しいと思わせる顔」ではない。一体、「苦しい顔」とは、どんな顔なのだろうか。そして、「かわいい顔」「大きい顔」と「苦しい顔」は、同じ「形容詞＋顔」であるのに、どうしてこのように異なる解釈がされるのであろうか。
　もう1つ、例を見てみよう。次の（7）と（8）の下線部は、どちらも「悲しく＋動詞」である。

（7）私は、国からの知らせを悲しく聞いた。

（8）花子は、ジュリエットを悲しく演じた。

　しかし、誰が悲しいのかを見てみると、(7)と(8)には違いがある。(7)は、「悲しい」と感じたのは「私」であり、「私」は、「聞く」という動作を行った人物である。同じように解釈すれば、(8)は、「演じる」という動作を行った「花子」が「悲しい」と感じたと解釈される。しかし、(8)の文は、そのようには解釈されない。(8)は、話者が花子の演技を見て、「花子の演技は悲しいと感じさせるものであった」と述べていると解釈されるのである。同じ「悲しく＋動詞」でも、母語話者は何の問題もなく(7)と(8)の文について異なる解釈をして理解することができるのである。この2つの文の解釈には、どのような法則（文法）が隠れているのだろうか。

　本書では、(2)のような感情形容詞が述語として用いられる終止用法（特に複文の述語である例を扱う）、それから、(6)の「苦しい顔」のような連体修飾用法、(7)の「悲しく聞いた」のような副詞的用法について考察を行い、感情形容詞の全体像を明らかにしていく[1]。そして、最後に、本書の成果をどのように日本語教育に応用できるかを考察する。

2．本書の術語について

　本書では、学校文法の形容詞（例：楽しい）と形容動詞（例：残念な）をそれぞれ、「イ形容詞」、「ナ形容詞」と呼ぶ。そして、区別の必要のない場合は、2つを合わせて「形容詞」と呼ぶ。ただし、第3章の「イ形容詞の使用実態――感情形容詞と属性形容詞の比較――」では、イ形容詞のみを扱っている。

　次に、形容詞研究の際に用いられてきた「感情」と「属性」、「状態」と「性質」について本書での定義をしておきたい。「感情」と「属性」は、ともに動きを伴わないもので、「感情」とは人間の心のあり方であり、「属性」とは人間の心以外の事物のあり方である。

---

[1] 終止用法、連体修飾用法に並ぶのは、連用修飾用法である。しかし、「悲しくなる」のように述語の必須成分である連用形の例は考察の対象とせず、「悲しく聞いた」のような副詞句として用いられている例を考察することから、不揃いではあるが、「副詞的用法」という用語を用いる。

（9）わぁ、うれしい。
（10）私は、ハンサムです。
（11）あの店のラーメンは、おいしいです。

　（9）は、話者の心のあり方であり、（9）の「うれしい」は「感情」である。(10)の「ハンサムだ」は「私」の顔のあり方、(11)の「おいしい」は「あの店のラーメン」のあり方であり、人間の心のあり方ではないので、(10)と(11)は「属性」である。
　そして、「属性」は、「状態」と「性質」に下位分類をする。「状態」は、動きを伴わない事物の一時的なあり方であり、その状態が長期にわたる、または半永久的なものと話者によってみなされたものが「性質」である[2]。

(12) 今日は、暑いね。	……状態
(13) 盆地の夏は、暑い。	……性質
(14) 花子は、今日、いつもと違って意地悪だ。	……状態
(15) 花子は、意地悪だ。	……性質

｝属性

　(12)では、「暑い」のは「今日」であり、話者は「暑い」を一時的なあり方であると捉えているため、「状態」である。一方の(13)は、「盆地の夏は暑いものである」ということを述べているのであり、「盆地の夏」はいつでも「暑い」と話者が捉えているため「性質」である。(14)(15)も同様に、(14)は、花子の一時的なあり方であると話者が捉えているので「状態」、(15)は、花子の半永久的なあり方であると話者が捉えているので「性質」である。
　また、本書では、「心理形容詞」ではなく、「感情形容詞」という術語を用いる。第2章で「感情形容詞」を「感情・感覚を表し得る形容詞」と定義する。

---

[2] (12)-(15)のような例は、形容詞の研究史上、ひとつの形容詞が状態を表したり、性質を表したりする現象として長く論じられてきた。この点については、本書の第1章の感情形容詞研究の軌跡、および、影山太郎編（2009）『日英対照形容詞・副詞の意味と構文』第2章「状態と属性―形容詞類の働き」を参照されたい。

本書では、意味役割として「動作主」「経験者」「対象」を用いる。「動作主」は、動作を行う者、「経験者」は、感情の持ち主である。「対象」は、感情形容詞述語文においては、感情を引き起こすものであり、属性形容詞述語文においては、属性の持ち主である。

(16) <u>私</u>は、 試合に出た。
　　 動作主
(17) <u>私</u>は、 <u>彼女のやさしさ</u>が、 うれしい。
　　 経験者　　 対象
(18) <u>このパソコン</u>は、 古い。
　　 対象

また、(16)の動作主、(17)の経験者、(18)の対象のガ格名詞句を「主体」と呼ぶ。これは、述語が「述べる」部分であるのに対し、「述べられる」部分であるという共通点を捉えたものである。なお、(17)の対象は、ガ格であるが、主体ではない。

3. 本書の構成

本書は、以下のように8つの章から構成されている。以下に、各章の要旨を示す。なお、第2章からの主張は、先行研究を踏まえたものであるが、ここでは、先行研究については最小限にとどめ、本書の主張のみをまとめる。先行研究については、各章で詳しく言及する。

第1章　感情形容詞研究の軌跡

第1章では、これまでの感情形容詞についての先行研究をまとめる。感情形容詞が研究史上注目を集めてきたのは、「うれしい」「悲しい」「寂しい」といった形容詞が、人間の感情を表すという意味的な特徴ではなく、次のように、感情形容詞がガ格を2つとることと、「人称制限」と呼ばれる現象が見られることからであった。

(19) 私が水が飲みたい。
(20) 私が花子のやさしさがうれしかった。

(19)(20)は、不自然と感じる向きもあろうが、次の(21)(22)のように、1つめの「が」を「は」にすれば自然である。「が」が述語との関係を示す格助詞であるのに対し、「は」は、とりたて助詞や副助詞と呼ばれ、「は」は格助詞ではないとされている。(21)(22)を「は」のない文（無題文）にすると、(19)(20)のように「が」が2つ現れるとされているのである[3]。

(21) 私は水が飲みたい。
(22) 私は花子のやさしさがうれしかった。

そして、(19)(20)の1つめの「が」は、「飲みたい」「うれしい」と感じる人であり、「主語」をマークする「が」であると考えられるが、2つめの「が」は何か、ということが議論されてきたのである。時枝(1941)は、2つめのガ格名詞句を「感情を触発する機縁となるもの」であると述べ、「対象語」と名付けた。また、「飲みたい」「うれしい」と同じようにガ格名詞句を2つとる「欲しい」「おもしろい」などの形容詞を「属性と情意の綜合的な表現」と呼んだのであった。

小山(1966)は、次の例を挙げ、感情形容詞は「述語の言い切りの形としては話者の感情内容しかあらわさない」と述べ、他者の感情を述べるには、(24)-(26)のように「のだ」か「がる」をつけるか、連体修飾節の内部でなければならないと述べた。これは、後に「感情形容詞の人称制限」と呼ばれる現象の指摘であった。

(23) *あの人はうれしい。
(24) あの人はうれしいのだ。
(25) あの人はうれしがる。

---

3 無題化については、三上(1969)を参照されたい。

（26）行き<u>たい</u>人は、手をあげて下さい。　　　　　　　　　　（小山1966）

　本書では、「対象語」「属性と情意の綜合的な表現」と、「感情形容詞の人称制限」の３つをキーワードとして、感情形容詞の研究史をたどる。そして、この３つのキーワードで指摘された現象については、1940年代からの研究の蓄積で明らかにされていることを示し、今後の感情形容詞研究では、感情形容詞が複文の述語として用いられた場合の振る舞いや、副詞的用法での振る舞い等、新たな問題に取り組む必要性があることを述べる。

第２章　現代日本語の形容詞分類——様態のソウダを用いて——

　本書の考察の対象は、「感情形容詞」であるが、「感情形容詞」とは、どのような形容詞だろうか。もちろん、どの形容詞を感情形容詞と呼ぶかは、定義次第であるが、ここでは、仮に、「うれしい」や「悲しい」を感情形容詞と呼ぶとしよう。では、「寒い」や「うるさい」は、感情形容詞と呼んでよいだろうか。第２章では、第３章以降の議論の前提として、感情形容詞を「感情・感覚を表し得る形容詞」と定義し、その範囲を確定するために、形容詞の分類を行う。

　本書の形容詞分類は、様態の「〜ソウダ」を用いた３つの指標で、感情形容詞と属性形容詞をそれぞれ２群、計４群に分類するというものである。本書で分類の指標に用いる様態のソウダとは、次の（27）（28）のようなものである。

（27）花子は、悲しそうだ。
（28）花子は、まじめそうだ。

（27）（28）のソウダは、それぞれ、（29）（30）のように解釈される。

（29）［花子は、悲しいと感じている］ように見える。
（30）［花子は、まじめである］ように見える。

　（29）は、花子の様子から、花子の心のあり方を推し量っているのであり、話者が推し量っている内容を［　　］に入れると、「感じる」を入れることがで

きる。一方の (30) は、花子の様子や外見、その他の情報から、花子の属性を推し量っているのであり、[　] のなかに、「感じる」を入れることはできない。本書では、(29) のように [　] の中に「感じる」を入れられるものを [内部ソウダ]、(30) のように、「感じる」を入れられないものを [外部ソウダ] と呼ぶ。そして、形容詞にソウダをつけて、終止用法、副詞用法、連体用法でそれぞれ [内部ソウダ] と解釈されるかという3つの指標を用いて、形容詞を分類する。

　指標1：終止用法
　　　「花子は、〜そうだ (だった)」が [内部ソウダ] として適格文になる。
　指標2：副詞用法
　　　「花子は、〜そうに〜する (した)」が [内部ソウダ] として適格文になる。
　指標3：連体用法
　　　「〜そうな名詞」が [内部ソウダ] にしかならなず、[外部ソウダ] にはならない。

そして、指標1を満たす語を感情形容詞、満たさないものを属性形容詞であると認定する。なお、指標1を満たす語は、すべて指標2も満たす。次に、指標1を満たす語には、指標3を用いたテストを行い、感情形容詞を感情形容詞の典型であるA群と、やや属性形容詞寄りであるB群に分類をする。最後に、指標2を用いて、属性形容詞を、感情形容詞寄りのC群と典型的な属性形容詞D群に分類する。全体像を示すと、次の表1のようになる。
　A群の「悲しい」から見てみよう。

(31) 花子は、悲しそうだ。
　　　[花子は、悲しいと感じている] ように見える。　　　〈指標1…○〉
(32) 花子は、悲しそうにうつむいた。
　　　花子は [花子が悲しいと感じているように見えるやりかたで] うつむいた。　　　〈指標2…○〉

表1 形容詞分類の概略

		語例	指標1 終止用法で [内部ソウダ] になる	指標2 副詞用法で [内部ソウダ] になる	指標3 連体用法で [内部ソウダ] にしかならない
感情形容詞	A	悲しい	○	○	○
	B	寒い	○	○	×
属性形容詞	C	うるさい	×	○	
	D	明るい	×	×	

(33) a. 悲しそうな　顔／声／様子／目
　　　［悲しいと感じているように見える］顔／声／様子／目
　　b. ＊悲しそうな　知らせ／ニュース／映画
　　　［悲しいと感じさせる属性を持っているように見える］知らせ／ニュース／映画
　　　　　　　　　　　　　　　　　　　　　　　　〈指標3…○〉

　まず、(31)では、終止用法の「悲しそうだ」が内部ソウダと解釈されるので、指標1を満たし、「悲しい」は、感情形容詞と認定される。そして、(32)では、副詞用法の「悲しそうに」も内部ソウダと解釈され、指標2も満たす。次に、(33a)では、連体用法の「悲しそうな顔」は、内部ソウダとして適格な表現であるのに対し、「悲しそうな知らせ」は不適格で外部ソウダにはならない。このことから、「悲しい」は、連体用法では内部ソウダにしかならないと言える。よって、指標3を満たし、A群の感情形容詞と認定される。
　B群の「寒い」を見てみよう。

(34) 花子は、寒そうだ。
　　　［花子は、寒いと感じている］ように見える。　　　　〈指標1…○〉
(35) 花子は、寒そうに手をこすった。
　　　花子は［花子が寒いと感じているように見えるやりかたで］手をこすった。　　　　　　　　　　　　　　　　　　　　　　〈指標2…○〉

(36) a. 寒そうな　様子／そぶり
　　　［寒いと感じているように見える］様子／そぶり
　　 b. 寒そうな　部屋／服装
　　　［寒いと感じさせる属性を持っているように見える］部屋／服装
　　　　　　　　　　　　　　　　　　　　　　　　　〈指標3…×〉

　「寒い」は、(34)が内部ソウダと解釈されることから、指標1を満たし、感情形容詞と認定される。そして、(35)のように指標2も満たす。ただし、指標3を見てみると、「寒い」は、(36a)のように内部ソウダにもなるが、(36b)のように外部ソウダにもなる。よって、指標3を満たさず、感情形容詞Bと認定される。
　C群の「うるさい」は、次のようになる。

(37) 花子は、うるさそうだ。
　　　[花子は、うるさいと感じている]ように見える。
　　　［花子は、大声で話す迷惑な人間であるように見える］　〈指標1…×〉
(38) 花子は、うるさそうに耳をふさいだ。
　　　花子は［花子がうるさいと感じているように見えるやりかたで］耳をふさいだ。　　　　　　　　　　　　　　　　　　　　〈指標2…○〉

　「うるさい」は、(37)のように、外部ソウダの解釈となり、指標1を満たさず、属性形容詞と認定される。なお、(37)について、内部ソウダの解釈も可能ではないかという意見もあろうが、内部ソウダと解釈するには、「花子は、うるさそうにしていた」のように「うるさい」を副詞句にする必要があるというのが本書の解釈である。そして、「うるさい」は、属性形容詞と認定されるものの、(38)のように副詞用法では、内部ソウダと解釈される。よって、属性形容詞でも、やや感情形容詞寄りのC群と認定される。
　最後にD群の「明るい」を見てみよう。

(39) 花子は、明るそうだ。

　　　　［花子は、明るいと感じている］ように見える。
　　　　［花子は、明るい人間であるように見える］　　　　　　〈指標１…×〉
　（40）？花子は、明るそうに挨拶した。
　　　　cf.花子は、明るく挨拶した。　　　　　　　　　　　　〈指標２…×〉

　「明るい」は、(39)のように、指標１を満たさず、属性形容詞と認定される。そして、指標２も、(40)の文がそもそも不自然であり、指標２も満たさないと判断される。よって、典型的な属性形容詞と認定される。第２章では、以上の指標を用いて、形容詞642語を分類する。

第３章　イ形容詞の使用実態──感情形容詞と属性形容詞の比較──

　第３章では、コーパスを用いてイ形容詞の使用実態を明らかにする（ナ形容詞は扱わない）。イ形容詞が、実際にどのような文の成分として用いられているのかを調査する。そして、感情形容詞と属性形容詞の使われ方に違いがあるのかを明らかにする。
　調査には、国立国語研究所の『現代日本語書き言葉均衡コーパス』（BCCWJ）を用い、イ形容詞8,274例を考察の対象とする。本書では、活用形による分類を活かしつつ、［形容詞述部］・［テ形述部］・［名詞句述部］・［補部］・［修飾部（副詞的用法）］・［動詞句述部］・［その他］という独自の７つの文の成分をたて、調査を行った。［その他］を除く６つの文の成分の例文は、次の通りである。

　（41）この物語は、悲しい。［形容詞述部］
　（42）この物語は、悲しくて、泣ける。［テ形述部］
　（43）これは、悲しい物語だ。［名詞句述部］
　（44）悲しい物語を読んだ。［補部］
　（45）知らせを悲しく聞いた。［修飾部（副詞的用法）］
　（46）物語を読んで、悲しくなった。［動詞句述部］

　［形容詞述部］は、(41)のように、形容詞が単独で述部になるもの、また、「デス」や「ノダ」などの機能語を伴い主節および従属節の述部になるものである。

[テ形述部] は、(42)のように形容詞のテ形で述部となるものである。[テ形述部] については、述部であるが、形が違うため [形容詞述部] とは分けた。
　[名詞句述部] は、(43)のように、「形容詞+名詞」が「だ」等とともに主節、または、従属節の述部になったものである。
　[補部] とは、(44)のように、「形容詞+名詞+助詞」という形で、述語の補部となったものである。
　[修飾部（副詞的用法）] とは、(45)のように、形容詞が非必須成分の副詞句として用いられているものである。
　[動詞句述部] とは、(46)のように、形容詞が「なる」「する」等の必須成分として用いられるものである。
　[その他] は、「悲しい物語」のように、名詞句単独で使われているもの等である。
　この本書の文の成分の分類では、従来、連体修飾用法の形容詞とされてきたものを [名詞句述部] と [補部] に分類している。これは、「述部になる」「副詞句になる」と同じレベルの機能を示すのは、「名詞を修飾する」ではなく、「補部になる」「名詞とともに述部になる」であると考えたからである。また、[形容詞述部] [名詞句述部] [動詞句述部] も文の成分としては聞きなれない用語であろうが、日本語の述語文に、形容詞文、名詞文、動詞文があり、形容詞もそれぞれ、単独で述部になる、名詞とともに述部になる、動詞とともに述部になるという姿を捉えたものである。
　そして、イ形容詞全体では、[形容詞述部] が約35％、[テ形述部] が約8％、[名詞句述部] が約6％で合わせると、約5割が述部として用いられていることを述べる。続いて、[補部] 30％、[修飾部] 約14％、[動詞句述部] 約5％である。また、「悲しい」のような典型的な感情形容詞のA群は、[修飾部（副詞的用法）] として使われることが少ないこと、「寒い」のような感情形容詞B群は、「寒くなった」のように [動詞句述部] として使われることが多いことを明らかにする。第3章では、このように、イ形容詞の文中での使われ方と、感情形容詞と属性形容詞の使われ方に違いがあるのかを明らかにしていく。

第4章　感情形容詞が述語となる複文──「動詞のテ形、感情形容詞」──

　第4章では、感情形容詞の終止用法として、次の(47)-(49)のような「動詞のテ形、感情形容詞」という文型を中心に考察を行う。前件が無標のテ形(着て)の(47)は不自然であるが、(48)のように前件を可能形のテ形(着られて)にすると自然な文となる[4]。しかし、(49)は、無標のテ形(聞いて)で自然な文である。これは、どうしてだろうか。本書では、この(47)と(49)は、感情を引き起こしたものが何であるかという観点で見ると異なるタイプであるからであるということを述べる。

(47) *<u>着物を着て</u>、うれしいです。
(48) <u>着物を着られて</u>、うれしいです。
(49) <u>知らせを聞いて</u>、うれしいです。

　まず、(47)(48)は、前件の出来事が感情を引き起こす(前件の出来事が感情の対象である)もので、[対象事態]タイプと呼ぶ。(47)(48)では、「着物を着た」という出来事が「うれしい」という感情を引き起こしたことを示している。
　一方の(49)は、前件の「聞く」という動詞によって認識した内容、つまり、「知らせの内容」が「うれしい」という感情を引き起こしたと考えられる。前件の動詞「聞く」は、感情の対象を認識する段階の動作を表しているのである。このように、前件の動詞が感情の対象を認識する段階の動作を表し、認識した内容が感情の対象であるタイプを[対象認識]と呼ぶ。[対象認識]の前件の動詞は、「見る」「聞く」「知る」などの何らかの情報を得ることを表す動詞に限られる。(49)の[対象認識]の例では、うれしい知らせを聞けば、「知らせを聞いた」こともうれしいであろうが、次の(50)を見れば、[対象認識]タイプの前件が感情の対象でないことは明らかである。(50)では、「うれしい」のは「番組表を見た」ことではなく、「剣客商売スペシャルが放送されること」だからである。

4　ただし、(47)は、「着物を着て、うれしかったです」のように後件を過去形にすると適格文となる。この点については、第4章で詳しく述べる。

(50) フジテレビ系1日「剣客商売スペシャル」。ゴールデンウイークを家で過ごす私としては、番組表を見てうれしかった。(『読売新聞』2004.05.15)

以上のように、「動詞のテ形、感情形容詞」という文型は、［対象事態］と［対象認識］という2つのタイプに分類される。そして、この2つのタイプは、前件の制約が異なるのである。

はじめに［対象事態］の前件の制約について見ていこう。［対象事態］タイプは、前件が自己制御性のないことでなければならない。これは、前件の出来事が成立するかどうかを後件の主体が決められないこととして表現しなければならないということである。［対象事態］の前件は、可能形を使って自己制御性がないこととして表現する場合と、もともと出来事自体に自己制御性がない場合がある。

まず、前件と後件が同一主体、つまり、どちらも話者の場合は、(51)(53)のように可能形のテ形にすることによって自己制御性をなくすのが原則である。可能形は、意向形や命令形を作ることができず、自己制御性がないからである。ただし、(55) は、試験に合格するかどうかは、自己制御性がない。このように、前件の出来事に自己制御性がない場合は、可能形でなくても自然な文となる。

(51) 着物を着られて、うれしいです。
(52) *着物を着て、うれしいです。
(53) 参加できなくて、寂しいです。
(54) *参加しなくて、寂しいです。
(55) 試験に合格して、うれしいです。

そして、前件と後件が異主体の場合は、他者の行為は、自己制御性の有無を論じる対象ではなく、当然、自己制御性がないので、テ形で自然な文となる。

(56) 太郎が参加して、うれしいです。

また、前件の主体がモノの場合も、自己制御性は問題にならないのでテ形でよい。

　（57）近所で事件が起きて、恐ろしい。

　このように、［対象事態］は、前件が感情の対象であり、前件は自己制御性のないことである。
　一方の［対象認識］の前件は、自己制御性について制約があるのだろうか。ここで、［対象事態］と［対象認識］の例を比較してみよう。（58）が［対象事態］、（59）が［対象認識］の例である。

　（58）祖母が元気になって、うれしいです。
　（59）祖母が元気になった姿を見て、うれしいです。

　（58）（59）は、どちらも「祖母が元気になったこと」が感情の対象である。［対象事態］の（58）も、「祖母が元気になってうれしい」と述べるには、祖母の姿を見る等の行為を通して「祖母が元気になったこと」を認識しなければならないが、その行為を言語化していない。一方の［対象認識］の（59）は、「祖母が元気になったこと」を認識する段階の動作を言語化している。このように、［対象認識］とは、［対象事態］タイプの感情の対象を認識する段階の動作を言語として顕在化させたものなのである。つまり、感情の対象である出来事に自己制御性がないという点で、［対象事態］と［対象認識］は、共通しているのである。
　［対象認識］は、前件の動詞を可能形にする必要はなく、一見、自己制御性に関する制約がないように見えるが、感情の対象を認識するには、自己制御性のない出来事が成立しなければならないことから、［対象認識］の前件も自己制御性がないことであるとみなせるのである。
　では、ここで本節の冒頭で見た例を再掲し、なぜ自然な文かどうかの判断が異なるのかを確認しておこう。

(60) *着物を着て、うれしいです。　　　　　　　　　　(=(47))
(61) 着物を着られて、うれしいです。　　　　　　　　　(=(48))
(62) 知らせを聞いて、うれしいです。　　　　　　　　　(=(49))

　(60) (61) は、「着物を着る」ということが感情の対象であり、[対象事態] タイプである。よって、前件が無標テ形で自己制御性がある (60) は不自然であると判断され、前件が可能形のテ形で自己制御性のない (61) は自然な文となる。(62) は、知らせの内容が感情の対象であり、[対象認識] タイプである。[対象認識] は、認識した内容が感情の対象で自己制御性のないことであり、前件の動詞を可能形にする必要はない。よって、(62) は、無標のテ形で自然な文と判断される。このように、「動詞のテ形、感情形容詞」という文型を2つのタイプに分けることで、(60) と (62) の違いが説明できるのである。
　以上のように、第4章では、「動詞のテ形、感情形容詞」という文型の2つのタイプについて詳しく考察する。また、ここで述べた以外に、「みんなに褒められて、恥ずかしかった」「花子が来てくれて、ありがたかった」のような前件の受け身や受益表現がいつ使われるのかも考察し、「～カラ、感情形容詞」「～ノデ、感情形容詞」との比較も行う。

第5章　連体修飾用法の感情形容詞と被修飾名詞の意味関係
　　　　――うれしい話、うれしい人、うれしい悲鳴――

　第5章では、連体修飾用法の感情形容詞について考察する。連体修飾用法の感情形容詞を見てみると、被修飾名詞との意味関係に様々なものがあるように思われる。

(63) 今日は、うれしい話を聞いた。
(64) そんなことを言われてうれしい人は、いないと思う。
(65) 毎日売り切れで、うれしい悲鳴をあげている。

　(63) は、「(その) 話がうれしい」のであり、「話」は、「うれしい」という感情を引き起こすものである。一方、(64) は、「(その) 人」は、「うれしい」と

いう感情の持ち主である。では、(65)の「うれしい悲鳴」の「うれしい」と「悲鳴」は、どういう意味的な関係を持っているのであろうか。

5節では、国立国語研究所の『現代日本語書き言葉均衡コーパス』を用いて、感情形容詞の連体修飾の用例を収集し、用例を分類するという過程を通し、連体修飾用法の感情形容詞と被修飾名詞の意味関係を［対象］［経験者］［とき］［内容］［表出物］［相対補充］［その他］の7つに分類を行った。1つずつ見ていこう。

［対象］は、「被修飾名詞が感情を引き起こすもの」という関係である。次の(66)では、「（その）人」が「懐かしい」という感情を引き起こすという関係である。

(66) 同窓会に行けば、懐かしい人に会える。［対象］

［経験者］は、「被修飾名詞が感情の持ち主である」という関係である。(67)では、「（その）人」が「恥ずかしい」という感情の持ち主である。

(67) みんなの前で発言するのが恥ずかしい人は、この用紙に記入してください。［経験者］

［とき］は、「被修飾名詞が感情形容詞で表される感情の存在するときを表す」という関係である。(68)は、「（その）時間」に「苦しい」という感情が存在するという関係である。

(68) 苦しい時間は、長く感じられる。［とき］

［内容］は、「修飾部（形容詞または形容詞節）が被修飾名詞の内容を述べる」という関係である。(69)は、「ありがたい」が「気持ち」がどんな気持ちであるのか、内容を述べている。

(69) ありがたい気持ちでいっぱいです。［内容］

［表出物］は、被修飾名詞が「声」「顔」「様子」などであり、「被修飾名詞が、経験者（感情の持ち主）が感情形容詞で表される感情を持っている時に、経験者から発せられるもの」という関係である。(70)では、経験者である「花子」が「不安だ」という感情を持っている時にする「顔」という関係である。本節の冒頭で見た「うれしい悲鳴」も、「うれしい」という感情を持っている時に発する「悲鳴」という関係で、［表出物］である。

(70) 花子は、まったく<u>不安な</u>顔を見せなかった。［表出物］

　［相対補充］は、「形容詞と被修飾名詞の間に「その」を入れられる関係」である。(71)では、「理由」が「心配だ」という感情を引き起こすのではなく、「心配であるその理由」という関係である。

(71) 花子は、<u>心配な</u>理由をぽつぽつと語りだした。［相対補充］

　最後の［その他］は、感情形容詞と被修飾名詞の意味関係ではなく、被修飾名詞が形式名詞であるものである。被修飾名詞は、「はず」「限り」「あまり」等である。

(72) 悔しいはずだ。［その他］

　以上のような分類をしたうえで、先行研究で、連体修飾用法の感情形容詞は、被修飾名詞の属性を表すとされているが、これは7つのタイプのうち、［対象］タイプとして解釈できる例について言えることであり、［対象］タイプとして解釈できないものについては、被修飾名詞の属性を表すとは言えないことを指摘する[5]。そして、7つのタイプの使用実態を調査し、［対象］が5割以上を占め、

---

[5]　連体修飾用法の感情形容詞が被修飾名詞の属性を表すというのは、西尾 (1972) の指摘である。これについては、第5章で述べる。

その他のタイプは少ないということを明らかにする。

第 6 章　感情形容詞の副詞的用法

　第 6 章では、「知らせを悲しく聞いた」「花が寂しく枯れている」のような感情形容詞の連用形が副詞句として用いられる副詞的用法について考察を行う。次の（73)-(75）の「悲しく」は、誰が「悲しい」と感じているのだろうか。また、何を「悲しい」と感じているのだろうか。

(73) 国の「死活」に固執し、パレスチナ国家との隣接共存を拒否するブルメンタール氏の議論を私は悲しく聞きました。　　（『朝日新聞』1990.09.30)
(74) 出品されているシーレの描いたひまわりは、彼の早すぎる死を暗示するように悲しく枯れている。　　　　　　　　（『朝日新聞』2002.01.17)
(75) 個性的な三人が、女たちの金銭欲や老いへの不安をコミカルに、そして、ちょっぴり悲しく演じる。　　　　　　　　（『読売新聞』1993.01.01)

　この感情形容詞の副詞的用法は、(73) のように、「聞いた」人、つまり、述語動詞の動作主が「悲しい」と感じていると解釈されるタイプと、(74)(75) のように、話者が悲しいと感じていると解釈されるタイプがあるとして注目を集めてきた。(75) では、「演じる」の動作主である「個性的な三人」が「悲しい」と感じているとは、解釈されないのである。このような違いがあることから、感情形容詞の副詞的用法は、注目を集めてきた。
　本書では、(73) のように述語動詞の動作主が感情の持ち主であるタイプを [動作主認識の副詞的成分] と呼ぶ[6]。一方の (74)(75) については、どちらも、「ひまわりの姿」、「個性的な三人が演じる姿」が、話者に「悲しい」と感じさせるということを述べている。このようなタイプを [話者認識の副詞的成分] と呼ぶ。
　そして、本書は、[動作主認識の副詞的成分] について、感情を引き起こしたのは何か、という観点で考察を行う。(73) の例を見ると、述語動詞の表す出来事、すなわち「ブルメンタール氏の議論を聞いた」ことが、悲しいという

---

[6]「動作主認識の副詞的成分」は、ドラガナ（2005）で用いられた術語である。

感情を引き起こしたようにも解釈される。しかし、次の（76）は、どうだろうか。

(76) しかし、今年はソメイヨシノの開花が遅く、やっと咲いたと喜んだの
    もつかの間、雨であっという間に散ってしまい、どんどん緑が色濃く
    なっていく枝を恨めしく見上げたものでした。　（『読売新聞』2005.04.25）

(76) では、「桜を見上げた」ことが「恨めしい」という感情を引き起こしたという解釈はできない。ましてや、「恨めしい」から、「見上げた」という解釈もできない。これは、「恨めしくて、桜を見上げた」としなければならない。では、(76) では、何が「恨めしい」という感情を引き起こしているのであろうか。それは、「どんどん緑が色濃くなっていく枝」である。(76) の例から、[動作主認識の副詞的成分] は、述語動詞の表す出来事が感情を引き起こしたのではなく、述語動詞の「見上げる」と「恨めしい」には、同時性が存在するだけであると言える。

　また、先に見た [話者認識の副詞的成分] の (74) (75) も、「ひまわりの枯れている様子」が「悲しい」、「個性的な三人の演じている様子」が「悲しい」のであり、述語動詞と副詞的成分の同時性がある。

　このように、第6章では、感情形容詞の副詞的用法を2つに分類し、述語動詞と副詞的成分の関係について考察を行う。そして、それぞれのガ格名詞が話者であるか、第三者や物であるか、それぞれのタイプの文の述語動詞の偏り等についても論じる。

第7章　日本語教育への応用に向けて

　第7章では、本書の成果をどのように日本語教育に活かしていくことができるかを「Vテ、感情形容詞／感情動詞」（以下、「Vテ、感情」）という文型を例に考察する。序章の冒頭で見た例をもう一度見てみよう。(77) については、第3章で [対象事態] というタイプで前件を可能形にしなければならないことを述べた。

(77) （日本語学校の卒業式で）「*みんなと会って、うれしいです。」　（=（1））

では、「Ｖテ、感情」という文型は、日本語の教科書では、どのように扱われているのであろうか。ここで、日本語の教科書の例として、『みんなの日本語』39課の例文を引用し、前件が動詞の文に、前件の動詞の形と、肯定か否定かを記載する。

表２　『みんなの日本語』39課の例文

```
39課　練習A-1（p.114）
  メールをよんで、安心しました。           ……無標テ形
  電話をもらって、安心しました。           ……無標テ形（肯定）
  家族にあえなくて、寂しいです。           ……可能テ形（否定）
  友達がいなくて、寂しいです。             ……無標テ形（否定）
  問題がむずかしくて、わかりません
  使い方がふくざつで、わかりません。

39課　練習B-1（p.115）
  例　母の元気な声を聞いて、安心しました。  ……無標テ形
  1) 地震のニュースを見て、びっくりしました。……無標テ形
  2) 旅行中に財布をとられて、困りました。    ……受身
  3) 試験に合格して、うれしかったです。      ……無標テ形（肯定）
  4) ペットの犬が死んで、悲しかったです。    ……無標テ形（肯定）

39課　練習B-2（p.115）
  例　旅行に行けなくて、残念です            ……可能テ形（否定）
  1) 家族に会えなくて、寂しいです。          ……可能テ形（否定）
  2) スピーチが上手にできなくて、恥ずかしかったです。……可能テ形（否定）
  3) 息子から連絡がなくて、心配です。
  4) パーティーに彼女が来なくて、がっかりしました。……無標テ形（否定）
```

　まず、表２の網掛けの例は、［対象認識］タイプの例文である。［対象認識］とは、「見る」「聞く」等の動詞によって認識した内容が感情の対象であるタイプであった。そして、［対象認識］は、前件の「見る」等の動詞を可能形にする必要はない。一方、網掛け以外の例は、［対象事態］で、前件の出来事が感情の対象であるタイプで、前件は、自己制御性のないこととして表現しなければならないタイプであった。『みんなの日本語』では、２つのタイプが一緒に

扱われているが、この2つは異なるタイプであるので、別々に扱うべきであるというのが、本書の主張の1つである。

　また、表2の例文のうち、前件が動詞の例文を見てみると、無標のテ形は肯定と否定の例があるが、可能テ形の例は、否定のみしか扱われていないことが分かる。つまり、(77)の自然な文「みんなと会えて、うれしいです」のような前件が可能形で肯定の例が提示されていないことが分かる。この前件が可能形の肯定の例も扱うのがよいのではないだろうか。

　以上のような問題意識のもとで、[対象認識]タイプについて前件のガ格名詞句によって、前件の動詞の形が決まる次のような学習者向けのルールを提案した。表3は、「私」の場合は可能形のテ形、「私以外の人間」「モノ」の場合は、無標のテ形にするというルールである。そして、表4は、「私以外」の場合は、「～テクレル」等の受益表現や受け身も使われることを示したルールである。

表3　学習者向けのルール（無標のテ形か可能テ形か）

文型	例文
（私が）可能Vテ、感情。 （私が）可能Vナクテ、感情。	（私が）友達に会えて、嬉しいです。 （私が）友達に会えなくて、残念です。
私以外・モノがVテ、感情。 私以外・モノがVナクテ、感情。	太郎が結婚して、嬉しいです。 家族からメールが来て、嬉しいです。 太郎が参加しなくて、残念です。 家族からメールが来なくて、心配です。

表4　学習者向けのルール（受益表現と受身）

文型	例文
私以外がVテクレテ、感情。 （私は）私以外に、Vラレテ、感情。	太郎が手伝ってくれて、嬉しいです。 先生にしかられて、恥ずかしいです。

そして、この他に、「Vテ、感情」の日本語教師向けの文法解説もまとめた。

終章

　終章では、各章のまとめを行い、今後の課題について述べる。

4. 用例について

本書では、国立国語研究所の『現代日本語書き言葉均衡コーパス（Balanced Corpus of Contemporary Written Japanese、略称BCCWJ）、読売新聞のデータベース『ヨミダス文書館』、朝日新聞データベース『聞蔵Ⅱビジュアル』、小説から用例を集めている。

各用例に付した下線は、筆者によるものである。先行研究から引用している例の下線は、断りのない限り先行研究のままである。また、用例で出典のないものは、筆者の作例である。

5. BCCWJについて

本書では、国立国語研究所の『現代日本語書き言葉均衡コーパス（Balanced Corpus of Contemporary Written Japanese、略称BCCWJ）を用いる。以下、国立国語研究所のホームページより、BCCWJの概要を記す[7]。

BCCWJは、「出版（生産実態）サブコーパス」「図書館（流通実態）サブコーパス」「特定目的（非母集団）サブコーパス」という3つのサブコーパスからなる約1億語のコーパスである。「出版（生産実態）サブコーパス」は、出版目録を母集団としたコーパスで、書籍、雑誌、新聞が収録対象で、資料の刊行年は2001-2005年である。「図書館（流通実態）サブコーパス」は、東京都下の図書館の所蔵目録を母集団とし「単に出版されただけでなく、ある程度広い範囲に流通したことが確認されているテキストを対象」としたコーパスで、資料の刊行年は、1986-2005年である。「特定目的（非母集団）サブコーパス」は、「日本語にとって重要でありながら上記2つのサブコーパスには含まれにくいデータや、差し迫った言語問題の解決に向けて国立国語研究所をはじめとする関係機関が利用するためのデータ」であり、書籍、広報紙、Web上の書き言葉が収録の対象である。

BCCWJのデータは、非コアデータとコアデータに分けられる。非コアデータとは形態素解析器により形態素解析を行ったデータである。コアデータとは

---

7 国立国語研究所ホームページ 「コーパス開発センター 現代日本語書き言葉均衡コーパス」 http://www.ninjal.ac.jp/corpus_center/bccwj/ （最終閲覧日2016.10.07）

非コアデータに人手による修正を加えたデータで、全体の約100分の1である。

　BCCWJには、短単位と長単位という2つの言語単位がある。短単位は、言語の形態的側面に着目して規定した言語単位で、「現代語において意味を持つ最小の単位（最小単位）を規定する。その上で、最小単位を長単位の範囲内で短単位認定規程に基づいて結合させる（又は結合させない）こと」により得られる単位である。長単位は、「文節を基にした単位」で「文節の認定を行った上で、各文節の内部を規則に従って自立語部分と付属語部分に分割」することにより得られ、複合語を構成要素に分割せずに扱うことができる。

　また、BCCWJには、固定長サンプルと可変長サンプルという2つの長さのサンプルがある。固定長サンプルとは、「ランダムに選んだ文字を基準として、1000文字を抽出する」サンプルで「抽出比が正確であることから語彙調査、文字調査などの統計的分析」に向いている。可変長サンプルとは、「ランダムに選んだ点を基準として、ある章や節など文章構成上のまとまりを一つのサンプル」とするもので、「談話研究や文章構造の分析」に向いている。

　本書では、第3章の「イ形容詞の使用実態」と、第5章の「連体修飾用法の感情形容詞と被修飾名詞の意味関係」でBCCWJのデータを計量的に用いている。また、第4章の「感情形容詞が述語となる複文」と第7章の「日本語教育への応用に向けて」では、用例収集にBCCWJを使用している。その際に使用したサブコーパス等は、以下の通りである。

表5　使用したBCCWJのサブコーパス等

	サブコーパス	コア・非コア	短単位・長単位	固定長・可変長
第3章	出版（生産実態）	コア	短単位	固定長・可変長
第5章	出版（生産実態） 図書館（流通実態）	コア・非コア	短単位	固定長・可変長
第4章 第7章	出版（生産実態） 図書館（流通実態） 特定目的（非母集団）	コア・非コア	短単位	固定長・可変長

　第3章は、対象範囲の形容詞すべてを分類するため、より正確なタグ付けが行われたデータを使用したかったことと、一部に新たなタグ付けをする必要が

あるため処理できるデータ数に限りがあったことにより、コアデータのみを用いた。第5章では、より多くの感情形容詞の連体修飾用法の用例を見たかったため、サブコーパスも増やし、コアと非コアデータを用いた。第4章、第7章では、文型の用例をできるだけ多く採取するために、サブコーパスの指定を行わず、全データを対象として使用した。このように、BCCWJのデータといっても異なる範囲を用いたことを述べておく。

第1章

感情形容詞研究の軌跡

　第1章では、感情形容詞の先行研究を概観する。研究史を見ていくと、感情形容詞は、語彙的意味が感情であるということではなく、「私が水が欲しい」のように二重ガ格をとり得ることや、「*太郎はうれしい」という文が非文になるといった統語的な特徴から注目されてきたことがわかる。本書では、「対象語」と「属性と情意の綜合的な表現」、「人称制限」の3つを研究史のキーワードとして取り出し、研究史を見ていく。

　以下、1節では、「対象語」と「属性と情意の綜合的な表現」、「人称制限」という3つのキーワードが出てきた研究を見ていく。2節から4節では、3つのキーワードについての研究を概観する。そして、5節では、形容詞の分類を見ていく。

1. 研究史のキーワード「対象語」と「属性と情意の綜合的な表現」、「人称制限」

　感情形容詞の研究史を見ていくと、「対象語」「属性と情意の綜合的な表現」「人称制限」という3つのキーワードを取り出すことができる。はじめに、「対象語」と「属性と情意の綜合的な表現」というキーワードが出てきた時枝(1941)と、「人称制限」について言及した小山(1966)を見ていく。

1.1. 時枝誠記（1941）（1950）

　時枝(1941)は、言語とは、「『語ったり』『読んだり』する活動それ自体」で、「産出する主体を考えずしては、これを考えることが出来ない」ものであり、言語の本質は心的過程であるという言語過程説を唱えたものである (p.28-29)[1]。

その中で、形容詞の格について言及している。そこに、「対象語」「属性と情意の綜合的な表現」という２つのキーワードが登場する。

　時枝（1941）は、まず、格について「主体の活動に対応するものを文に於ける客体と名付けるならば、客体の秩序が即ち文に於ける格である」と述べる（p.69)[2]。そして、「述語から分立する処の主語、客語、補語等は、それらと述語との論理的関係の規定に基づくものであって、述語に対する主体、或はその客体、目的物等の主体的弁別に基いて現れて来るものである」と述べたうえで、「特殊な現象」として次の例を挙げる（p.76-78）。

（１）色が赤い。　川が深い。
（２）水がほしい。　母が恋しい。
　　　　　　　　　　　　　　　　　　　　　　　　　（時枝1941）

　（１）の「色」「川」は、「述語によって説明される主体としてこれを主語ということが可能」であるのに対し、（２）は、「主観的な情意の表現」であり「主語は、『ほしい』『恋しい』という感情の主体である処の『私』か、『彼』でなければならない」とした。そして、（２）の「水」「母」は、「夫々に主語『私』或いは『彼』の感情を触発する機縁となるもの」であるとして「対象語」と呼び、格関係として「対象語格」を設けたのである。そして、「金が要る」の「要る」、「見える」「聞こえる」等の動詞も対象格をとると述べた。
　そして、（１）の「赤い」「深い」のように「客観的な属性のみを表現する」語は「属性の所有者が主語」となり、（２）の「ほしい」「恋しい」のように「主観的な情意を表現する」語は、「情意の主体が主語」となるが、その中間に位置する語があるとし、次の語を例に挙げている（p.79）。

（３）面白い　にくらしい　おかしい　淋(さび)しい　恐ろしい　暑い　寒い　等
　　　　　　　　　　　　　　　　　　　　　　　　　（時枝1941）

1　引用およびページ数は、時枝誠記（2007）『国語学原論（上）』（岩波書店）による。
2　以下の時枝（1941）の引用およびページ数は、時枝誠記（2007）『国語学原論（下）』（岩波書店）による。

（3）は、「客観的な属性」も「主観的な情意」をも表すという主張である。そして、次の（4）を例に挙げ、「面白い」は「私の情意を表したものであると同時に、私の感情を刺戟した処のこの本の筋の属性を表現したものと考えられる」と述べている（p.80）。

　（4）<u>私</u>は<u>この本の筋</u>が<u>面白い</u>。　　　　　　　　　　　　（時枝1941）

　そして、（4）において「若し、『私』という語が表現されなかったならば、『面白い』の主語は、当然『この本の筋』と考えられるに違いないのである。そしてそれは又正しいのである」と述べ、（4）のような例は、「属性と情意の綜合的な表現」であるとする[3]。
　このように、時枝（1941）では、感情形容詞が、感情の持ち主と感情を引き起こすもののどちらをもガ格としてとり得るという現象の指摘がされた。そして、「対象語」という術語は、形容詞が2つ補語をとる場合の格関係、主語・目的語といった文法関係への問題提起となった。また、「客観的な属性」を表す語、「主観的な情意」を表す語、その中間に位置する「属性と情意の綜合的な表現」という分類は、現代日本語の形容詞分類の出発点となる。

1.2. 小山敦子（1966）

　小山（1966）は、助詞「の」「が」「は」の使い分けについて考察を行った論考で、「象は鼻が長い」「酒は僕が買う」「私は水が欲しい」等をいわゆる「はが構文」の下位類として分析を行っている。その中で、感情形容詞の人称制限について言及している。
　小山（1966）は、「私は水がほしい」について論じる中で、イ形容詞を「一般属性」を表すものと、「感情」を表すものの2つに分類している。そして、次の（5）の例を挙げ、感情形容詞は、「述部の言い切りの形としては話者の感

---

[3] また、時枝（1950）では、「属性と情意の綜合的な表現」を「主観客観の総合的表現の語」と呼び、次の語を挙げている。
　　こはい　にくらしい　さびしい　暑い　すごい　面白い　　　（時枝（1950：53）

情内容しか表さない」と述べている[4]。そして、他者の感情を述べることができるのは、(6)(7)のように「のだ」か「がる」をつけたときか、(8)のような連体修飾用法であるという指摘を行った。

(5) ＊あの人<u>は</u>うれしい。
(6) あの人<u>は</u>うれしい<u>のだ</u>。
(7) あの人<u>は</u>うれし<u>がる</u>。
(8) 行き<u>たい</u>人<u>は</u>、手をあげて下さい。

(小山1966)

　この小山（1966）の「述部の言い切りの形としては話者の感情内容しか現わさない」というのが感情形容詞の人称制限とよばれる現象である。この「人称制限」も、これ以降の研究のひとつのキーワードとなっていく。
　以上、時枝（1941）で「対象語」と「属性と情意の綜合的な表現」、小山（1966）で「人称制限」という3つのキーワードが出てきたことを見た。以下では、この3つのキーワードについての研究史を見ていく。

2. 対象語

　時枝（1941）の「対象語」（「母が恋しい」の「母が」）については、なぜ「ガ」でマークされるのかという議論と、統語範疇として主語なのか目的語なのか、という議論がある。はじめに、なぜ「ガ」でマークされるのかという議論を、次に、統語範疇として主語なのか、という議論を見ていこう。

2.1. なぜガ格でマークされるのか
2.1.1. 寺村秀夫（1982）

　寺村（1982：146）は、感情動詞と感情形容詞による「感情表現」について考察を行い、感情形容詞の格について論じている。そして、次の（9）のような例を挙げ、感情の対象は「が」で、感情の主体は「が」または「に」でマーク

---

[4] 小山（1966）では、例文の文法性を「誤り」「正」と表示しているが、本書では、他の例文と統一し、小山（1996）が「誤り」としているものには、「＊」を付した。

されるとしている。

(9) a. アノ子　ガ／ニ　犬ガ　コワイ　コト
　　b. アノ子　ガ／ニ　コワイ　犬　　　　　　　　　　　（寺村1982）

　そして、ガ格は「その述語を中心として展開する事象の中で、いわば主役と考えられるもの」であるとする。これは、意味的に最も重要なものがガ格でマークされるということである。感情形容詞述語文は、「主役が二人いる情景あるいは二つの中心を持つ楕円のような形としてイメージされている」と述べている。そして、(9)について、ある子供が犬に恐怖心を覚えた場合、子供を中心に描くことも、犬を中心に描くこともできるため、どちらもガ格でマークし得ると述べている。

2.1.2. 北原保雄（2010）

　次に、北原（2010）を見てみよう。北原（2010）は、時枝（1950）が「こわい」「さびしい」等を「主観客観の総合的表現の語」と呼んだことを継承しつつ、「対象語」については「文法は、あくまでも表現そのものに即して考えられなければならない」と批判し、「『…が』の形である以上、主格であると考えるほかない」と述べている（p.122）。そして、次の(10)(11)の「欲しい」について、次のように述べている。

(10) 私は水が欲しい。
(11) 水の欲しい人。

　　　などの「欲しい」は、「私」「人」の主観を表しているものではあるが、「水」の方も欲しいと感じられる属性をもつと考えていいのではないか。水そのものに誰もが欲しいと感じるという客観的な属性があるというのは無理であるが、欲しいと感じている「私」なり「人」なりにとって（限って）欲しいと感じられる属性をもつと見ることはできないだろうか。

（北原2010：123）

そして、「欲しい」には、主観的な側面と客観的な側面があり、「私が」は「主観的な側面」の、「水が」は「客観的な側面」の主格であるとする。そして、(10)の「二つの側面」として次の(12)を挙げている(p.124)。

(12) a. (水が) 欲しがられる属性を持つ
　　 b. (私が) 欲しく思う
　　　　　　　　　　　　　　　　　　　　　　　　　　　　　　　(北原2010)

　北原(2010)も、その根拠は寺村(1982)とは異なるが、感情形容詞が二重ガ格をとるのは、感情の主体も、感情を引き起こすものも、どちらも意味的にガ格をとり得るからだという主張であるといえるだろう。

2.2. 対象語は主語か目的語か

　次に、時枝(1941)の「対象語」が、統語範疇として主語か目的語か、という議論を概観する。この問題は、主語をどう規定するかに深くかかわっており、本書の射程を超えるものであるが、どのような議論が行われてきたかを簡単に見ていく。主語であるとするのは橋本(1969)、ヲ格やニ格と同じ「対象語」という文の成分として扱うのは鈴木(1972a)、目的語であるとするのが久野(1973)、柴谷(1978)である。

2.2.1. 橋本進吉 (1969)

　はじめに、時枝(1941)の「対象語」は主語であるとする橋本(1969)を見ていく。橋本(1969：103)は、「水がほしい」の「が」と「本のほしい人は申出て下さい」の「の」を目的語だとする説があることを述べ、「之は論理的な考へ方で、ことばとして主語と考へて間違ひなからう。全體が形容詞的の意味をなす時、主語の意味になるのは多くある」と述べ、次の例を挙げている。

(13) 恐る　恐ろしい　雷を恐る　雷が恐ろしい。
(14) たのむ　たのもしい
　　　君に戀う　君が戀しい。
　　　　　　　　　　　　　　　　　　　　　　　　　　　　　　　(橋本1969)

2.2.2. 鈴木重幸（1972a）（1972b）

　鈴木（1972a：79）は、時枝（1941）の「対象語」を主語ではない、という扱いをしている。鈴木（1972a）は、「感情をあらわす形容詞」と「～たい」、「可能をあらわす動詞」は、ガ格名詞句をとるとして、次のような文型を示す。

(15)　（主語）　　（対象語）　　（述語）
　　　──は　　──が　　　──（だ）。　　　　　　　　　（鈴木1972a）

　鈴木（1972a：70）は、「対象語」について、「述語のあらわす動きや状態の成立にくわわる対象をあらわす文の部分である。対象とは、動きや状態を媒介にして主体に対立するものごと、すなわち客体のことである」と述べている。具体的には、「太郎は花子と結婚する」の「花子と」や、「この絵本をよしこさんにあげます」の「絵本を」と「よしこさんに」等であり、時枝（1941）の「対象語」とは異なる[5]。鈴木（1972a）では、時枝（1941）の対象語は、ヲ格やニ格と同じ文の成分として扱われているということが分かる。そして、鈴木（1972b：229）では、時枝の「対象語」を直接目的語と主語の中間的な現象と見られると述べ、日本語の主語に関する問題点としてあげている。当時、時枝の「対象語」について、名づけは行われたものの、それは一体、何であるのかということが議論されていたことがわかる。

2.2.3. 久野暲（1973）

　久野（1973：51）は、「状態を表わす他動詞、他形容詞、他形容動詞が目的語をマークする助詞として『ガ』をとる」という分析を行い、下記の述語が該当すると述べている[6]。

(16) 能力を表わす形容詞、形容動詞：上手、苦手、下手、得意、ウマイ
　　　a. 誰ガ英語ガ上手デスカ。

---

[5] 鈴木（1972a）は、「文の部分」として「主語」「述語」「対象語」「修飾語」「状況語」「規定語」「独立語」をたてている。
[6] (16)-(21)は、久野（1973）の例文の一部のみを引用している。

（17）内部感情を表わす形容詞、形容動詞：好キ、嫌イ、欲シイ、コワイ
　　　a. 太郎ガ花子ガ好キ／嫌イナコトハヨク知ッテイマス。
（18）動詞＋タイ
　　　a. 僕ハ映画ガ／ヲ見タイ
（19）可能を表わす動詞：デキル、レル／ラレル
　　　a. 誰ガ日本語ガデキルカ
（20）自意志によらない感覚動詞：解ル、聞コエル、見エル
　　　a. アナタハ日本語ガ解リマスカ。
（21）所有、必要を表わす動詞：アル、要ル
　　　a. アナタガオ金ガアルコトハ皆ガ知ッテイル　　　　　　　　（久野1973）

そして久野（1973:56）は、時枝（1941）がすでに「太郎ハ花子ガ好キダ」の「花子」を主語ではないとしていることを述べつつ、「格関係を表わすのに、『対象語』のように意味に基づいた用語を用いるのには危険がある」と指摘している。

2.2.4. 柴谷方良（1978）

柴谷（1978）も、時枝（1941）の「対象語」を目的語であるとする。柴谷（1978）の議論は、動作主・対象といった意味範疇、主語・目的語と言った統語範疇、主格・対格といった格範疇は明確に区別されなければならないという前提の上で行われている（p.273）。そして、「太郎が花子が好きだ」の「花子が」について、意味範疇は対象だが、統語範疇は目的語であるとしている（p.281）。

(22)		太郎が	花子が	好きだ。
	意味範疇	経験者	対象	
	統語範疇	主語	直接目的語	
	格関係	主格	主格	（柴谷1978）

その根拠は、まず、主語は尊敬語化規則の適用を誘発するのに対し、時枝（1941）の対象語は、（23b）のように尊敬語化規則が適用できないということである（p.226）。（23b）の「山田先生」は述語の「好きだ」を尊敬語化すること

はできない。よって、(23b)は、主語ではないとする。

(23) a. 私は山田先生が好きだ。
　　 b. #私は山田先生がお好きだ。　　　　　　　　　　　(柴谷1978)

また、同一の作家による文章で「が」と「を」が交替する次の(24)のような例を挙げ、問題の名詞句が話者によって直接目的語と看做される強い証拠であるとしている(p.229)。

(24) a.「あなた……もしかしたら、先生がお好きなんじゃない？」
　　 b.「あなたは先生をお好きなの？」　(以上、三浦『ひつじが丘』)
　　　　　　　　　　　　　　　　　　　　　　　　　　　　(柴谷1978)

このような理由から、柴谷(1978)は、時枝(1941)の「対象語」を目的語であるとしている。

以上、久野(1973)と柴谷(1978)のガ格目的語説を見てきた[7]。時枝(1941)の「対象語」をめぐる議論を見ると、この問題が主語とは何かという問題を投げかけてきたことがわかる。

---

[7] その後、柴谷(2001)は、柴谷(1978)のガ格目的語説を撤回している。しかし、本書では、柴谷(1978)のガ格目的語説を支持しているため、柴谷(1978)引用する。
　ガ格目的語説を撤回した柴谷(2001)の主張は、「ケンが花子が好きな(こと)」は、「象が鼻が長い(こと)」のような二重主語構文の変種であるというものである。これに対し、久野・ジョンソン(2005)は、二重主語構文は、文の主語を形容する「Xの」を「Xが」に変えて新しい主語にする「主語化」(「ゆりの父親が亡くなった。」から「ゆりが父親が亡くなった。」が作られる)によるものであるとする。そして、「花子の手料理が食べたい。」を主語化すると「花子が手料理が食べたい」になり、文意が異なるため、主語化ではないとする。そして、「ケンが花子が好きな(こと)」も、同様に主語化ではなく、二重主語構文ではないとし、柴谷(2001)を否定している。柴谷(2001)の「ケンが花子が好きな(こと)」を「象が鼻が長い(こと)」と同じ二重主語構文と見るという主張は、久野・ジョンソン(2005)が説得的な反論をしているように、無理があるように思われる。

3.「属性と情意の綜合的な表現」

2つめのキーワードである「属性と情意の綜合的な表現」について見ていく。1節で、時枝(1941)が「面白い」や「憎らしい」を「属性と情意の綜合的な表現」と呼び、これらの語が属性をも感情をも表すと主張したことを見た。以下では、時枝(1941)が「属性と情意の綜合的な表現」と呼んだ語の振る舞いが、篠原(2008)の「対象の性質を相互作用的性質と見る」という説によって、きれいに説明されるに至るまでの経緯を見ていく。

3.1. 三田村紀子(1966)

三田村(1966)は、形容詞の意味分類を行ったものである。その中で、感情形容詞が属性を表すのは、経験による情報の一般化によるものであることと、文の形としては、とりたて助詞の「は」が、かかわることを指摘している。

三田村(1966)は、「別れが悲しい」と「別れは悲しい」を比較し、「前者において主語として文節されうる〈ワレハ〉が後者においては認められない」とし、「別れは悲しい」が「別れ」というもの一般について述べる文になることを指摘している。また「痛い」について、「頭が痛い」は「頭は痛い」という形で頭一般について述べる文にはならないが、「経験の反復から抽象され一般化された判断」として、「ビタミン注射は痛い」「A教授の講義は眠い」という文が作れることを指摘している。

以上のように、三田村(1966)は、感情形容詞が属性を表す文は、経験による一般化された判断を述べる文であること、感情を引き起こすものを「は」でとりたてると、とりたてられた事物の属性を述べる文になることを指摘したのであった。

3.2. 寺村秀夫(1982)

寺村(1982:150)も、三田村(1966)が指摘した現象を、次のようにまとめている。感情形容詞は(25)のような命題(コト)を持ち、通常の独立文では「Xが主題化して、さらにそれが省略されて」(26)になるとする。そして、Yが主題化されると、(27)(28)のようにある対象についての一般的な品定めにも使われると述べている。

(25) X（感情主）ガ／ニ　Y（対象）ガ　コワイ／ウレシイ（コト）
(26) (Xハ) Yガ　コワイ／ウレシイ
(27) マムシハ　コワイ
(28) 冬ノ雨ハ淋シイ
（寺村1982）

ただし、寺村（1982）は、「好キダ、キライダ、ホシイ、ウラメシイ」は、一般的な品定めにはならないと述べている。

以上のように、時枝（1941）が「おもしろい」を例に「中間的な語」として指摘した現象は、一部の感情形容詞には起きないけれども、多くの感情形容詞に見られる現象であるとされたのである。

3.3. 篠原俊吾（2008）

篠原（2008）は、形容詞が表すとされる「『対象の性質』とはいかなるものであるか」を考察したものである。そして、「対象の性質」を「知覚者と知覚対象の相互作用から生まれる『相互作用的性質』として位置付ける」ことによって、時枝（1941）が「属性と情意の綜合的な表現」と呼んだ語の振る舞いは、説明が可能であるとしている。

篠原（2008）は、まず、「我々は対象を捉える際、何らかの対象への働きかけ（相互作用）をおこないその中から自己と対象の間の有益な情報を見つけ出す」と考える。情報の中には、自己の情報と見なされるものもあれば、対象の情報と理解されるものもあるが、この2つは表裏一体であるという。そして、対象の性質と呼ばれているものは、あらかじめ対象に内在しているのではなく、知覚者と対象の相互作用によって生じた関係が安定的である際に、「対象に元来備わる性質」と読み替えられたものであるという。

このような考えで形容詞を見てみると、まず、属性形容詞が対象に内在する性質を表すと見なされるのは、「対象と知覚者の関係」が安定的な場合であるとする。例えば、「この花は赤い」という文で述べられていることは、「知覚者が『この花』を視覚という行為を通して経験すると、常に『赤い』という感覚が知覚者に生ずる」ということであるという。そして、「知覚者と対象の関係」

が安定的であるために、「＊私はあの花が赤い（が、弟は〔あの花が〕青い）」のように知覚者を顕在化することはできないと述べている。

　一方、感情は同じ経験をしても、どう感じるかは人よって異なり、「知覚者と対象の安定的な関係」がないため、対象の性質ではなく「心のあり方」として捉えられるという。そして、知覚者を顕在化することもできる。

　また、ある相互作用による経験は、「知覚者の心のあり方」としても把握でき、また、「それを生じせしめた何らかの原因を中心に理解する」ことも可能であると述べている。例えば、ソファの持つ特徴が原因で知覚者に快適さを感じさせる、本の難解さが起因となって知覚者に難しいという印象を与えるというように捉えるのは後者であるとする。そして、これらは、「知覚の結果」と「原因」というメトニミーによって結び付けられるとしている[8]。そして、時枝（1941）で「属性と情意の綜合的な表現」と呼んだ語、「こわい」「たのしい」「さびしい」等が属性を表すのも、この枠組みで説明ができるとしている。「この道はさびしい」「この曲は楽しい」は、相互作用の経験を、原因の側から捉えたものであると言う。

　そして、篠原（2008）は、「一見、対立関係にあるように見える情意・情態という区分は、背後にある対象と知覚者の相互作用を考慮に入れれば、同じ体験を対象側、知覚側から各々捉えたもの」であり、「同じ経験の異なる側面である」と結んでいる。

　篠原（2008）の相互作用の経験は、対象の側からも知覚者の側からも捉えることができるという点は、本書でも賛同し、特に第6章の副詞的用法の分析の際に取り入れている。

　以上、2つめのキーワードである「属性と情意の綜合的な表現」についての研究史を見てきた。1940年代に指摘されたこれらの語の振る舞いは、経験による情報の一般化が行われたものであること、そして、とりたて助詞の「は」が関与することが指摘され、その後、すべての形容詞を「相互作用の結果」と考えれば、説明がつくとされたのであった。

8　メトニミーとは、「（現実）世界の中で隣接関係にあるモノとモノとの間で、一方から他方へ指示がずれる現象」である（巻下・瀬戸（1997：105））。

4. 人称制限

次に3つめのキーワードである「人称制限」についての先行研究を見ていく。

4.1. 寺村秀夫（1971）（1973）

感情形容詞の人称制限については、寺村（1971）（1973）で詳しく考察が行われている。

寺村（1971）は、人称制限が解除されるのは、小山（1966）が指摘した「〜ノダ」と「〜ガル」と連体修飾節だけではなく、引用節や「ラシイ」「普通形＋ソウダ」等の推量形でも制限はないとした。そして、文が「客観的なコトを表わす部分」と「推量とか問いかけとか要求とかを表明する部分（いわゆるムード）」からなるという前提で、感情形容詞の人称制限は、次の（29）（30）ような「感情表出のムード」を持つ文においてのみ現れるものだとした。そして、主節の述語が過去形の場合も、「タ」は「主張」というムードに変わるため、（31）のように人称制限はなくなるとしている。

(29) 水ガホシイ
(30) 僕ハウレシイ
(31) 太郎ハ水ガホシカッタ　　　　　　　　　　　　　（寺村1971）

このように寺村（1971）は、感情形容詞の人称制限は、感情形容詞が「感情表出のムード」で使用されるときに、「その素材となる文の感情主格語が三人称以外のものであることを要求する」現象であるとしたのである。

4.2. 金水敏（1989）

その後、金水（1989）は、寺村（1971）が述語でも過去形であれば人称制限がないとした（32）について、次の（33）を挙げ、述語が過去形であっても人称制限は残っていると批判した。

(32) 太郎は水が欲しかった。
(33) a.「その時太郎は、どんなだった？」

b.「うん。＊？水が欲しかった」　　　　　　　　　　　　　　（金水1989）

　金水（1989）は、(33)のような「日常的対話で聞き手にある状況を知らせる行為またはその言表」を「報告」、「小説や物語の地の文」を「語り」と呼び、区別する必要性があるとする。そして、(32)が適格であるのは、「語り」の場合であるとした。また、「報告」において、「他人の心的状態を直接知ることはできない」という仮説をたて、「日本語では、報告の際に、直接知ったこと、または話し手が直接決定できることと、そうでないことを文の形式のうえで区別しなければならない」とし、感情形容詞の人称制限も、この規則によって生じるものだとした。

4.3. 益岡隆志（1997）

　益岡（1997）は、感情形容詞の人称制限について「他者の内面の状態を直接知ることはできないという認識論的な説明」がなされることに異を唱え、語用論的な原則を示した。その根拠は、以下の通りである。

　まず、「知識・情報として表現・伝達する演述型の文」では、当該の事態が真であるとみなされれば断定形が、そうでなければ非断定形が用いられるとする。

　(34) 弟は借金を返したよ。
　(35) 弟は借金を返したようだよ。　　　　　　　　　　　　　（益岡1997）

　弟が借金を返したと言った場合、話者はそれを信じれば、真偽を確認せずとも(34)を使うことができる。一方、確信できなければ(35)を使う。ところが、次の(36)のように「人物の内的世界に属する事態」の場合は、当該の人物が自己の気持ちを繰り返し表現し、話者が信じうる状況であっても、断定形を用いることができない。

　(36) ＊花子は、とても悲しいよ。　　　　　　　　　　　　　（益岡1997）

以上のことから、(36) は、(34)(35) とは異なる原則によって断定形を使用するかどうかが決まると言える。そして、益岡 (1997) は、(36) が非文である理由として、語用論的な原則として次の (37) を立てる。

(37) 人物の内的世界はその人物の私的領域であり、私的領域における事態の真偽を断定的に述べる権利はその人に専属する。　　　　　　　（益岡1997）

つまり、(36) は、言語の運用において他人の権利を侵害することになるため用いられないということである。そして、この原則が発動するのは、事態の真偽判定というモダリティ要素が関与する場合であり、次の (38) ような命題レベルの表現と、小説や物語の世界では発動しないことを述べている。

(38) 花子が芸術家になりたいとは知らなかった。　　　　　　　　（益岡 (1997)）

このように、益岡 (1997) は、感情形容詞の人称制限は、語用論的な原則に基づくものであると主張したのである。

以上のように、小山 (1966) が指摘した感情形容詞の人称制限という現象は、寺村 (1971) でムードの問題であるとされ、金水 (1989) で「報告」と「語り」を区別する必要性が説かれた。そして、益岡 (1997) によって、人称制限は、他者の感情を直接知り得ないからではなく、「私的領域の事態の真偽を断定的に述べる権利」を侵害することになるという語用論的な原則によるものであるとされたことを見た。

ここまで、「対象語」「属性と情意の綜合的な表現」「人称制限」という3つのキーワードについての研究史を見てきたが、これらは1940年代からの研究の蓄積で明らかにされたと言える。これからの感情形容詞の研究は、新たな段階に入っていかなければならない。

5. 形容詞の分類

次に、形容詞の分類の研究史を見ていく。形容詞の分類には、感情形容詞と属性形容詞を中心とした分類と、それとは異なる観点からの「状態形容詞」と

「質形容詞」という分類、そして両者を取り入れた山岡（2000）の分類がある。形容詞の分類の研究史をたどり、最後に、先行研究に対する本書の考えを述べる。

5.1. 感情形容詞と属性形容詞を中心とした分類

はじめに、感情形容詞と属性形容詞を中心とした分類を見ていく。

5.1.1. 三田村紀子（1966）

三田村（1966）は、上代語の形容詞と現代語の形容詞を共に分析している。そして、形容詞を大きく相的形容詞と用的形容詞の2つに分類をしている（相的形容詞とは「青し」「怪し」等の属性形容詞、用的形容詞は「いたし」「悲し」等の感情形容詞である）。

まず、三田村（1966）は、「青い」という形容詞について、緑や浅葱も「青い」といわれることがある例を挙げ、形容詞という品詞が「個々の場において、主体の過去の経験、記憶から無意識的に抽出され想起される基準との相対」であり「概して相対的な概念把握」であると述べる。すべての形容詞が「対象の客観的な状態としての意味」と「主体の主観的な把握としての意味」を常に持つとし、前者を「相的な意味」、後者を「用的な意味」と呼ぶ。そして、より相的な意味が強いか、用的な意味が強いかは連続的であるが、意味の分化が認められるとして、以下のように分類する[9]。

	相	用
もの	（ⅰ）青し ———	（ⅰ'）痛し
こと	（ⅱ）怪し ———	（ⅱ'）悲し
ひと	（ⅲ）優し ———	（ⅲ'）恋し

図1　三田村（1966）の形容詞分類

---

[9] 図1は、三田村（1966）のp.21の表であるが、三田村（1966）の表中のアラビア数字をローマ数字に改めた。また、図1の形容詞と形容詞の間の線は、それぞれが連続的であることを示している。

（ⅰ）と（ⅰ'）は、「空が青い」「頭が痛い」のように「もの」を対象とする語であるという点で共通するという。（ⅱ）（ⅱ'）は、「雲行きが怪しい」「天気が良くて嬉しい」のように「こと」を対象とする点、（ⅲ）（ⅲ'）は、「彼女は優しい」「母が恋しい」のように「ひと」を対象とする点で共通するとしている。

5.1.2. 西尾寅弥（1972）

西尾（1972）では、時枝（1941）、小山（1966）、その他の先行研究もふまえ、感情形容詞の特徴を詳細にまとめている。

西尾（1972）は、形容詞を「客観的な性質・状態の表現をなす」属性形容詞と「主観的な感覚・感情の表現をなす」感情形容詞に分類することが認められていると述べ、次の10の環境で生起するかどうかを分類の指標として挙げている（西尾（1972：22の表より引用）。

Ⅰ 〜がる
Ⅱ （わたしは）〜い（だ）。　話し手の感情・感覚
Ⅲ ｛あなた／あの人｝は　〜い（だ）。第二（三）人称者の感情（覚）
Ⅳ ｛あなた／あの人｝は〜そうだ。感情（覚）の表れた様子
Ⅴ 《対象＝モノ》が　〜い（だ）
Ⅵ 《対象＝人》が　〜い（だ）
Ⅶ 《対象＝コト》が　〜い（だ）
Ⅷ 〜い（な）こと〈内容〉
Ⅸ 《体の部分》が　〜い（だ）
Ⅹ 〜くて（で）たまらない

Ⅰは、感情形容詞には「〜がる」がつくが、属性形容詞には「〜がる」が付かないという指標である。ただし「つよがる」「あたらしがる」「いきがる」「汚がる」「重宝がる」等、感情を表すとは言い難い語にも「〜がる」がつく場合があることも指摘している（p.24）。

ⅡとⅢは、感情形容詞の人称制限についてである。西尾（1972）は、「そのままの形で平叙文の言い切りの述語になる場合には、ふつうは、話し手自身の感情・感覚しか表さない」という「主語の制限」を感情形容詞の形の上の手がかりからの認定基準として「いちばん適切なものであろう」と述べ、詳しく考察を行っている。
　Ⅳは、「〜そうだ」がついて感情・感覚の現れた様子を表すことができるかという指標である。本書は、この指標について詳しく考察し、新たな形容詞の分類案を提案する。
　Ⅴ‐Ⅶは、形容詞が表す属性の持ち主を「主体」と呼び、それぞれの形容詞がどのような主体をとるかという観点で形容詞を分析する指標である。
　Ⅷは、「嬉しい」「悲しい」のような感情形容詞が「嬉しいこと」「悲しいこと」のように「こと」を修飾すると、「こと」が、具体的な展開のある出来事を指すというものである。
　Ⅸは、感情形容詞を「感情」と「感覚」に下位分類する指標である。「感覚」は(39)のように「感覚を呼びおこす外界の物を対象語として表す」ほかに、(40)のように「その感覚を感じる体の部分が、『〜が』の形で言い表される」ことがあり、これは感覚を表す形容詞に特有だとしている。

(39) 背負った鉄棒の細紐が痛かった。（大岡昇平『野火』）　　　（西尾1972：36）
(40) a. わたしは　歯が　痛い。
　　　b. 足が　だるい。　　　　　　　　　　　　　　　　　　（西尾1972：39）

　Ⅹは、「〜くて（〜で）たまらない」という形式を「感情の程度が（たえがたく感じるほどに）高まった状態」を表す形式であるとし、感情形容詞は「〜くてたまらない」と言えるという指標である（p.194）。

5.1.3. 草薙裕（1977）
　草薙（1977）は、「平叙文の話し手（『私』）」と「疑問文の聞き手（『あなた』）」を「情報提供者」と呼び、「情報提供者が文の中で、形容表現の何にあたるか」によって、形容詞を大きく「観察形容表現」「感覚形容表現」「感情形容表現」「嗜

好形容表現」の4つに分類をしている。「観察形容表現」は、さらに「比較形容表現」「判断形容表現」「記述形容表現」の3つに分類されている。以下の表1は、筆者が草薙（1977）を表にまとめたものである。

表1　草薙（1977）の形容詞分類

分類		例	情報提供者と形容詞の関係
観察形容表現	比較形容表現	あの山は高い。新幹線は早い。	観察者として何かを観察し、色や形を記述し情報を提供する
	判断形容表現	この本はおもしろい。彼女は美しい。	
	記述形容表現	この花は赤い。このテーブルは丸い。	
感覚形容表現		私は頭が痛い。とても眠い。	情報提供者の生理現象を表したもの
感情形容表現		私はうれしい。私はさびしい。	情報提供者が自分の気持ちを表したもの
嗜好形容表現		私はすしが好きだ。彼はすきが好きだ。	情報提供者が自分の気持ち（半恒久的な状態）を表したもの[10]

　表1のように草薙（1977）は、「情報提供者」が観察者であるのか、そうではなく、自分の内部の状態を述べるのか、という点で分類をしたものである。
　なお、観察形容表現の下位類について述べておくと、「比較形容表現」は、情報提供者が何らかの条件に基づいた基準との比較において用いられるもので、その条件を検討すれば情報の真偽が立証されるものであるとする。「判断形容詞」も、何らかの基準との比較に基くものであるが、「おもしろい」か「おもしろくない」か等、真偽の立証が不可能なものである。「記述形容表現」は、上述の2つの形容表現と異なり、比較を主な働きとせず、「そうかそうでないか」

10　草薙（1977）では、嗜好形容表現として「すきな」「きらいな」が挙げられていて、第三者のことも言い切りの形で述べることができるとされている。第三者のことを述べる場合は、情報提供者は「観察者」であると思われるが、その点は、はっきりと述べられてはいない。

を問題とするものであるという。前2者は、「高い－低い」「おもしろい－つまらない」のように対になる形容詞が存在するが、記述形容表現は、対になる形容詞が存在しないとしている。

5.1.4. 寺村秀夫（1982）

　寺村（1982）は、日本語の感情表現には動詞によるものと形容詞によるものがあると述べ、4つに分類をしている。動詞は、ニ格と共起するかヲ格と共起するかによる分類である。形容詞は「動詞の場合ほどどの語がどの型とはっきり所属がきめ難い」としつつ、「感情形容詞による表現」と「感情的性状既定の形容詞による表現」に分類をしている。寺村（1982：139-154）の感情表現の分類をまとめると次のようになる。

　　・一時的な気の動き（感情の誘因を表すニ格補語をとる）
　　　　（41）物音ニ　オドロク／オビエル／ギョットスル　　　　（寺村1982：140）

　　・能動的感情の気の動き（感情の対象を表すヲ格補語をとる）
　　　　（42）人ヲ　愛スル／憎ム　　　　　　　　　　　　　　（寺村1982：142）

　　・感情の直接的表出（感情形容詞による表現）
　　　　（43）a. 私ハクモガコワイ
　　　　　　　b. 水ガ欲シイ　　　　　　　　　　　　　　　　（寺村1982：140）

　　・感情的品定めの表現（感情的性状既定の形容詞による表現）
　　　　（44）a. サソリハオソロシイ
　　　　　　　b. 政治道徳ノ低下ガナゲカワシイ　　　　　　　（寺村1982：140）

以上が寺村（1982）の感情表現の分類である。形容詞の分類としては、「感情形容詞」「感情的性状規定の形容詞」と、「コノ机ハ大キイ」のような「性状規定の表現」に用いられる形容詞という分類と言えるだろう。

5.1.5. 細川英雄（1989）

細川（1989）は、西尾（1972）を参考にし、次の3つの指標を用いてイ形容詞501語を大きく4群に分類した。

指標①「わたしは～い。」の形で、「わたし」の心の様子を表すことが可能か。
指標②「わたしは～てたまらない／～でならない」が可能か。
指標③対象内容としてモノ・コト・カラダ（話し手自身の身体部位）のどれをとるか。

指標①は、「形容詞諸語の表す状態が『わたし』の心の様子」、すなわち「内側の状態」を表すかを見る指標である。指標②は、第一人称で「心の状態が直接的に表出する文型」で使用が可能か見るものである。指標①②を満たす語が下記の表2のA群、指標①を満たさないが②を満たす語がB群、双方満たさない語がC群である。以上の指標①と②で、A・B・Cの3群に分類されるのであるが、B群に関しては、B群のなかで感覚を表すものを分け、B群を2つに分類している。指標③は、A－Cの下位分類を行うものである。

以下に、細川（1989）の形容詞分類案を示す。表2は、細川（1989）の表2に、筆者が例を書き加え、説明の一部を省略したものである。なお、表2の破線で囲ったグループは、同一のグループであることを示す。このように、細川（1989）の分類は、「従来の感情・属性の中間に位置する語彙群の存在と、感覚表現における二種の区別を認めた」ものとなっている。

5.1.6. 小針浩樹（1994）

小針（1994）は、「対象文」「対象判断文」といった「文類型」と、述語の種類について考察した論考である。小針（1994）は、すべての文が「〈対象面〉」と「〈作用面〉」からなると考える。

(45) 太郎は昨日、学校に行った。　　　　　　　　　　　　　（小針1994）

(45)では「太郎が昨日、学校に行った」という事態が「〈対象面〉」であり、「"私"

表2　細川（1989）の形容詞分類案

状況＼対象	外側の状態		内側の状態	
―	該当語なし		A-1　感覚（体温・温覚）／感情 　　例：暑い　けむい　涼しい	
カラダ			A-2　感覚（体感・温覚） 　　例：あたたかい　痛い　かゆい	
コト	C-3　人の様子・性格 　　－ポイ－ドイ－シイ 　　例：いやしい　うとい 　　　　うまい	B-3　感情　心の動作＋シイ 　　―感覚系形容詞 　　例：おかしい（変だ） 　　　　かたじけない 　　　　あさましい	A-3　感情　－シイ 　　　　－感情系 　　例：愛しい　うれしい 　　　　おかしい（滑稽） 　　　　悲しい	
コト・モノ	C-4 　例：新しい　危ない 　　　あやうい	B-4 　例：怪しい 　　　やかましい 　　　ややこしい	A-4 　例：うるさい　おしい 　　　おもしろい	
モノ	C-5　色彩・形態・ 　　　程度… 　例：青い　赤い　明るい	B-5　感覚（温覚・味覚） 　例：あたたかい　熱い 　　　あまい	A-5 　「ほしい」のみ。	

が、自分の持つ登録情報として、その事態を断定して述べる側面」が「〈作用面〉」であるという。そして、文には「〈対象面〉」が前面に出る文と、「〈作用面〉」が前面に出る文があるとし、それを文類型として5つに分類し、それぞれにどのような述語文が現れるかを整理している。そのなかで、形容詞述語文を「属性形容詞述語文」「評価形容詞述語文」「感情形容詞述語文」に分類している。

　分類には、「変化テスト」という指標を用いる。これは、形容詞文を「昨日（去年、以前……）まではそうだったが、今日（今年、今……）はそうではなくなった」という文にして、「〈対象面〉」と「〈作用面〉」のどちらが変化したかを見るテストである。

（46）風雨の勢いが激しい。
（47）彼女と別れ、僕はとても寂しい。さっきまではそうだったが、今はそうではなくなった。

(48) ××大学の試験は難しい。去年まではそうだったが、今年はそうではなくなった。
(小針1994)

　(46)は、テストしてみると、「風雨の勢いが激しくなくなった」という「〈対象面〉」の変化であるので属性形容詞文であるとする。(47)は、「〈作用面〉」の変化でしかないので、感情形容詞文であるとする。そして、(48)は、「外的な基準において難易度が低くなったという意味と、"私"の学力が向上した結果『難しく感じられなくなった』」という2つの解釈があり、「〈作用面〉」と「〈対象面〉」の融合した評価形容詞文であるという。そして、評価形容詞の例として「怖い、有り難い、つまらない、面白い、かわいい等」を挙げている。
　しかし、変化テストは、何によって判断が変わるのかという興味深い問題ではあるが、「対象面」だけの語は無いのではないかと思われる。例えば、「大きい」の「去年まではこのセーターは大きかったが、今はそうではなくなった」という例を考えてみると、体が大きくなった、セーターが洗濯により縮んだという「〈対象面〉」のほかに、今年はだぼっとしたセーターが流行しているため大きいと感じなくなったという「〈作用面〉」の解釈もある。どのような語でも「〈作用面〉」の変化があるのではないだろうか[11]。

5.1.7. 仁田義雄（1998）

　仁田(1998)は、「属性形容詞」、「評価・判断形容詞」、「感情・感覚形容詞」の3分類を行っている。仁田(1998)は、現代日本語の形容詞が名詞を修飾する「装定」用法で使われるか、述語として働く「述定」用法で使われるかを考察する際に、形容詞を分類したものである。属性形容詞(49)(50)、評価・判断形容詞(51)(52)、感情・感覚形容詞(53)(54)の順に例を引用する。仁田(1998)では分類の指標については特に何も述べられてはいない。

(49) 膵臓の新しい手術法を考案し、(黒岩重吾『湿地帯』)
(50) 夕方の舟宿はいそがしい。(佐賀潜『早船洲崎行き』)

11　変化テストについては、山岡(2000：124)でも同様の批判がなされている。

(51)「あんたの相棒はすばらしい腕前だな」(生島治郎『死者たちの祭』)
(52) 須藤の飲みっぷりは相変わらず凄い。(黒岩重吾『湿地帯』)
(53) まるで懐かしい人物に出会ったかのような〜(筒井康隆『アフリカの爆弾』)
(54) 宇佐美は、〜志奈子の身体が欲しかった。(笹沢左保『女を見て死ぬ』)

((49)-(54) 仁田1998)

5.1.8. 北原保雄 (2010)

　北原 (2010：28-32) は、感情形容詞と属性形容詞の間に「感覚形容詞」をたてる。属性形容詞は「事物の性質・状態を表す」形容詞であり、感情形容詞は「事物に対する人の気持ちを表す」形容詞であるとしている。「事物の属性は、言うまでもなく事物側のもの」であり、「人の感情・情意はこれまた言うまでもなく、人側のものである」とする。そして、五感によって認識される「まぶしい」「うるさい」「くさい」「苦い」「暑い」等は、ものの状態であるが、五感によって認識されなければ「まぶしい」「うるさい」という感覚にならないと述べ、属性形容詞と感情形容詞の中間の形容詞であるとしている。

　以上、感情形容詞と属性形容詞を中心とした分類を見てきた。感情形容詞と属性形容詞の間に、「評価」や「判断」等をたてる分類は、ひとつの対象をどう捉えるか、人による異なり具合を捉えようとしているように見える。また、1960年代からのすべての分類において、「感情形容詞」は、ひとつの群として取り上げられていることがわかる。

5.2. 状態形容詞と質形容詞

　感情形容詞と属性形容詞とは異なる観点から、形容詞を分類する一連の研究がある。荒 (1989)、樋口 (1996) の「状態形容詞」と「質形容詞」という分類である。この分類は、八亀 (2008) によれば、「海外の研究 (特にロシア語文法の記述) を参考にした分類」によるものであり、八亀 (2008) の「時間的限定性」の有無と、「評価性」という2つの軸による4分類に続いていく。

5.2.1. 荒正子 (1989)、樋口文彦 (1996)

　荒 (1989) は、形容詞が述語の位置に現れたとき、どのような意味的なタイ

プを表現するかという観点で形容詞を分類したものである。述語の位置で「《状態》」を示すのが「状態形容詞」、「《特性》」を示すのが「質形容詞」であるという分類である。「《状態》」と「《特性》」は「意味的カテゴリー」であり、「あたえられた時間の断片のなかで生じる、アクチュアルな現象をとらえていて、つねに特定の具体的な時間にしばられている」のが「状態」で、「物にコンスタントにそなわっている、ポテンシャルな特徴」が「《特性》」であるとする。次の（55）と（56）が状態形容詞の例で、（57）は質形容詞の例である。状態形容詞には、（55）のように人の状態を表すものと、（56）のように物の状態を表すものがあるという。

(55)「行ってくれるか。ありがたい。」（『戦国無頼』）
(56)「おふとんが冷たい」と景子が言った。「つめたい？」「さらさらするわ。」
　　（『悔いなき煩悩』）
(57) 本場のカレーは辛いね。（『向田邦子全対談』）

((55)-(57) 荒1989)

そして、状態形容詞は「述語の位置にしかあらわれることのできない形容詞」で、質形容詞は「述語としても、連体修飾語としても使われる形容詞」であり、文法的な性格が大きく異なると述べている。この分類においては、「述語＝形容詞が時間のありか限定をうけているかどうか」が重要で、同じ形容詞述語文でも、「時間のありか限定」を受けていれば「《状態》」、受けていなければ「《特性》」となる。例えば、「冷たい」という形容詞は、次の（58）では「《状態》」、（59）では「《特性》」であるとされている。

(58)「きのうの風はつめたかった」
(59)「北氷洋の風はつめたい」

(荒1989)

また、荒（1989）では、質形容詞と状態形容詞は、相互に移行すると述べられている。次の（60）は、質形容詞が過去形をとることにより「《状態》」の表現への移行した例である。次の（61）は、状態形容詞が連体修飾語に使用され

「語彙的な意味の変更が生じ」、質形容詞へ移行した例である。状態形容詞は、連体修飾語になると、「《特性》を表す」、すなわち質形容詞に移行すると述べている。

(60) 被災した隣近所のことを思えば、昼日中から天ぷらの匂いなどさせて不謹慎のきわみだが、父はそうしなくてはいられなかったのだとおもう。母はひどく笑い上戸になっていたし、日頃怒りっぽい父が妙に<u>やさしかった</u>。(『父の詫び状』)
(61) 何といっても同じ<u>悲しい</u>記憶につながれている。(『新生』)

((60)(61) 荒1989)

　その後、樋口（1996）は、状態形容詞と質形容詞の対立について「認識論的な観点からみれば、経験と経験との一般化という対立」になるだろうと述べている。そして、「冷たい」のように述語位置において質形容詞にも状態形容詞にもなる語の存在を認めつつ、この分類の背景には、「つねに状態形容詞であるし、つねに質形容詞であるという形容詞のグループ」が存在するとし、分類の必要性を説いている。例えば、「そっけない」「つらい」等は常に状態形容詞、「やさしい」「いじわるな」「りこうな」「ばかな」は常に質形容詞であるとする。
　このように、荒（1989）、樋口（1996）は、形容詞が述語位置に現れたときに「《状態》」を表すか「《特性》」を表すか、という観点から分類を行った。

5.2.2. 八亀裕美（2008）

　八亀（2008：28-45）は、荒（1989）、樋口（1996）の流れを汲むもので、「『属性形容詞』と『感情形容詞』という分類について、評価のタイプという側面から再度とらえなおす」と述べ、「状態形容詞」と「特性形容詞」に分類している。「特性形容詞」は、そこに含まれる語に違いがあるが、荒（1989）、樋口（1996）の質形容詞である。
　具体的な分類方法は、「時間的限定性」の有無と、「評価性」の高低で形容詞を十字分類するというものである。時間的限定性とは、「具体的・一時的・偶発的な〈現象〉か、ポテンシャルで恒常的な〈本質〉かの違いをとらえる」意

味論的なカテゴリーであるという。そして、時間的限定性は、「述語のみで決まるものではなく、文のレベルで表し分けるものである」と述べている。評価とは、「形容詞における話し手の主体的な関わり方」のことで、形容詞によって評価のタイプが異なるとする。特性形容詞では、「ある基準にてらして、それとの比較のなかで物を意味づけるのが特徴」であり、「話し手の評価的な関わり方は、基本的に背景化されている」とする。一方、状態形容詞では、「人間の感情をもとにして、その感情を引き起こす原因としての対象を意味づけて」おり、「話し手の評価的な関わり方が、前面化してくる」としている。

八亀（2008）の分類は、次の図2の通りである（図2は、八亀（2008）のp.40の図に、p.41-42の説明からA・B・D・Eに含まれる形容詞の例を書き込んだものである）。

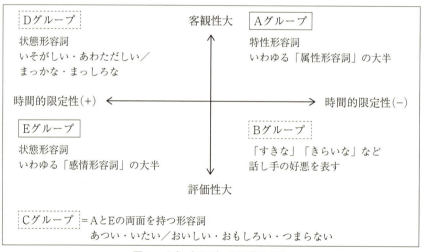

図2　八亀（2008）の形容詞分類

そして、AとEに所属する形容詞が多く、B・C・Dに所属する語は限られると述べている。なお、Dは、「評価的な側面では、『人間やものが、本来あるべき姿と比較して、逸脱した臨時的な状態』にあること」を表すものである（p.91）。

以上、状態形容詞と質（特性）形容詞という分類の流れを見てきた。

5.3.「文機能」からの分類　山岡政紀（2000）

　最後に、感情形容詞と属性形容詞、状態形容詞と質形容詞という2つの分類を取り入れた山岡（2000）を見ていく。山岡（2000）の形容詞分類は、「感情形容詞と属性形容詞の語彙の対立を、〈感情表出〉と〈属性叙述〉という文機能の対立から捉え直」すという立場で行われたものである（p.5）。「基本的には、感情形容詞と属性形容詞の二分類に依拠しているが、草薙（1977）、寺村（1982）が行っている文機能論的な発想を理論的に徹底した結果、そこに荒（1989）の状態形容詞と質形容詞の二分類の考え方を取り入れることとなった」と述べている（p.126）。

　山岡（2000）の「文機能」とは「語用論的条件ぬきの文としての機能」であり、〈遂行〉〈意志表出〉〈感情表出〉〈命令〉〈事象描写〉〈状態描写〉〈属性叙述〉〈関係叙述〉を認めている（p.64）[12]。そして、それぞれの文機能が発動する命題内条件を記述している。

　例えば、次の（62）（63）は、（64）の命題内条件を満たすことにより、〈感情表出〉という文機能を発動するという（p.81）。

(62) 私は水が飲みたい。
(63) 私は水が欲しい。
(64) 〈感情表出〉の命題内条件
　　　①述語が感情性述語であること
　　　②主語が第1人称経験者格であること（[Ｉ]^{Ex}）[13]
　　　③非過去時制辞を接続すること
　　　　（ただし、述語が感情変化動詞の場合は、過去時制辞を接続すること）
　　　④モダリティ付加辞を接続しないこと
　　　⑤アスペクト接辞を接続しないこと　　　　　　　　　　　（山岡2000）

12　山岡（2000）では、〈　〉を「語用論的条件ぬきの文機能」を示す記号として使用している（山岡（2000：3））。
13　[Ｉ]^{Ex}は「形式的に表れていない第1人称経験者格」を示す記号である（山岡（2000：2））。

このように、どのタイプの述語が、どのような条件で、どのような文機能になるかという記述への必要性から、形容詞の分類が行われている。そして、荒 (1989) で質形容詞と状態形容詞のどちらにもなるとされた形容詞の「きのうの風はつめたかった」と「北氷洋の風はつめたい」のような例は、「語彙の区別ではなく、用法の区別」であり、山岡 (2000) の立場では「〈文機能〉の違いである」と述べている (p.126)。
　山岡 (2000) の分類の指標は、次の通りである (p.126-127)。

　　　指標A　　第１人称名詞句を主題として、〈感情表出〉文を作ることが可能か。
　　　指標A2　　話し手の肉体部分を経験者格として構文中に言語化し得るか。
　　　指標B　　名詞句を主題として、超時的〈叙述〉文を作ることが可能か。
　　　指標B2　　２項以上の必須格名詞句があるか。

　指標Aは、細川 (1989) の「私は、〜い。」が言えるかどうか、という指標を山岡 (2000) の枠組みで記述したものである。そして、指標Aを満たせば、感情形容詞であるとする。指標A2は、感情形容詞の下位類として「感覚形容詞」と「情意形容詞」を分類する指標である。指標Bは、荒 (1989) の「状態形容詞」と「質形容詞」を取り入れた部分で、感情形容詞でない語、つまり従来属性形容詞とされてきた語から〈属性叙述〉文を作れないものを「描写形容詞」として取り出す指標である。指標B2は、〈叙述形容詞〉の下位類として「関係形容詞」と「属性形容詞」を分類する指標である。次の図３は、山岡 (2000：126-129) をもとに筆者が作成したものである。
　さらに、山岡 (2000) は、情意形容詞にも、指標B「名詞句を主題として、超時的〈叙述〉文を作ることができるか」というテストを行い、表３のように下位分類をしている (p.129)。情意形容詞のなかで指標Bを満たすのが、表３の横軸の「属性的情意形容詞」、満たさないのが「状態的情意形容詞」である。
　表３の縦軸の「a. 対象型」は「必須格として対象格をとるもの」、「b. 原因型」は「任意格として原因格をとるもの」である。原因格とは「〜ノセイデ」に言い替えが可能な格のことである。次の (65) (66) は、動詞述語文の例であるが、

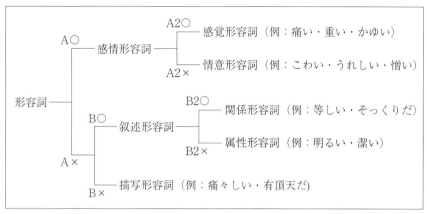

図3 山岡（2000）の形容詞分類

表3 情意形容詞の内部分類と語例（山岡（2000：129）

	属性的情意形容詞〈属性叙述〉となり得る	状態的情意形容詞〈属性叙述〉となり得ない
a 対象型	恐ろしい、面白い、可愛い、哀れだ、可哀想だ、心配だ	愛しい、恨めしい、恋しい、惜しい、欲しい、いやだ
b 原因型	うれしい、悲しい、悔しい、安心だ、爽やかだ、爽快だ	面映ゆい、心細い、眠い、意外だ、遺憾だ、不本意だ
c 経験者型	嫌いだ、好きだ、せわしい、気楽だ、幸福だ、孤独だ	

(65) の「息子の暴力に」は (66) の「息子の暴力のせいで」に言い替えが可能であり、(65) の「ニ」は、原因格であるとしている (p.31)。

(65) 父親は息子の暴力に悩んでいる。
(66) 父親は息子の暴力のせいで悩んでいる。　　　　　　　　（山岡2000）

　表3の縦軸の「c.経験者型」は「対象格や原因格を名詞句の項として取るが、それを主題化することがなく、非第1人称の経験者格（Ex）を主題として〈属

性叙述〉文を作ること」ができる、つまり「太郎は酒が好きだ」のような文が作れる語のことである。以上のように山岡（2000）は、感情形容詞と属性形容詞、状態形容詞と質形容詞という2つの分類を取り入れた分類を行っている。

5.4. 先行研究の形容詞分類に対する考え

これまで、先行研究の形容詞分類を見てきたが、本書の先行研究の形容詞分類に対する考えを述べておきたい。まず、感情形容詞と属性形容詞を中心とした分類については、その2つが両端にあり、その中間は連続的なもので截然と分けられるものではないという考えからか、分類の指標のないものがある。本書では、感情形容詞という研究の対象を確定するという目的のために、指標のない分類は用いることができない。

そして、分類の指標が設けられている研究のうち、小針（1994）の指標は分類の指標として用いることは難しいのではないかということをすでに述べた。また、西尾（1972）のように、たくさんの指標ではなく、簡単な指標で分類することはできないだろうかと考えている。そして、分類の指標を立てている細川（1989）と山岡（2000）については、感情形容詞を取り出す「私は、～い。」が言えるかどうか、というテストは、はっきりと判断できる語がある一方、「私は、暑い。」のように、対比的な文脈でしか「私は」と言わないのではないかと思われるものもあり、分類の難しい語もある。そこで、本書では、第2章で、新たな分類の指標を提案する。

次に、荒（1989）、樋口（1996）の質形容詞、八亀（2008）の状態形容詞についての考えを述べておきたい。まず、感情形容詞と属性形容詞という分類は、語レベルの分類であり、形容詞が何を表すのかという語彙の意味による分類である[14]。そして、状態形容詞と特性形容詞という分類は、当該の形容詞が述語となった際に表す状態（ここでの状態とは、動詞が描く動作と対立するものである）が、時間的限定性を持つか持たないかという分類で、文レベルでの分類である。よって、この2つは異なるレベルでの分類であり、どちらか一方しか成立しないといった関係ではない。

14　本書では、語の意味による統語的な特徴を形容詞の分類の指標として用いる。

また、八亀（2008）では、感情形容詞が「変な」「おかしい」等の逸脱状態を表す形容詞と同様に状態形容詞に分類されている。確かに、人間の感情というものは変化するものだからこそ感情であると言えるので、感情形容詞が時間的限定性を持つということは納得できる。しかし、八亀（2008）では、状態形容詞の評価性について「人間の感情をもとにして、その感情を引き起こす原因としての対象を意味づけて」いるとしているが、とくにテストフレームがあるわけではない。本書では、「感情を表すと言える語は、どれなのか」というところから出発したい。
　本書では、時間的限定性を形容詞の分類には用いていないが、時間的限定性に関しては、感情形容詞の文中での振る舞いを分析する際に有益であると考えている[15]。本書でも、第2章の4.3で「花子はうるさそうに耳をふさいだ」という文の解釈について述べる際にこの概念を用いる。以上、感情形容詞と属性形容詞、状態形容詞と特性形容詞という2つの分類についての考えを述べた。

6. まとめ

　以上、感情形容詞の先行研究を「対象語」と「属性と情意の綜合的な表現」、「人称制限」という3つのキーワードから見てきた。1940年代からの研究で、この3つのキーワードをめぐる問題は、解決されたと言ってよい。しかし、これは、別の言い方をすれば、感情形容詞の研究は、この3つのキーワードをめぐる問題以外は、まだ十分に行われていないとも言える。
　例えば、感情形容詞が「～て、うれしいです」といった複文の述語として用

---

[15] ある文の述語が、一時的な状態や動作を表すのか、永続的な性質を表すのかについては、Carlson（1980）でも論じられている。Carlson（1980）は、dogs、lionsのような裸の複数形（bear plurals）の解釈について考察を行うなかで、述語を場面レベル述語（stage-level-predicate）と個体レベル述語（individual-level-predicate）に分類している。場面レベル述語とは、ある限定された時間における出来事や状態を表すものであり、個体レベル述語とは、時間的な限定のない性質を述べるものである。そして、Carlson（1980：105）は、形容詞には、alive、drunkのような場面レベル、fatのような個体レベル、widespred、rare、extinctのような種レベル（kind-level）のものがあると述べている。種レベルは、個体レベルの1種である。

いられる際の振る舞い、「うれしい悲鳴」といった連体修飾用法、「悲しく聞いた」のような副詞的用法についての研究は、また途に就いたばかりと言える[16]。本書では、感情形容詞の分類案を示し、コーパスを用いて感情形容詞の使用実態を調べ、終止用法・連体修飾用法・副詞的用法という3つの用法ごとに詳しく見ていき、感情形容詞の全体像を明らかにしていく。

---

16 感情形容詞が複文の述語になる文や、副詞的用法についての先行研究については、各章で言及する。

第2章

現代日本語の形容詞分類
―― 様態のソウダを用いて ――

　第2章では、考察の対象とする「感情形容詞」の範囲を定めるために、形容詞の分類を行う。感情形容詞の定義を行い、形容詞語幹と動詞連用形に接続するいわゆる「様態のソウダ」（以下、「ソウダ」）を用いて分類を行う。はじめに感情形容詞を「感情・感覚を表し得る形容詞」と定義する。次に、なぜソウダを用いて分類を行うのかを述べる。そして、分類の指標を提示し、感情形容詞2群、属性形容詞2群の計4群に分類する。

1. 感情形容詞とはどのような形容詞か

　形容詞の分類の先行研究は、第1章の5節で詳しく見てきたが、もう一度確認しておきたい。形容詞を分類した先行研究の中で、分類の指標を立て、多くの語をリストアップしているのは、細川（1989）、山岡（2000）である。どちらも感情形容詞と属性形容詞という単純な2分類ではなく下位分類を行っているが、感情形容詞と属性形容詞を分類する第一の指標は、「私は、～い。」という非過去・言い切りの形で話者の「心の様子」を表すことが可能であるか、である[1]。しかし、この指標は、「うれしい」等、はっきりと判断できる語がある一方で、判断が難しい場合も多い。例えば、細川（1989）では、「うるさい」「すみにくい」が、感情形容詞に分類されている。しかし、次の（1）（2）は、話者の心の様子を表す文として適格と言えるのだろうか。

---

[1] 山岡（2000）の指標は「第1人称名詞句を主題として、〈感情表出〉文を作ることが可能か」であるが、これは細川（1989）の指標を山岡（2000）の立場に沿って改めたものであると述べられている（p.126）。

（1）私は、うるさい。
（2）私は、（この街には）すみにくい。

（1）（2）は、「他の人はうるさいと感じないが、私はうるさいと感じる」「他の人はすみにくいと感じないが、私はすみにくいと感じる」という対比的な文脈では可能だと思われるが、「心の様子」ではないように思われる。一方、次の（3）は、「心の様子」を表しているように思われるが、（3）がどのような場面で発話されるかを考えてみると、対比的な文脈での発話であると考えられる。（1）（2）と（3）の線引きは、非常に難しい。

（3）私は、寒い。

これは、感情形容詞も、「うるさい」のような属性なのか感情なのか分かりにくい形容詞も、「高い」のような属性形容詞も、すべてが話者の判断であるため、対比的な文脈以外、「私」が言語化されることが少ないためであると思われる。
　そこで、本書では、いわゆる様態のソウダを用いて形容詞の分類を試みる。具体的には、「第三者は、〜そうだ。」を分類の指標に用いる。様態のソウダを分類の指標に用いることにより、「私は、〜い。」が言えるかどうかの判断が難しい語も分類することができるからである。そして、現代日本語の形容詞を感情形容詞2群、属性形容詞2群の計4群に分類できることを示す。感情形容詞は、経験者である人間の感情と、感情の対象となる事物の状態のどちらを表すことを志向するかによって2群に分類する。属性形容詞は、典型的な属性形容詞群と、属性形容詞ではあるものの副詞句としては感情形容詞と同じ振る舞いをする群に分類する。その結果、上記の「うるさい」は、属性形容詞であるものの副詞句として用いられた場合に感情を表す語のグループに、また「すみにくい」は、本書の分類の対象語彙には含まれていないが、属性形容詞に分類される。

2. 感情形容詞の定義

　分類の前に、感情形容詞の定義を行っておきたい。本書では、感情形容詞を「感情・感覚を表し得る形容詞」と定義する。三田村（1966）、西尾（1972）、寺村（1982）等で指摘されているように、感情・感覚を表す形容詞は、対象を主題化すると、対象の属性を述べることができる。

　　（4）ヴィタミン注射は痛い
　　（5）A教授の講義は眠い　　　　　　　　　　　　　　　　　　（三田村1966）

つまり「感情形容詞」とは、感情・感覚を専門に表す形容詞ではなく、感情や感覚を表し得る形容詞であるということである。よって、本書では、感情形容詞を「感情・感覚を表し得る形容詞」と定義したうえで、分類の指標を立て感情形容詞をリストアップする。

3. 分類の指標にソウダを用いる理由

　次に、形容詞の分類の指標に、様態のソウダを用いる理由を述べる。感情形容詞は、いわゆる人称制限と呼ばれる現象があることが広く知られている。人称制限とは、感情形容詞が平叙文の言い切りの述語である場合、経験者が一人称の（6）は適格文であるが、一人称ではない（7）は非文となる現象である。第三者の感情を述べるには、（8）のように「～がる」をつけたり、（9）のようにソウダをつける等しなければならない[2]。

　　（6）私は、うれしい。
　　（7）＊花子は、うれしい。
　　（8）花子は、うれしがった。
　　（9）花子は、うれしそうだ。

そして、次の（10）（11）のように、「私は、～い。」が言えるかどうかと、「第

---

[2] 感情形容詞の人称制限については、第1章4節をを参照されたい。

三者は、〜そうだ。」が言えるかどうかは、一方が言えれば一方が言えないという関係にあり、表裏一体である。(10) は、(10a) の「私は、〜い。」が適格文で、ソウダのついた (10b) は非文である。一方の (11) は、(11a) が非文で、ソウダのついた (11b) が適格文である。このように、「〜い」と「〜そうだ」が言えるかどうかは、きれいな対応をなしているのである。

(10) a. 私は、うれしい。
　　 b. *私は、うれしそうだ。
(11) a. *花子は、うれしい。
　　 b. 花子は、うれしそうだ。

つまり、細川 (1989)、山岡 (2000) が「私は、〜い。」という非過去・言い切りの形で話者の「心の様子」を表すことが可能であるかという指標で取り出してきた感情形容詞は、ソウダを用いても取り出すことができるのである。そして、以下で詳しく見ていくが、ソウダを用いれば、「私は、〜い。」という非過去・言いきりの形で言えるかどうかという指標では判定が難しい語も判定が可能である。よって、本書ではソウダを用いて感情形容詞の分類を行う。

4. 分類の指標

次に、分類の前提として、分類に用いるソウダに、本書で［内部ソウダ］と［外部ソウダ］と呼ぶ2つの解釈があることを述べる。そして、分類の指標と具体例を示す。

4.1. 様態のソウダの2つの解釈

ソウダは、ケキゼ (2000) で「とらえた特徴・様子について『ある事物の成立条件がそろっている』と判断した結果を述べる」形式とされている。ケキゼ (2000) は、この定義が2つの用法として実現すると述べている。1つめは、例えば、ケーキを「おいしそうだ」と言う場合、話者は、外観、におい、作り方等、おいしいケーキの特徴を知っており、それらの特徴があると判断するのがソウダであるという。2つめは、例えば、家が「倒れそう」という場合、家が

傾く・倒れる最中・倒れた状態というプロセスのうち、倒れるという事態の「成立条件」が整っていて、かつ、「開始前」の家が傾いている段階であることを述べるものであるという。

　ソウダは、西尾 (1972：28) でも、感情形容詞と属性形容詞を分類する指標のひとつとして挙げられているが、「高そうだ」のように属性形容詞にも付くため「積極的な条件にはなりえない」とされている。しかし、細川 (1989) も、ソウダは、前接する形容詞により「心の様子」を表す場合と、「外側の様子」を表す場合があることを指摘しているように、次の (12) と (13) は、同じではない[3]。

　(12) 花子は、うれしそうだ。
　(13) 花子は、かしこそうだ。

　(12) は、話者が花子の様子から、「花子は、うれしいという感情を持っているように見える」と述べているのに対し、(13) は、花子の様子や外見・その他の情報から「花子がかしこいという属性を持っているように見える」と述べているのである。(12) (13) の話者が推し量っている内容を [　] に入れてみると、「うれしい」は、次の (14b) のように「感じる」「思う」等の思考動詞を [　] の中に入れることができるのである[4]。一方、「かしこい」は、(15c) のように思考動詞を [　] の中に入れることはできない。(15a) の解釈は、(15b) である。

　(14) a. 花子は、うれしそうだ。
　　　 b. [花子は、うれしいと感じている] ように見える
　(15) a. 花子は、かしこそうだ。
　　　 b. [花子は、かしこい] ように見える

3　このソウダが前接する形容詞によって、解釈が異なることは、郡 (1993) でも述べられている。
4　「感じる」と「思う」については、「うれしい」のような感情はどちらも使えるが、「痛い」のような感覚は「感じる」しか使えない。以下のテストでは、「感じる」を使用する。

c. [花子は、かしこいと感じている] ように見える

　このように、形容詞にソウダが後接した場合、2つの解釈があるのである。以下、(14a) のように思考動詞を [　] に入れられるものを [内部ソウダ]、(15a) のように思考動詞を入れられないものを [外部ソウダ] と呼ぶ。[内部ソウダ] は、感情や感覚が経験者の外見に現れた様子を述べるもので、[外部ソウダ] は、対象がある属性を持っているような様子であることを述べるものと言える[5]。
　なお、従来、感情形容詞に分類されながら、人称制限がないと言われている語は、2つのソウダの解釈が可能である。「幸せな」を例に見てみると、(16a) は、[外部ソウダ] の (16b) と、[内部ソウダ] の (16c) の解釈ができる。

(16) a. 花子は、幸せそうだ。
　　 b. [花子は幸せである] ように見える。
　　 c. [花子は幸せだと感じている] ように見える。

　(16b) の [外部ソウダ] の解釈は、花子または第三者から、花子の穏やかな暮らしぶりを聞いて「花子は幸せそうだ」と言うような状況での解釈である。(16c) は、結婚式を挙げている花子を見て「花子は幸せそうだ」と言うような状況での解釈である。このように、人称制限のない語は、ソウダが [外部ソウダ] とも [内部ソウダ] とも解釈ができる。このような語には、「幸せな」の他に、「忙しい」等がある。2つの解釈がある点で、「幸せな」「忙しい」等は、「うれしい」とは異なるわけであるが、本書では [内部ソウダ] の解釈があるという点を重視して分類を行う。これは、[内部ソウダ] の解釈があれば、感情・

---

[5]　感情形容詞に「感じる」や「思う」が付くのは当然だと思われるかもしれないが、「感じる」や「思う」は引用節を伴い、どのような形容詞にも接続できる。次の (イ) は感情 (感覚) であるが、(ロ)(ハ) は感情ではない。よって、「思う」「感じる」が接続するかしないかでは、テストはできない。
　　(イ) 花子は、足が痛いと感じている。
　　(ロ) 花子は、太郎をずうずうしいと思っている。
　　(ハ) 花子は、今の家賃を高いと思っている。

感覚を表し得るという感情形容詞の定義にあてはまると考えられるからである。
　次に、感情形容詞の連体修飾用法について述べている山本（1983）を見ていきたい。山本（1983：8）は、日英語の感情形容詞を比較し、日本語の感情形容詞と属性形容詞の境界は段階的なものとしたうえで、感情形容詞がソウナを伴い連体修飾句として用いられた場合、次の（17）のように、経験者は被修飾名詞にできるが、対象はできないことを指摘している[6]。

(17) a. 悲しい知らせ　うれしい話
　　 b. *悲しそうな知らせ　　*うれしそうな話
　　 c. あの悲しそうな子　　うれしそうな子　　　　　　　（山本1983）

これは、本書の用語で言えば、「悲しそうな子」は、次の（18b）のように「感じる」を入れられることから［内部ソウダ］である。そして、「悲しい」は、連体修飾句として、［内部ソウダ］にはなるが、(17b)のような対象がある属性を持っている様子であることを表す［外部ソウダ］にはならないということである。

(18) a. 悲しそうな子
　　 b. ［悲しいと感じている］ように見える子

「悲しい」は、次のような語を被修飾名詞とし、感情が外見に現れていることを表す。これらも、［内部ソウダ］である。

(19) a. 悲しそうな　声／顔／表情／目
　　 b. ［悲しいと感じている］ように聞こえる（見える）声／顔／表情／目

このように「悲しい」は、連体修飾用法においては、［外部ソウダ］にはならず、［内部ソウダ］にしかならない。本書では、このような［内部ソウダ］

6　(17)は、山本（1983：9）の例文（1）（3）（5a）であるが、順序を入れ替えた。

と［外部ソウダ］を指標として、形容詞の分類を試みる。

4.2. 3つの指標

本書では、感情形容詞を「感情・感覚を表し得る形容詞」と定義し、以下の3つの指標を用いて、分類を試みる。

指標1：終止用法
　　　「花子は、〜そうだ（だった）」が［内部ソウダ］として適格文になる。
指標2：副詞用法
　　　「花子は、〜そうに〜する（した）」が［内部ソウダ］として適格文になる。
指標3：連体用法
　　　「〜そうな名詞」が［内部ソウダ］にしかならず、［外部ソウダ］にならない。

　指標1は、当該の形容詞が、他者の感情や感覚を話者が直接述べられないものとして表せるかを見るもので、感情形容詞の人称制限の有無を見るものである。指標2は、当該の形容詞が、副詞句として、他者の感情や感覚を話者が直接述べられないものとして表せるかを見るものである。次節で見るように、指標1を満たす語は、すべて指標2も満たすため、指標2は不要であるようにも見える。しかし、指標1を満たさないが、指標2のみを満たす語群が存在する。よって、この指標により、ひとつの語群を取り出すことができる。指標3は、感情を表し得る形容詞を、より経験者の感情を表すことを志向する語と、そうでない語を分ける指標であり、指標1・2を満たす語に対してテストを行う。
　先に概略を示すと、次の表1のようにA−Dの4つの群に分類される。A群とB群は感情形容詞で、A群はより経験者の感情を表すことを志向する語、B群は経験者の感情だけでなく対象の状態を表すことをも志向する語である。D群は典型的な属性形容詞、C群は属性形容詞ではあるものの副詞句として用いられた場合に感情を表す語である。

表1　形容詞分類の概略

	語例	指標1 終止用法で ［内部ソウダ］ になる	指標2 副詞用法で ［内部ソウダ］ になる	指標3 連体用法で ［内部ソウダ］ にしかならない
A	悲しい	○	○	○
B	寒い	○	○	×
C	うるさい	×	○	
D	明るい	×	×	

4.3. 指標1・2

指標1・2を見てみよう。まず「悲しい」「迷惑な」と、「寒い」「重い」を例に見てみる。「悲しい」「迷惑な」は、次のように、終止用法と副詞用法で［内部ソウダ］になり、指標1・2を満たす。

(20) a. 花子は、悲しそうだ。
　　 b. ［花子は悲しいと感じている］ように見える。
(21) a. 花子は、悲しそうにうつむいた。
　　 b. 花子は［花子が悲しいと感じているように見えるやり方で］うつむいた。
(22) a. 花子は、迷惑そうだ。
　　 b. ［花子は迷惑だと感じている］ように見える。
(23) a. 花子は、迷惑そうに振り向いた。
　　 b. 花子は［花子が迷惑だと感じているように見えるやり方で］振り向いた。

「寒い」も、次のように［内部ソウダ］になり、指標1・2を満たす。

(24) a. 花子は、寒そうだ。
　　 b. ［花子は寒いと感じている］ように見える。
(25) a. 花子は、寒そうに手をこすった。

b. 花子は［花子が寒いと感じているように見えるやり方で］手をこすった。

　「重い」は、従来の「私は、重い。」が言えるかという指標では、判断が難しい語であるが、次のように、［内部ソウダ］になり、指標1・2を満たす。

(26) a. 花子は、(連日の試合で) 体が重そうだ。
　　　b. ［花子は、体が重いと感じている］ように見える。
(27) a. 花子は、重そうに箱を持ち上げた。
　　　b. 花子は［花子が重いと感じているように見えるやり方で］箱を持ち上げた。

　(20)-(27) は、「悲しい」「迷惑な」「寒い」「重い」という花子の感情・感覚が外見に現れた様子を述べる［内部ソウダ］である。以上のように、指標1を満たす語は、すべて指標2も満たす。指標1・2を満たす語は、経験者の感情や感覚が外見に現れた［内部ソウダ］になることが可能で、感情形容詞であると認定される。
　なお、指標1についてであるが、「重い」「重たい」「軽い」「熱い」「冷たい」の5語は、(26a) のようにガ格名詞句が身体部位の場合に限り［内部ソウダ］の解釈が可能である[7]。

7　ガ格名詞句が身体部位以外の「花子は、荷物が重そうだ」は、「花子の持っている荷物は、重そうである」という荷物について述べる［外部ソウダ］の解釈になると判断している。また、机を持っている花子を見て「？花子は、机が重そうだ」は容認度が低い。また、(26a) は、「花子のあの切れのない動きからして、体が重いのだろう」という［内部ソウダ］ではない解釈も可能である。(24a) も、雪の中を半袖で歩いている花子を見て「(花子は寒そうなそぶりはしていないが) きっと寒いだろう」という解釈も可能で、これは、花子の感覚が外見に現れた［内部ソウダ］ではない。それぞれの語がどのような条件下で感情・感覚を表し得るかは、記述していく必要があるが、その前に、「感情・感覚を表し得る形容詞」を感情形容詞としてリストアップすることが必要であると思われる。なお、本書では、感情形容詞を「感情・感覚を表し得る形容詞」と定義しており、指標を満たす場合がひとつでもあればよいので、［内部ソウダ］以外の解釈ができることは、テストの結果には影響しない。

次に「うるさい」と「おもしろい」、「明るい」と「まじめな」について、指標1から見ていこう。この4語は、指標1を満たさない。

(28) a. 花子は、うるさそうだ。
　　 b. ~~[花子は、うるさいと感じている]ように見える。~~
　　 c. [花子は、大声で話す迷惑な人間である]ように見える。
(29) a. 花子は、おもしろそうだ。
　　 b. ~~[花子は、おもしろいと感じている]ように見える。~~
　　 c. [花子は、他人を笑わせる愉快な人間である]ように見える。
(30) a. 花子は、明るそうだ。
　　 b. ~~[花子は明るいと感じている]ように見える。~~
　　 c. [花子は明るい人間である]ように見える。
(31) a. 花子は、まじめそうだ。
　　 b. ~~[花子はまじめだと感じている]ように見える。~~
　　 c. [花子はまじめな人間である]ように見える。

(28)は、花子が対象として解釈され、(28c)の花子に「うるさい」という属性があるように見えるという[外部ソウダ]である。(28a)を(28b)のように[内部ソウダ]と解釈するには「花子はうるさそうにしていた」のように副詞句にしなければならないと思われる。(29)-(31)も、花子に「おもしろい」「明るい」「まじめだ」という属性があるように見えるという[外部ソウダ]である。これらの4語は、指標1を満たさないため、属性形容詞に分類される。
　次に、この4語を指標2でテストする。すると、「うるさい」「おもしろい」は、「明るい」「まじめな」とは別のグループとして取り出される。

(32) a. 花子は、<u>うるさそうに耳をふさいだ</u>。
　　 b. 花子は[花子がうるさいと感じているように見えるやり方で]耳をふさいだ。
　　 c. ~~花子は[花子が大声で話す迷惑な人間であるように見えるやり方で]耳をふさいだ。~~

（32a）は、（32b）であり、花子の感覚が外見に現れていることを述べる［内部ソウダ］である。このように「うるさい」は、指標1は満たさないが、指標2は満たす。「おもしろい」も同じく、次の（33a）は、花子の感情が外見に現れていることを述べる［内部ソウダ］である。

(33) a. 花子は、おもしろそうに本を読んでいる。
　　 b. 花子は［花子がおもしろいと感じているように見えるやり方で］本を読んでいる。
　　 c. 花子は［花子が他人を笑わせる愉快な人間であるように見えるやり方で］本を読んだ。

　このように、「うるさい」と「おもしろい」は、指標1を満たさないため、属性形容詞に分類されるが、指標2の副詞用法では［内部ソウダ］の解釈が可能で、副詞句としては感情形容詞のように振る舞う、つまり、副詞句として用いられた場合は、感情を表す語であると言うことができる。
　次に、「明るい」と「まじめな」の指標2を見てみよう。この2語は、「〜ソウニ」がかなり不自然であるという点で、「うるさい」と「おもしろい」とは大きく異なるのである。

(34) ？花子は、明るそうにあいさつした。
　　　　cf.花子は、明るくあいさつした。
(35) ？花子は、まじめそうにあいさつした。
　　　　cf.花子は、まじめにあいさつした。

　以上、ここまで、「悲しい」「迷惑な」「寒い」「重い」のように指標1・2を満たす語（A群とB群）、「うるさい」のように指標2のみを満たす語（C群）、「明るい」「まじめな」のように指標1・2を満たさない語（D群）の3つの語群に分類できることを確認した。指標1・2を満たす語は、感情・感覚を表し得るので、感情形容詞であると言うことができる。

ところで、先の (32a)「花子は、うるさそうに耳をふさいだ」は、なぜ、［内部ソウダ］と解釈され［外部ソウダ］と解釈されないのだろうか。これは、副詞用法の「～ソウニ」の解釈が述部によって決まるからではないだろうか。まず、「花子は、うるさそうに耳をふさいだ」の「うるさそうに」に「花子がうるさいと感じているように見えるやり方で」という［内部ソウダ］の解釈と、「花子が大声で話す迷惑な人間であるように見えるやり方で」という［外部ソウダ］の解釈があると仮定してみよう。［内部ソウダ］の解釈は、ある限定された時間における花子の心のあり方であると言える。［外部ソウダ］の解釈は、花子の属性であり、ある限定された時間の状態ではない。そして、「花子が耳をふさいだ」は、ある限定された時間の動きである。つまり、述語動詞の表す出来事がある限定された時間の動きを表すのであるから、その述語動詞にかかる「～ソウニ」も、限定された時間の状態を表す［内部ソウダ］として解釈されるのである。一方の［外部ソウダ］「花子が大声で話す迷惑な人間であるように見える」という性質は、「耳をふさぐ」というある限定された時間の動きのやり方としては意味をなさない。よって、［外部ソウダ］の解釈はできず、［内部ソウダ］として解釈されるものを思われる。

そして、ある形容詞が副詞句として用いられた場合に感情を表すには、あることを感じた時にする動作が、日本語話者に共有されている必要があると思われる。次の (36)-(38) を見られたい。

(36) 花子は、おいしそうにケーキを食べた。
(37) ?花子は、甘そうにケーキを食べた。
(38) ?花子は、｛いかにも／さも｝甘そうにケーキを食べた。

(36) の「おいしそうに」は適格文であるが、(37) の「甘そうに」は不自然である。(38) のように、「いかにも」「さも」といった「本当にそれらしい様子で」という副詞を付けてみても容認度は上がらない。これは、日本語話者の中で「おいしい物を食べるときの食べ方」が共有されているので、「おいしい」は適格となるが、「甘い」は「甘いものを食べるときの食べ方」が共有されていないので不自然なのではないだろうか。「おいしそうに食べる」は、「一般に

人間がおいしい物を食べるときの食べ方」をしていることを表し、ひいては、おいしいと感じているようであることを表せるものと思われる。

4.4. 指標3

次に、指標1・2を満たす語（A・B群）に対し、指標3「「～そうな名詞」が［内部ソウダ］にしかならず、［外部ソウダにならない］」を用いてテストを行う。これは、感情形容詞を下位分類するテストである。以下では、「うらやましい」「残念な」「きつい」「快適な」の4語について見ていくが、まず、これらが指標1・2を満たすことを確認しておく。

(39) 花子は、太郎が、うらやましそうだ。
(40) 花子は、うらやましそうに太郎を見ていた。
(41) 花子は、残念そうだった。
(42) 花子は、残念そうに話した。
(43) （マラソンをしている花子を見て）花子は、きつそうだ。
(44) 花子は、きつそうに坂道を上った。
(45) 花子は、快適そうだ。
(46) 花子は、快適そうにベッドに寝ころんでいる。

以上の(39)-(46)は、すべて「花子」の感情・感覚が外部に現れている様子を述べる［内部ソウダ］として適格で、指標1・2を満たす。では、「うらやましい」と「残念な」について、指標3を用いてテストしてみよう。

(47) a. *うらやましそうな　話／高待遇／美貌
　　 b. うらやましそうな　顔／声／様子／目
(48) a. *残念そうな　結果／結末／点数
　　 b. 残念そうな　顔／様子／声／そぶり／ため息

「うらやましい」「残念な」は、(47a)(48a)のように対象について述べる［外部ソウダ］は不適格で、(47b)(48b)のような［内部ソウダ］にしかならな

いので、指標3を満たすと言える。
　次に、「きつい」と「快適な」を見てみよう。この2語は、指標3では先の「うらやましい」等とは、異なる振る舞いを見せる。

(49) a. きつそうな　坂／仕事／スカート／コース
　　 b. きつそうな　顔／表情／様子／息遣い
(50) a. 快適そうな　部屋／環境／ソファ
　　 b. 快適そうな　赤ちゃん／表情

「きつい」と「快適な」は、(49b)(50b)の［内部ソウダ］だけでなく、(49a)(50a)のように対象について述べる［外部ソウダ］が適格であるので、指標3は満たさない。このように「うらやましい」「残念な」と「きつい」「快適な」は、異なる振る舞いを見せるのであるが、このことから、何が言えるのであろうか。
　「うらやましい」のように［内部ソウダ］にしかならない語は、対象の状態ではなく、より経験者の感情を述べることを志向する性質を持っていると考えることができる。「うらやましい」を例に見てみると、ある話を聞いて「うらやましい」と思った場合、それは、話者の感情であり、その話が「うらやましい話」であるのは、話者にとってであり、話の属性と捉えることはできないということである。よって、ある属性を持っているように見えることを表す［外部ソウダ］として使用し、「*うらやましそうな話」と言うことはできないのである。
　一方、「きつい」は、例えば、坂を上って「きつい」と感じた場合に、「きつい」は話者の感覚でもあるが、坂の属性としても捉えることができる。坂の属性として捉えられるからこそ、「きつそうな坂」と［外部ソウダ］が言えるのである。そして、「きつい」「快適な」のように指標3を満たさない語は、従来の「私は、〜い。」が言えるかどうかという指標では、判断が難しい語である。
　以上、指標3によって、感情形容詞には、「うらやましい」のように連体用法で［内部ソウダ］にしかならず経験者の状態を表すことを志向する語（A群）と、「きつい」のように対象の状態を表すことも志向する語（B群）があることを見た。

5. 分類の対象と分類の際に問題となる語

　上述の形容詞分類を用いて形容詞を分類する。分類の対象とした語は、国際交流基金『日本語能力試験出題基準』（2002年）の旧日本語能力試験1級の語彙表に含まれる形容詞638語である[8]。そのうち、次の4語は2義を認め、計642語について分類を行った[9]。

　　うまい（おいしい／上手な）　おかしい（こっけいな／変な）
　　かわいい（愛しい／外見がよい）　得意な（上手な／鼻が高い）

　本書の分類の指標を用いてテストを行うと、問題となる語がいくつかある。まず、ソウダを用いた分類の難点であるが、ソウダが付かない語は、テストができない。「憎い」と「かわいい（愛しい）」は、従来の研究で感情形容詞と言われているが、「憎そうだ」「かわい＋そうだ」という語形がないと思われる。そのため、テストをすることができないが、先行研究に従い、A群に入れておく。また「かわいそうな」も、ソウダをつけることができなないため問題となるが、類義語である「気の毒な」「哀れな」とともにC群に分類しておく。

　次に、「好きな」と「きらいな」について見てみたい。この2語は、西尾（1972:25）でも、「好悪の感情を表す」語でありながら、他の感情形容詞と異なり「持

8　旧日本語能力試験の語彙は、『日本語教育のための基本語彙調査』（1984年国立国語研究所編）や『分類語彙表』（1964年国立国語研究所編）等、7種の語彙調査の資料を基に「特殊な専門用語」を外す等の方針のもとに選定されており、本章のような基礎研究の対象として妥当であると考え、これを採用した。

9　ナ形容詞の認定は、沖森・中村編（2003）『表現読解国語辞典』によった。『表現読解国語辞典』で「形容動詞」または「形容動詞・ナノ」と記された語（つまり名詞の前でナが現れ得る語）をナ形容詞として分類の対象とした。「大きな」「小さな」の2語は、連体詞ではなく、ナ形容詞として拾った。接頭辞「真」のついた「真っ赤」等は、同辞書には載っていないが、ナ形容詞として拾った。また同辞書では連語として扱われている「しょうがない」「すまない」「たまらない」「やむをえない」も考察の対象とした。カタカナ語は、三省堂編集所編（2001）『大きな活字のコンサイスカタカナ語辞典』第2版で「ナ」が付くと記載があるものを拾った。また「気持ちがいい」等の「気持ち」「気」等がつく表現は、分類の対象外とする。

続的な感情である」こと、次の（51）のように人称制限が無いこと、（52）のように〜ガルがつかないこと等から、特殊な語と位置付けられている[10]。

(51) a. 私は、刺身が好きだ。
　　 b. 花子は、刺身が好きだ。
(52) a. *花子は、太郎を好きがった。
　　 b. *花子は、太郎をきらいがった。

では、「好きな」「きらいな」について、指標1から見てみよう。「好きな」「きらいな」は、(51a) が言えるわけであるから、(53) のようにソウダを用いるのは、断定する情報がない場合である。

(53) a. 花子は、夜遊びが好きそうだ。
　　 b. [花子は、夜遊びが好きだと感じている] ように見える。
　　 c. [花子は、夜遊びが好きである] ように見える。

(53a) は、花子のことをよく知らないが、花子の派手な外見からして夜遊びが好きであろうと述べるような場合で、これは (53c) の [外部ソウダ] であり、(53b) の花子の「好きだ」という感情が表情や態度に現れていることを述べる [内部ソウダ] ではないと思われる。では、「きらいな」はどうだろうか。

(54) a. ?花子は、夜遊びがきらいそうだ。
　　 b. 花子は、[夜遊びがきらいだと感じている] ように見える。
　　 c. 花子は、[夜遊びがきらいな] ように見える。

(54a) は、非文とまでは言えないが、(53a) の「好きそう」と比べると、かなり不自然である。言えるとしても、(54a) は、例えば、花子は寡黙で出かけ

10　西尾（1972：25）は、「好きな」と「きらいな」にガルがつかないのは「「すく」「きらう」という動詞の連用形に由来するものであり、これらの動詞も現に使われているために、「〜がる」をつけて動詞化する必要があまりないのではないか」と述べている。

ることもにぎやかな場所もきらいだから、夜遊びもきらいであろうという［外部ソウダ］であると思われる[11]。このように、「好きな」「きらいな」は、指標1を満たさない。そして、次の（55）（56）は、非文であり、指標2も満たさない[12]。

(55) ＊花子は、太郎を好きそうに見つめた。
(56) ＊花子は、太郎をきらいそうに顔をそむけた。

このように「好きな」「きらいな」は、指標1・2を満たさないため属性形容詞に分類される。指標1・2も満たさないが、指標3も見てみよう。

(57) a. 夜遊びが好きそうな花子
　　 b. 花子が好きそうな花柄の服
(58) a. 夜遊びがきらいそうな花子
　　 b. 花子がきらいそうな花柄の服

以上のように、「花子」を被修飾名詞にした（57a）（58a）も、対象を被修飾名詞にした（57b）（58b）も適格である。しかし、どちらも花子の感情が外見に現れたものではなく、［外部ソウダ］であり、指標3を満たさない。つまり、「好きな」「きらいな」は、終止用法、副詞用法、連体用法、いずれにおいても［内部ソウダ］にはならないということである。このように、「好きな」「きらいな」

---

[11] 花子が、遊んでいる最中に、さも、つまらないといった態度を示していることを述べる［内部ソウダ］は、(54a)ではなく「花子は、ここにいるのが、いやそうだ」のように、「いやそうだ」が適切であると思われる。「ここにいるのがいやだ」が、ある一時点の感情であるのに対し、「夜遊びが嫌いだ」は、花子の属性であると考えることができる。

[12] 「好きそう」と「きらいそう」は、ナ形容詞＋ソウではなく、動詞「好く」「きらう」の連用形にソウダがついたものである可能性もある。動詞＋ソウダは、「＊花子は、怒りそうに、太郎をにらんだ」のような文は作れず、様態を表す副詞句にはならないから、「好きそう」と「嫌いそう」は、指標2を満たさないという点では、動詞的である。この点は、今後の課題としたい。

は、ソウダの振る舞いを見る限り、感情形容詞との共通点はなく、属性形容詞に分類される。以上、ソウダを使った分類で問題となる語を見てきた。

6. 分類の結果

3つの指標に基づいて形容詞（642語）を分類した結果は、次の表2の通りである。各語を五十音順に並べる。

表2　形容詞分類

A【指標1○　指標2○　指標3○　39語】
意外な　嫌な　うっとうしい　うらやましい　うれしい　惜しい　悲しい　かわいい（いとしい）　感無量な　きまり悪い　悔しい　恋しい　心強い　心細い　残念な　心配な　すまない　切ない　得意な（鼻が高い）　懐かしい　悩ましい　憎い　恥ずかしい　不安な　不思議な　不審な　不服な　不平な　不満な　平気な　欲しい　待ち遠しい　満足な　空しい　無念な　迷惑な　申し訳ない　物足りない　憂うつな

B【指標1○　指標2○　指標3×　49語】
あたたかい（暖・温）　あたたかな（暖・温）　暑い　熱い　ありがたい　あわただしい　忙しい　痛い　おかしい（こっけいな）　恐ろしい　おっかない　重い　重たい　快適な　かゆい　軽い　きつい　窮屈な　気楽な　くすぐったい　苦しい　煙い　煙たい　幸福な　怖い　寂しい　寒い　幸せな　すがすがしい　涼しい　退屈な　大変な　楽しい　多忙な　だるい　つまらない　冷たい　つらい　情けない　憎らしい　眠い　眠たい　暇な　複雑な　まぶしい　面倒な　面倒くさい　愉快な　煩わしい

C【指標1×　指標2○　24語】
哀れな　うまい（おいしい）　うるさい　おいしい　おもしろい　かわいそうな　気の毒な　けがらわしい　さわやかな　渋い　邪魔な　深刻な　酸っぱい　切実な　大事な　大切な　頼もしい　苦い　ばかばかしい　ばからしい　まずい　珍しい　もったいない　やかましい

D【指標1×　指標2×　530語】
曖昧な　青い　青白い　赤い　明るい　明らかな　あくどい　浅い　あさましい　鮮やかな　新しい　厚い　厚かましい　あっけない　危ない　甘い　危うい　怪しい　あやふやな　あらい（荒・粗）　新たな　荒っぽい　安易な　案外な　安心な　安全な　あんまりな　いい・よい　いいかげんな　いきなりな　勇ましい　異常な　意地悪な　偉大な　いたずらな　著しい　一様な　一律な　一生懸命な　卑しい　いやらしい　いろいろな　陰気な　インターナショナルな　薄い　薄暗い　美しい　空ろな　うまい（じょうずな）　浮気な　えらい　エレガントな　円滑な　婉曲な　円満な　多い　大柄な　大きい　大きな

大げさな　おおざっぱな　オートマチックな　オーバーな　大幅な　オープンな
大まかな　おかしい（変な）　臆病な　厳かな　幼い　おしゃべりな
おしゃれな　遅い　穏やかな　おとなしい　同じ　おびただしい　めでたい
思いがけない　愚かな　おろそかな　温暖な　温和な　格別な　賢い　過剰な
かたい（堅・固・硬）　勝手な　活発な　かなりな　可能な　過密な　からい
かわいい（外見がよい）　かわいらしい　簡潔な　頑固な　頑丈な　感心な
肝心な　完全な　簡素な　簡単な　完璧な　寛容な　黄色い　気軽な　危険な
きざな　汚い　貴重な　几帳面な　厳しい　気まぐれな　きまじめな　奇妙な
急激な　急速な　清い　器用な　強硬な　恐縮な　共通な　強力な　強烈な
極端な　きらいな　きらびやかな　きれいな　勤勉な　偶然な　臭い
くだらない　くどい　暗い　黒い　詳しい　軽快な　軽率な　けちな　傑作な
下品な　険しい　謙虚な　現金な　健康な　健在な　厳重な　健全な　謙遜な
厳密な　懸命な　賢明な　濃い　強引な　幸運な　高価な　豪華な　高級な
高尚な　公正な　好調な　高等な　公平な　巧妙な　小柄な　快い　こっけいな
孤独な　好ましい　細かい　細やかな　コンクリートな　困難な　最高な
最低な　幸いな　逆さまな　盛んな　様々な　騒がしい　残酷な　塩辛い
四角な　四角い　自在な　静かな　自然な　親しい　シックな　しつこい
質素な　失礼な　しとやかな　しなやかな　しぶとい　地味な　自由な　重大な
柔軟な　十分な　重要な　主要な　純情な　純粋な　順調な　しょうがない
消極的な　詳細な　正直な　上手な　上等な　上品な　丈夫な　白い　真剣な
神聖な　親切な　新鮮な　迅速な　慎重な　垂直な　ずいぶんな　ずうずうしい
好きな　少ない　すごい　健やかな　素敵な　素直な　すばしこい　すばやい
すばらしい　ずぶぬれな　スマートな　ずるい　鋭い　正確な　清潔な　精巧な
正式な　誠実な　清純な　正常な　盛大な　ぜいたくな　静的な　正当な
精密な　積極的な　狭い　先天的な　善良な　相応な　早急な　騒々しい
壮大な　相当な　そそっかしい　そっくりな　そっけない　率直な　ソフト
素朴な　粗末な　ぞんざいな　大丈夫な　大層な　大胆な　対等な　大部
怠慢な　タイムリーな　平らな　高い　たくましい　巧みな　正しい　達者な
妥当な　だぶだぶな　たまらない　だめな　たやすい　多様な　だらしない
単一な　短気な　単純な　単調な　小さい　小さな　近い　力強い　知的な
茶色い　忠実な　重宝な　著名な　痛切な　月並みな　強い　強気な　丁寧な
でかい　手軽な　適格な　適切な　適度な　適当な　でこぼこな　手頃な
でたらめな　手近な　同一な　当然な　動的な　尊い　同様な　遠い
得意な（上手な）　独自な　特殊な　独特な　特別な　特有な　乏しい
ドライな　鈍感な　とんでもない　長い　和やかな　情け深い　名高い
なだらかな　何気ない　生意気な　生臭い　生ぬるい　滑らかな　なれなれしい
ナンセンスな　苦手な　にぎやかな　鈍い　ぬるい　熱心な　望ましい
のどかな　のろい　のんきな　はかない　薄弱な　莫大な　はげしい　はでな
甚だしい　華々しい　華やかな　はやい（早・速）　はるかな　ハンサムな
反対な　半端な　卑怯な　低い　久しい　久しぶりな　悲惨な　非常な
ひそかな　ひたすらな　必然な　ぴったりな　必要な　ひどい　等しい　一筋な

皮肉な　秘密な　微妙な　平等な　平たい　広い　敏感な　貧困な　貧弱な
頻繁な　貧乏な　不意な　不運な　深い　不可欠な　不規則な　不吉
不景気な　不潔な　不幸な　ふさわしい　無事な　不自由な　不順な　不振な
不正な　不足な　不調な　物騒な　太い　不当な　無難な　不評な　不便な
不明な　不利な　フリーな　不良な　古い　ブルーな　無礼な　ふわふわな
平凡な　平和な　ベストな　別々な　変な　便利な　膨大な　豊富な　朗らかな
細い　本気な　紛らわしい　まじめな　貧しい　まちまちな　真っ赤な
真っ暗な　真っ黒な　真っ青な　真っ白な　真っ白い　まっすぐな　丸い
まんまるい　見苦しい　見事な　短い　惨めな　未熟な　みすぼらしい　身近な
密接な　みっともない　醜い　妙な　無意味な　無口な　無限な　無効な
蒸し暑い　無邪気な　難しい　無駄な　無知な　無茶な　無茶苦茶な　夢中な
無能な　むやみな　無用な　無理な　明確な　明白な　名誉な　明瞭な　明朗な
目覚ましい　めちゃくちゃな　滅多な　めでたい　猛烈な　モダンな　物好きな
ものすごい　もろい　易しい　優しい　安い　安っぽい　厄介な　やむをえない
ややこしい　やわらかい（柔・軟）　優位な　有益な　勇敢な　有効な　優秀な
優勢な　有能な　優美な　有望な　有名な　有利な　有力な　ユニークな
ゆるい　緩やかな　容易な　陽気な　幼稚な　欲張りな　欲深い　余計な　弱い
乱暴な　利口な　立派な　良好な　良質な　ルーズな　冷酷な　冷静な　冷淡な
露骨な　ロマンティックな　若い　わがままな　若々しい　悪い

7. まとめ

以上、感情形容詞を「感情・感覚を表し得る形容詞」と定義し、以下3つの指標を用いて分類を行った。その結果を表3に示す。

指標1：終止用法
　　「花子は、～そうだ（だった）」が［内部ソウダ］として適格文になる。
指標2：副詞用法
　　「花子は、～そうに～する（した）」が［内部ソウダ］として適格文になる。
指標3：連体用法
　　「～そうな名詞」が［内部ソウダ］にしかならず、［外部ソウダ］にならない。

表2のA群とB群は、感情・感覚を表し得ることから、感情形容詞と言える。A群は、より経験者の感情を述べることを志向する形容詞である。B群は、対

表3　形容詞の分類（まとめ）

	指標1 終止用法 ［内部ソウダ］ になる	指標2 副詞用法 ［内部ソウダ］ になる	指標3 連体用法 ［内部ソウダ］ にしかならない	語例	形容詞分類		語数計 642
A	○	○	○	悲しい 残念な	感情形容詞	典型的な感情形容詞より経験者の状態を述べることを志向する	39
B	○	○	×	寒い 快適な		対象の状態を述べることをも志向する	49
C	×	○		うるさい 気の毒な	属性形容詞	副詞句としてある限定された時間における動きの行われ方を表すことにより感情を表す	24
D	×	×		明るい 静かな		典型的な属性形容詞	530

象の状態を述べることをも志向する形容詞である。「寒い」「快適だ」等、従来の「私は、～い。」が言えるかどうかという指標での判断が難しい語は、B群に入っている。Dは、典型的な属性形容詞である。C群は、属性形容詞であるが「おいしそうに食べる」のように、副詞句としてある限定された時間における動きの行われ方を表すことによって、感情形容詞のように振る舞い、感情を表すことを見た。そして、この際、「おいしい食べ物を食べるときの食べ方」が日本語話者の中で共有されている必要があることを述べた。

　この指標は、「憎い」「かわいい（愛しい）」のように、ソウダがつかない語をテストできないという難点があるが、今回の考察の対象に入っていない語彙もテストできるという点で有効なものであると考えている。

【資料】

沖森卓也・中村幸弘編（2003）『表現読解国語辞典』ベネッセ
国際交流基金（2002）『日本語能力試験出題基準〔改訂版〕』凡人社
三省堂編集所編（2001）『大きな活字のコンサイスカタカナ辞典第』第2版 三省堂

第3章

イ形容詞の使用実態
――感情形容詞と属性形容詞の比較――

　第3章では、コーパスを用いて、イ形容詞が文中でどのように使われているのか、そして、感情形容詞と属性形容詞の使われ方には違いがあるのかを明らかにする。

　コーパスは、国立国語研究所の『現代日本語書き言葉均衡コーパス（Balanced Corpus of Contemporary Written Japanese,略称BCCWJ）を用いる。BCCWJは、「生産実態（出版）サブコーパス」「流通実態（図書館）サブコーパス」「非母集団サブコーパス（特定目的）」という3つのサブコーパスからなる約1億語のコーパスである[1]。本書では、そのうち「生産実態（出版）サブコーパス」のコアデータ（人手調整済みデータ）714,822語を対象として検索を行い、イ形容詞8,274例を考察の対象とした[2]。

　BCCWJの形容詞を感情形容詞2群、属性形容詞2群の計4群に分類した。そして、［形容詞述部］・［テ形述部］・［名詞句述部］・［補部］・［修飾部（副詞的用法）］・［動詞句述部］と［その他］の7つの文の成分に分類し、出現度数を調査した。その結果、形容詞は、全体では、述部として用いられることが最も多いことが明らかになった。また、典型的な感情形容詞A群は、他の形容詞群と比較すると、修飾部（副詞的用法）として使われることが少ないことが明らかになった。

1　『現代日本語書き言葉均衡コーパス』については、序章の5節を参照されたい。
2　「生産実態（出版）サブコーパス」コアデータの語数は、コーパス検索アプリケーション中納言の「語数について」に「2012/03/30時点」として掲載された語数である。https://chunagon.ninjal.ac.jp/search/about/suw　（最終閲覧日2012.09.01）

1. 形容詞の使われ方をめぐる先行研究

　形容詞が文中でどのように使われているかについては、いくつか先行研究がある。

　細川（1990）は、「感情形容詞の連用用法」について考察を行うなかで、感情形容詞の連用用法（「～くなる」「～くする」「～くない」と「～そうに」等が続くものを除く）が出現する割合を調査している。『新潮現代文学80』の他各種文庫本を資料とし、「資料内全数調査ではないため、統計的な数値は必ずしも有効ではない」との但し書き付きで、約8,000例の感情形容詞について、終止用法50％、連体修飾用法44％、連用修飾用法6％という数字を出し、「連用修飾用法の使用率の低いことは指摘できよう」と述べている。

　仁田（1998）は、「ごく小さな調査」として、講談社『ミステリー傑作選4』を資料とし、形容詞が名詞を修飾限定する「装定用法」として使われるか、述語として働く「述定用法」として使われるか、動詞と比較している。その結果は、次の表1の通りであり、形容詞は述定用法より装定用法で用いられることが多いことを指摘している。さらに、仁田（1998）は、形容詞のタイプと装定用法・述定用法の関係についても調査を行っている。形容詞を「属性形容詞」「評価・判断形容詞」「感情・感覚形容詞」の3つに分類し、それぞれの装定用法・述定用法の出現度数を調査している。その結果は、次の表2の通りである。そして、おおよその傾向として、属性形容詞は用法の中心が装定であり、評価・判断形容詞と感情・感覚形容詞は述定が多いと指摘している。

　八亀（2008）も、形容詞が述語として機能するか、規定語として機能するか、シナリオ・小説・週刊誌（『アエラ』）という3つの資料で調査を行っている[3]。八亀（2008）は、形容詞の連用形のうち、修飾語や状況語として用いられたものは、副詞として扱うという立場をとっている（p.21）。また、次の（1）は、「『吉村先生は』という主語に対して、述語が与えている属性は『先生だ』ではなく『やさしい』の部分である」と述べ、実質的には形容詞が述語として機能している

3　八亀（2008）の「規定語」は、鈴木（1972）の「文の部分」の分類に基づくものであり、「名詞からなる文の部分（主語・述語・対象語・状況語）にかかり、人・もの・場所・時などの特徴を説明する文の部分」であると述べられている（八亀（p.49））。

表1　仁田（1998）

	述定	装定
動詞	850（85%）	159（15%）
形容詞	250（37%）	428（63%）

表2　仁田（1998）

	述定	装定
属性	99	325
評価・判断	102	76
感情・感覚	49	27

ものとし、述語として扱っている（p.56）[4]。

（1）吉村先生はやさしい先生です。　　　　　　　　　　　　（八亀2008）

　そして、シナリオの314例については、述語82%、規定語18%、小説の352例については、述語64%、規定語36%という数字を挙げ、述語が多いことを指摘している（p.136）。週刊誌（アエラ）については、数字は挙げていないが、「規定語として機能する場合の割合の方が高い」と述べている（p.144）。

　以上のように、形容詞の文中での使われ方については、形容詞の種類や資料によって異なるという興味深い指摘がなされている。しかしながら、細川（1990）は、感情形容詞についてのみ調査をしたものであるし、仁田（1998）と八亀（2008）は、小規模な調査である。

　本書では、コーパスのデータを用い、イ形容詞の使われ方と、感情形容詞と属性形容詞の使われ方に違いがあるのかを調査していく。2節で、4つの形容詞群別の出現度数を示す。3節では、4つの形容詞群の活用形別のデータを、4節では文の成分別のデータを示し、5節で活用形と文の成分の関係を見ていく。

---

[4]　新屋（2009）も名詞述語文と形容詞述語文についての論考で、「あの子は素直だ。」と「あの子は素直な子だ。」という文を比較し、後者の「子」は「主題の上位概念で、情報的に無意味」であり、この2つの文は、実質的には同じことを意味するという指摘を行っている。

2. 調査の対象の形容詞
2.1. 調査対象の語彙数

BCCWJのコアデータの短単位検索の形容詞の出現度数は、9,731語である[5]。そのうち表3の1,457例を考察の対象から外し、8,274例を考察の対象とする。

表3　考察の対象から外す例

形容詞否定辞「ない」	167
名詞・ナ形容詞否定辞「ない」	1,169
補助形容詞「てほしい」	121
計	1,457

BCCWJの「ない」は2,810例であるが、この中に形容詞の否定辞（形容詞くない）167例と名詞・ナ形容詞の否定辞（名詞・ナ形容詞でない）1,169例が含まれている[6]。本書では、形容詞の否定辞は形容詞の活用語尾、名詞の否定辞は名詞につく判定辞の否定形、ナ形容詞の否定辞はナ形容詞の活用語尾と考え、考察の対象から外す。また、形容詞「ほしい」161例のうち「〜てほしい」121例も、補助形容詞として考察の対象から外し、8,274例を考察の対象とする。なお、4節からは、8,274例から「恥ずかし（がる）」「恥ずかし（さ）」の「恥ずかし」のような語幹612例を除いた7,662例を考察の対象とする。

---

[5] 「言語コーパス整備計画KOTONOHA」によれば、BCCWJの言語単位には、「文節を基にした」長単位と、「意味を持つ最小の単位」を規定し、それを「文節の範囲内で短単位の認定基準に基づいて結合させる（又は結合させない）」という過程を経て得られる短単位がある。形容詞でいえば、「〜たい」や「〜らしい」「〜やすい」等は、長単位では形容詞として検索されるが、短単位では検索されない。そのため長単位では「コートダジュールらしい」や「アプローチし易い」のようなものも含まれるため、「感情形容詞の使用実態を明らかにする」という目的には短単位の方が適していると判断し、短単位を使用した。なお、タグ付けが間違っていると思われるものは、筆者が修正を加えた。
国立国語研究所ホームページ「言語コーパス整備計画KOTONOHA」
http://www.ninjal.ac.jp/kotonoha/　（最終閲覧日2012.09.01）
[6] 形容詞否定辞と名詞・ナ形容詞否定辞には、独自にタグ付けを行った。

2.2. 4つの形容詞群のデータ

　BCCWJの形容詞8,274例に、第2章の形容詞分類に基づきタグ付けを行った。各群の異なり語数と延べ語数は、次の表4の通りである。なお、4節では、文の成分による分類を行うが、語幹は、文の成分になる際には他の品詞に転成するので、考察の対象から外す[7]。そのため、表4には、語幹の延べ語数も示す。図1は、各群の異なり語数と延べ語数の割合を示したものである。

　次に、表5に、各群の形容詞と各語の延べ語数を延べ語数の多い順に示す[8]。

表4　形容詞群別形容詞の異なり語数と延べ語数

	異なり語数	延べ語数
感情形容詞A	33	230 （語幹以外　180） （語幹　　50）
感情形容詞B	33	567 （語幹以外　485） （語幹　　82）
属性形容詞C	15	236 （語幹以外　212） （語幹　　24）
属性形容詞D	266	7,241 （語幹以外　6,785） （語幹　　456）
計	347	8,274 （語幹以外　7,662） （語幹　　612）

7　語幹で他品詞に転成せずに用いられる例が612例中2例あった。語幹については、3.2で詳しく述べる。

8　BCCWJの語彙素の「旨い」「可愛い」「可笑しい」については二義を認めた。よって、この3語は、表5で「旨い」（おいしいC群／じょうずなD群）、「可愛い」（愛しいA群／外見がよいD群）、「可笑しい」（こっけいなB群／へんなD群）のように2つの群に出現する。

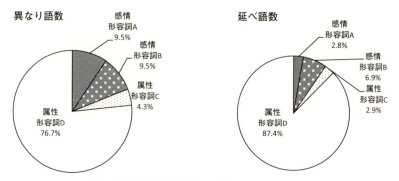

図1　形容詞群別の異なり語数と延べ語数の割合

表5　形容詞群別語彙リスト

感情形容詞A（異なり語数33　延べ語数230）							
嬉しい	46	ほしい	40	懐かしい	21	悲しい	18
後ろめたい	13	悔しい	13	恥ずかしい	11	惜しい	10
切ない	7	空しい	7	羨ましい	5	可愛い(愛しい)	4
気まずい	4	心強い	3	誇らしい	3	愛しい	2
疎ましい	2	恨めしい	2	気忙しい	2	恋しい	2
心細い	2	待ち遠しい	2	いとおしい	1	いぶかしい	1
気怠い	1	口惜しい	1	心苦しい	1	こっ恥ずかしい	1
憎い	1	歯痒い	1	腹立たしい	1	晴れがましい	1
物欲しい	1						
感情形容詞B（異なり語数33　延べ語数567）							
楽しい	76	重い	70	軽い	57	寒い	37
つらい	34	怖い	32	忙しい	26	温かい	25
熱い	25	冷たい	23	痛い	22	寂しい	22
苦しい	18	暑い	14	有り難い	14	恐ろしい	9
きつい	8	心地良い	8	涼しい	8	重たい	6
可笑しい（こっけいな）	5	眠い	5	清々しい	4	慌ただしい	3
息苦しい	2	おっかない	2	痒い	2	くすぐったい	2
怠い	2	まぶしい	2	煩わしい	2	かったるい	1
眩い	1						
属性形容詞C（異なり語数15　延べ語数236）							
面白い	78	美味しい	58	珍しい	41	旨い(おいしい)	17
うるさい	14	苦い	6	渋い	5	疑わしい	4
馬鹿馬鹿しい	4	頼もしい	3	酸っぱい	2	忌まわしい	1
うざったい	1	物珍しい	1	やかましい	1		

属性形容詞D（異なり語数266　延べ語数7,241）

語	数	語	数	語	数	語	数
ない	1,474	いい	935	多い	413	高い	287
大きい	245	強い	235	少ない	179	新しい	168
長い	159	悪い	142	早い	140	若い	129
近い	119	深い	117	美しい	111	厳しい	100
難しい	95	小さい	80	激しい	76	広い	74
凄い	72	旨い（上手な）	69	安い	64	低い	58
優しい	56	古い	55	白い	51	正しい	47
明るい	46	甘い	45	詳しい	41	酷い	41
薄い	37	固い	37	短い	37	弱い	37
可愛い（外見がよい）	35	暗い	35	遠い	35	細かい	27
素晴らしい	26	厚い	25	狭い	25	濃い	24
鋭い	24	幅広い	24	赤い	23	遅い	23
黒い	22	幼い	21	可笑しい（変な）	20	素早い	20
青い	17	久しい	17	貧しい	17	親しい	16
相応しい	16	物凄い	16	太い	14	軟らかい	14
仕方無い	13	丸い	13	偉い	12	根強い	12
不味い	12	醜い	12	怪しい	11	賢い	11
力強い	11	手早い	11	乏しい	11	程良い	11
著しい	10	大人しい	10	可愛らしい	10	細い	10
浅い	9	危ない	9	好ましい	9	情けない	9
手厚い	8	でかい	8	めでたい	8	危うい	7
薄暗い	7	汚い	7	快い	7	遅しい	7
鈍い	7	望ましい	7	潔い	6	黄色い	6
粘り強い	6	呆気ない	5	あどけない	5	麗しい	5
からい	5	ごつい	5	さり気無い	5	しつこい	5
凄まじい	5	尊い	5	生々しい	5	等しい	5
止む無い	5	柔らかい	5	甘ったるい	4	粗い	4
淡い	4	勇ましい	4	険しい	4	懐こい	4
賑々しい	4	根深い	4	華々しい	4	細長い	4
安っぽい	4	危なっかしい	3	甘酸っぱい	3	荒い	3
輝かしい	3	臭い	3	香ばしい	3	小うるさい	3
騒々しい	3	素っ気ない	3	頼り無い	3	所狭い	3
生温かい	3	生臭い	3	甚だしい	3	平たい	3
分厚い	3	もろい	3	緩い	3	愛らしい	2
青白い	2	悪しい	2	味気無い	2	荒々しい	2
卑しい	2	初々しい	2	奥深い	2	おこがましい	2
木目細かい	2	際どい	2	極まりない	2	くどい	2
心無い	2	心もとない	2	小高い	2	すばしこい	2
狡い	2	だだっ広い	2	近しい	2	力無い	2
肌寒い	2	腹黒い	2	ふがいない	2	程近い	2
程遠い	2	微笑ましい	2	みっともない	2	目覚ましい	2

目まぐるしい	2	やばい	2	よろしい	2	弱々しい	2
愛くるしい	1	あえない	1	青臭い	1	赤黒い	1
あくどい	1	浅ましい	1	汗臭い	1	厚かましい	1
熱苦しい	1	荒っぽい	1	いかがわしい	1	いじらしい	1
いとわしい	1	嫌らしい	1	薄汚い	1	うずたかい	1
薄っぺらい	1	疑い深い	1	疎い	1	恭しい	1
恨みがましい	1	うら若い	1	縁遠い	1	惜しみ無い	1
おぞましい	1	おびただしい	1	おぼつかない	1	思わしい	1
愚かしい	1	かいがいしい	1	難い	1	堅苦しい	1
金臭い	1	黴臭い	1	か細い	1	がめつい	1
軽々しい	1	考え深い	1	甲高い	1	芳しい	1
気軽い	1	きな臭い	1	気安い	1	清い	1
仰々しい	1	口うるさい	1	口やかましい	1	気高い	1
けたたましい	1	神々しい	1	心憎い	1	こっ酷い	1
酒臭い	1	騒がしい	1	しどけない	1	しぶとい	1
図々しい	1	せこい	1	せわしない	1	ださい	1
たどたどしい	1	たやすい	1	茶色い	1	土臭い	1
手痛い	1	手堅い	1	手厳しい	1	手強い	1
どぎつい	1	刺々しい	1	どでかい	1	長たらしい	1
名高い	1	なまめかしい	1	生易しい	1	涙ぐましい	1
苦々しい	1	似付かわしい	1	粘い	1	野太い	1
はかない	1	ふてぶてしい	1	ほろい	1	ほろ苦い	1
みずぼらしい	1	瑞々しい	1	みみっちい	1	蒸し暑い	1
睦まじい	1	目新しい	1	めざとい	1	物寂しい	1
物々しい	1	易しい	1	易い	1	ややこしい	1
揺るぎない	1	よそよそしい	1				

　図1を見ると、異なり語数では、属性形容詞Dが形容詞の4分の3を占めていることがわかる。また、延べ語数にいたっては、属性形容詞Dが約9割であり、形容詞全体の中で感情形容詞の延べ語数は、少ないと言える。ただし、表6の個々の語の延べ語数を見てみると、A・B・C群は、D群の「ない」「いい」のような群を抜いて延べ語数が多い語はないが、延べ語数が50を超す語もあり、感情形容詞の使用頻度が低いことを示すものではない。

3. 活用形による分類

　3節では、活用形別の出現度数のデータを示したうえで、活用形による分類の問題点を指摘する。また、感情形容詞の語幹の出現度数が属性形容詞より多いことを指摘し、その理由を考察する。

3.1. 活用形別のデータ

BCCWJの活用形のタグは、終止形（少ない）、連体形（少ない（＋名詞））、連用形（少なく）、語幹（少な）、未然形－補助動詞（少なから（ず））、意志推量形（少なかろう）、仮定形（少なけれ（ば））、命令形（少なかれ）の8つである。以下、未然形－補助動詞は、「未然形」と呼ぶ。

考察対象の8,274例のうち、BCCWJの連用形のタグが付いている例は、2,525例（30.5%）である。この2,525例のうちの一部は、次の通りにタグを付けなおした。「～くない」「～かった」「～くなかった」は、終止形とした。「～くない」「～かった」「～くなかった」が名詞を修飾している例は、連体形とした。新たに付けたタグは、次の表6の通りである。

表6　BCCWJの連用形に新たにつけたタグ

	終止形	連体形	連用形	合計
BCCWJ連用形	385	137	2,003	2,525

各形容詞群の活用形別の出現度数を次の表7に示す。図2は、出現度数の少ない未然形・意志推量形・仮定形・命令形を「その他」としてまとめ、グラフにしたものである。

表7　活用形別の出現度数

	語幹	終止形	連体形	連用形	未然形	意志推量形	仮定形	命令形	計
感情形容詞A	50	65	80	33	1	0	1	0	230
	21.7%	28.3%	34.9%	14.3%	0.4%	0.0%	0.4%	0.0%	100%
感情形容詞B	82	113	228	142	2	0	0	0	567
	14.5%	19.9%	40.2%	25.0%	0.4%	0.0%	0.0%	0.0%	100%
属性形容詞C	24	83	90	37	0	0	2	0	236
	10.2%	35.2%	38.1%	15.7%	0.0%	0.0%	0.8%	0.0%	100%
属性形容詞D	456	2,021	2,904	1,790	9	7	49	5	7,241
	6.3%	27.9%	40.1%	24.7%	0.1%	0.1%	0.7%	0.1%	100%
計	612	2,282	3,302	2,002	12	7	52	5	8,274
	7.4%	27.6%	39.9%	24.2%	0.1%	0.1%	0.6%	0.1%	100%

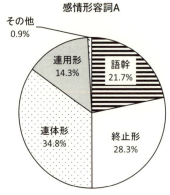
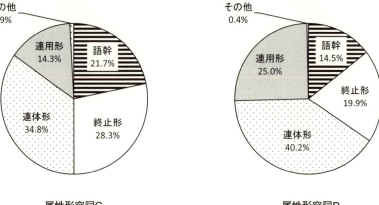
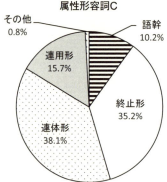
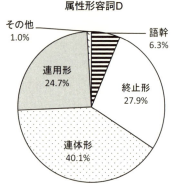
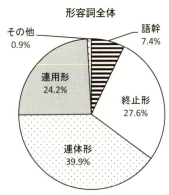

図2　活用形別の出現割合

図2を見ると、語幹の出現度数がA・B・C・Dの順に多い。このことから、感情形容詞は、語幹が使われることが多いと言える。語幹については、次節で詳しく見ていく。
　図2の形容詞全体のグラフを見ると、形容詞は連体形で使用されることが39.9%と最も多く、次いで、終止形27.6%である。1節で見た仁田（1998）でも、形容詞は装定が述定よりも多いとされており、同じ結果であるように見える。しかし、仁田（1998）で挙げられている装定の例は、次の（2）（3）のように被修飾名詞が実質名詞の例だけである。

（2）やわらかい樹幹に深い穴ができていて、（佐賀潜『早船洲崎行き』）
（3）まるで懐かしい人物に出会ったかのような～（筒井康隆『アフリカの爆弾』）
(仁田1998)

　仁田（1998）では、次のような（4）のような例は、どちらに分類されているのだろうか。装定を「名詞を修飾限定する用法」であるとしているので、装定であると思われるが定かではない。

（4）あの店のすしは、おいしいのに、売れない。

　ところで、(4)の「おいしい」は、連体形であるが、意味的には終止形の（5）に近く、「あの店のすし」の属性を述べている部分である。活用形による分類では、（4）と（5）がともに「あの店のすし」の属性を述べる部分であるということが見えなくなってしまう。

（5）あの店のすしは、おいしいけれども、売れない。

　そこで、本書では、活用形を生かした文の成分による分類を行い（4）も（5）も述語として扱い、形容詞の使用実態を明らかにしていく。
　連体形は、（6）のように被修飾名詞とともに名詞句を構成し、述語の補語になる場合もあれば、（7）のように名詞句とともに述部となる場合もある。

（6）おいしいすしを食べた。
（7）父のおみやげは、おいしいすしだった。

　本書では、（6）は補部、（7）は名詞句述部として扱い、述語との関係という観点から形容詞がどのように使われているかを見ていく。分類については、4節で詳しく述べる。
　また、図1の形容詞全体のグラフを見ると、連用形は24.2%である。終止形は主に述語になることが明らかであるが、連用形は、果たしてどのように使われているのであろうか。次の（8）-（10）は、すべて連用形である。

（8）おすしをおいしくいただいた。
（9）このおすしは、ゆずを振り掛けると、いっそうおいしくなります。
（10）おすしがあまりにもおいしくて、涙が出た。

　本書では、（8）は非必須成分である修飾部とする。（9）は述語動詞の必須成分であり、動詞とともに述語を構成するものとして「動詞句述部」と呼び分類を行う。（10）は、「テ形述部」と呼び、主節への従属度が高い述部を構成するものとして分類する。
　以上、活用形による分類の問題点と、その問題を解決するために活用形を生かした文の成分による分類を行うことを述べた。以下では、イ形容詞の使用実態を明らかにし、感情形容詞と属性形容詞の使われ方の異同を調査する。

3.2. 感情形容詞の語幹の出現頻度が高い理由

　述語との関係という観点からの分類の前に、語幹について詳しく見ておきたい。3.1で、感情形容詞の語幹の出現度数が高いことを見た。表8に各形容詞群の語幹に後接する形式と割合を示し、感情形容詞の語幹の出現頻度が高い理由を考察する。

表8 語幹に後接する形式

	〜がる	〜げ	〜さ	〜すぎる	〜そう	その他	複合名詞	ぶり	計
感情形容詞A	9 18.0%	9 18.0%	17 34.0%	0 0.0%	15 30.0%	0 0.0%	0 0.0%	0 0.0%	50 100.0%
感情形容詞B	4 4.9%	5 6.1%	53 64.6%	3 3.7%	16 19.5%	0 0.0%	1 1.2%	0 0.0%	82 100%
属性形容詞C	1 4.2%	0 0.0%	14 58.3%	1 4.2%	5 20.8%	0 0.0%	3 12.5%	0 0.0%	24 100%
属性形容詞D	1 0.2%	10 2.2%	336 73.7%	36 7.9%	37 8.1%	2 0.4%	20 4.4%	14 3.1%	456 100.0%
計	15 2.5%	24 3.9%	420 68.6%	40 6.5%	73 11.9%	2 0.3%	24 3.9%	14 2.3%	612 100.0%

　表8を見てみると、「〜さ」は、すべての形容詞群と共起し、Aでは約3割、B−Dは約6-7割となっている。
　「〜がる」と「〜げ」の割合は、A、B、C、Dの順に低くなっている。「〜がる」と「〜げ」は、「いきがる」「新しがる」「親しげ」等、属性形容詞にもつかないわけではないが、主に感情形容詞に後接するとされ、西尾(1972)では感情形容詞と属性形容詞を分類する指標のひとつとして用いられている接尾辞である。また、本書で感情形容詞の分類の指標として用いた「〜そう」もAが約3割、BとCは約2割、Dが約1割となっている。このように、Aに「〜がる」「〜げ」「〜そう」が多いのは、感情形容詞の人称制限によって感情形容詞が第三者の感情を述べる際にこういった形式を用いる必要があるためであると思われる。「〜さ」のようにすべての形容詞につく接尾辞に加え、「がる」等のように感情形容詞に付きやすい接尾辞があることによって、感情形容詞の語幹の出現頻度が多くなるのであろう。
　なお、表8の複合名詞とは「形容詞語幹＋名詞」という語構成で名詞の一部になっている形容詞の語幹の数である。Bでは「あったかランチ」、Cでは「クラシック音楽ファン必読のオモシロ本」等、Dでは「安ホテル」「長丁場」「厚化粧女」「甘酸っぱ系」等がみられた。Aには複合名詞が出てこなかったが、Aにも「悔し涙」「うれし泣き」等があるため、データが少ないために出てこ

なかったと見るべきであろう。
　「その他」は、語幹に助詞がついた例（11）と、語幹が単独で用いられた（12）である。

(11) 主人は領事にパスポートをさしだして、ことばすくなに、ただ査証をしてくれと頼んだ。　　　　　　　　　　　　　　　　（『八十日間世界一周』）
(12) 日米首脳会談「沖縄基地」も議題に首相表明　難問山積、成果は期待薄　　　　　　　　　　　　　　　　　　　　　　　　（『産経新聞』）

　「～ぶり」は、すべて「久しぶり」である。BCCWJでは、「久しぶり」の「ぶり」、「一年ぶり」の「ぶり」、「仕事ぶり」のぶりは、すべて「接尾辞（名詞的）」というタグがつけられており、本書でもこれに従い、接尾辞として処理した。
　以上、感情形容詞は属性形容詞よりも語幹が使われる頻度が高いこと、それは感情形容詞のいわゆる人称制限によると考えられることを見た。

4. 文の成分による分類

　4節では、形容詞が文中でどのように使用されているのか、活用形による分類を活かしつつ、文の成分という観点から考察を行っていきたい[9]。4節では、形容詞8,274例から語幹612例を除き、残りの7,662例について考察を行う。

4.1. 文の成分として何をたてるか

　コーパスの大量の用例を前にして、どのように分類するかは、非常に難しい問題である。複数の述部が補文として埋め込まれている文もあるからである。本書では、形容詞が文の成分として関係を取り結ぶ最初の述語との関係という観点から、活用形を活かしつつ分類を行う。以下の図3のように大きく、[形

---

9 「文の成分」という用語を用いているが、ここでいう文の成分は一般的なものではない。工藤（2002）では、述語・主語・補語・修飾語・状況語・規定語・独立語の7つが文の成分としてたてられている。また、日本語記述文法研究会（2010）では、述語・主語・補語・修飾語・状況語・接続語・独立語・規定語・並列語の9の成分が挙げられている。本書の文の成分については、4.1で詳しく述べる。

容詞述部]、[テ形述部]、[名詞句述部]、[補部]、[修飾部]、[動詞句述部]、[その他]の7つに分類を行う。[形容詞述部] は、[形容詞主節述部] と [形容詞従属節述部] に、[名詞句述部] は、[名詞句主節述部] と [名詞句従属節述部] に下位分類を行った。それぞれについて、以下で、例を挙げながら詳しく説明を行う。

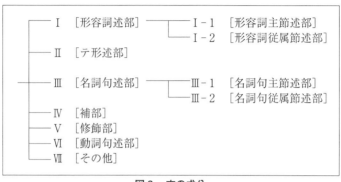

図3　文の成分

I　[形容詞述部]

　[形容詞述部] は、形容詞が主節および従属節の述部であるものである。

I-1　[形容詞主節述部]

　[形容詞主節述部] は、形容詞終止形がそのまま述語になるもの（13）（14）、または、形容詞終止形に「デス」がついたもの（15）である。また、モダリティ形式をはじめとする機能語を伴い述部になるもの(16)-(19)がある。(17)-(19)は、活用形による分類では連体形であるが、形容詞終止形に機能語が付いたものとして扱いここに分類する。

(13)　そう言われて改めて見ると、朝陽に輝く原野は確かに<u>美しい</u>。
　　　　　　　　　　　　　　　　　　　　　　　　　　　　　（『小説宝石』）
(14)　近年のアメリカ映画はさっぱり<u>面白くない</u>。　　　（『毎日新聞』）
(15)　ゆっくり過ごされる方が<u>多い</u>です。　　　　　　（『クロワッサン』）

(16) 僕が「進化」と言うことに、反発を感じる人も多いかもしれない。
(『夢の架け橋』)
(17) 「あたしは若いもん。気を使って、オヤジの神崎さんに合わせてただけよ」
(『小説宝石』)
(18) これ、じつは体の割りにとても小さいそうです。　(『オレンジページ』)
(19) 「そんなことも考えないで、子供を産むつもりでいたのか。甘いんだよ」
(『青春と読書』)

機能語として扱うのものは、次の通りである。以下の形式の否定も機能語として扱う。

　　～かぎりだ　～せいだ　(終止形)そうだ　～だけだ　～のだ　～ばかりだ
　　～はずだ　～もん　～ようだ　～わけだ

Ⅰ-2　［形容詞従属節述部］

［形容詞従属節述部］は、形容詞終止形または「形容詞終止形+デス」に接続助詞や引用の「と」等がつくもの(20)(21)、「形容詞+機能語」に接続助詞や引用の「と」等がつくもの(22)(23)である。これらは、従属節の述部ではあるが、Ⅱの「テ形述部」に比べて主節への従属度が低いと考えられるものである。

(20) いちいち引用書の名を出すのも煩わしいから、この点は自分のノートを信用してもらうことにしたい。
(『毎日の言葉』)
(21) それを聞いたとき、私はこの女の子のことを美しいと思った。
(『インド』)
(22) 叩きながら痛いだろうなと思って、近くにあった新聞紙を丸めた。
(『走り終わって考える』)
(23) 「北海道舞台塾との共催で、各劇団の公演後に感想を語り合うアフタートークを開きます。プロがアマチュアを批評するのは難しいかもしれませんが、鐘下さんには厳しい目で見てほしいという気持ちもありま

　　　　す」 　　　　　　　　　　　　　　　　　　　　　　（『北海道新聞』）

　また、下記の形式も機能語として扱う。よって、(24)(25) のような例は、［形容詞従属節述部］となる。

　　～ので　～のに

(24) あの地下鉄の瞬きは、闇を走っていることを強烈に感じさせてくれて楽しかったので、なくなってしまって残念　　　　　　（『闇を歩く』）
(25) 門脈という血管は、壁が薄いのに血流が多い。　　　（『週刊現代』）

Ⅱ ［テ形述部］

　［テ形述部］は、形容詞が「～く」「～くて」「～ても」等の形式で従属節の述部になっているもの (26)-(28) である。また、活用形では「仮定形」であるもの (29) と「～たら」もここに分類する。［テ形述部］は、先に見た［形容詞従属節述部］、次に述べるⅢの［名詞句従属節述部］に比べ、主節への従属度が高いと思われるものである。

(26) 別居に至るまでの日々は悲しくつらいものでした。　　（『北海道新聞』）
(27) 距離的には遠回りだが東名高速より車が少なくて、所要時間はほとんど変わらない。　　　　　　　　　　　　　　　　　（『週刊朝日』）
(28) 先場所の負け越しは苦しくても良い薬になったようだ。（『北海道新聞』）
(29) 炊けたら野菜を竹ぐしで刺してみて、硬ければ数分保温する。
　　　　　　　　　　　　　　　　　　　　　　　　　　　　　（『朝日新聞』）

Ⅲ ［名詞句述部］

　［名詞句述部］は、「形容詞＋名詞」が主節および従属節の述部になったものである。

Ⅲ-1　[名詞句主節述部]

　[名詞句主節述部]は、「形容詞+名詞」に判定辞「ダ」「デス」が付き述部になったもの(30)、それに機能語が付いたもの(31)である。なお、(32)(33)のような「もの」「こと」は、実質名詞と機能語との境界の判定が難しい例も多いため、すべて名詞として扱いここに分類した。

(30) 地元民には、雰囲気、値段ともに馴染みの薄い場所だ。
　　　　　　　　　　　　　　　　　　　　　(『どこにいたってフツウの生活』)
(31) このとき、秋田さんには気になることがあった。泉津は、もっともお年寄りが多い地区だったのだ。　　　(『命を救え！愛と友情のドラマ』)
(32) 診療所や訪問看護ステーションでは、本当に自分たちで予算をつくるのはなかなか難しいものです。　(『医療法人・医療生協の会計改革』)
(33) しかし、一日で醜い習慣を変え、美しさを創造するのはなんと難しいことだろうか。　　　　　　　　　　　　　(『魂の燃ゆるままに』)

Ⅲ-2　[名詞句従属節述部]

　[名詞句従属節述部]は、「形容詞+名詞+判定辞「ダ」「デス」」に接続助詞や引用の「と」がついたものである。

(34) 阪神にすれば悔しい惜敗だが、その継投は何かを試していたようにもみえた。　　　　　　　　　　　　　　　　　　(『産経新聞』)
(35) 「あなたと杉田は親しい間柄だと聞きました」　　(『青春と読書』)

Ⅳ　[補部]

　[補部]は、「形容詞+名詞+助詞」という形で、文の補語として働くもの(36)(37)である。(36)のように「名詞句+助詞」であるものと、(37)のように「名詞節+助詞」であるものが混在している。これは、分類を試みたが判断に迷う例も多く、恣意的な分類になるよりは分類しないほうがよいという判断で一緒にした。「形容詞+助詞」(38)も、[補部]に入れた。また、(39)の「幼いころ」ような助詞のつかない時の名詞句も、ゼロ助詞があるものとして[補

部］に入れる。(40)のように助詞が脱落していると考え得るものも［補部］に入れる。

(36) 今年の日本映画界は悲しいニュースで幕を開けた。　　　（『産経新聞』）
(37) 定職がない若者の納付意識が低いことも、滞納が増えた原因とみている。
　　　　　　　　　　　　　　　　　　　　　　　　　　　　（『西日本新聞』）
(38) 一般的には、ファンドの運用資産が十億円を下回ったら繰上償還をするのが普通ですが、あくまでも運用のプロセスと照らし合わせて大きいか小さいかを見ていかなければなりません。　　　（『経済界』）
(39) 江崎は幼いころ父を失い、母に連れられて、母の再婚先へ来てから、愛に飢えていたのではないでしょうか。　　　　　　　　　（『雪煙』）
(40) 悪いことしたら本気で怒らないとだめですよ。　　　　（『北海道新聞』）

Ⅴ　［修飾部］

［修飾部］は、「形容詞く」という形式で述語の程度やあり方を述べるもの(41)と、「形容詞くらいに」「形容詞ように」という形式で程度や述語のあり方を述べるもの (42) (43)、「形容詞ことに」という形式の陳述副詞 (44) 等である。

(41) 私も出張などで東京や大阪に行ったときに、朝早く起きてカラスを観察することがあります。　　　　　　（『鳥羽水族館館長のジョーク箱』）
(42) そのことを、メンバーたちは、痛いくらいに強く感じていた。
　　　　　　　　　　　　　　　　　　　　　　（『命を救え！愛と友情のドラマ』）
(43) フォークも面白いように決まり結局、打者十九人で十三奪三振。
　　　　　　　　　　　　　　　　　　　　　　　　　　　　　　（『読売新聞』）
(44) コンピュータに関する知識は玄人はだしでしたが、惜しいことに文系科目の成績が芳しくなかった。　　　　　　　　　　　（『週刊現代』）

Ⅵ　［動詞句述部］

［動詞句述部］とは、「～く＋なる・する・思う（思われる・思える）・感じる（感じられる）・見える・聞こえる」の形容詞 (45) (46) である。これらは、述語

動詞の必須成分であり、動詞句の一部となって述部を構成するものである。(47)のような例もここに入れる。

(45) さっき飲んだ子供用の風邪薬が今ごろ効いてきたらしく、まぶたがとろりと<u>重たく</u>なってくる。　　　　　　　　　　　(『IN POCKET』)
(46) 早乙女は初めて、他人の痛みを<u>羨ましく</u>思った。　　(『別冊文藝春秋』)
(47) 一見すると国立大学病院の医師の給料は<u>安い</u>ように思われる。

(『週刊現代』)

Ⅶ ［その他］

　新聞等の見出しで述語が何か判断ができないもの(48)や、体言止めの文の名詞句(49)は、［その他］とした。後者は、活用形ではなく述語との関係を見るという分類をすれば、名詞句のみで使われた例の行き場がなくなってしまうという当然の帰結である。

(48) 金融不信<u>強く</u>　海外メディアは不良債権問題に厳しい目を向ける。

(『西日本新聞』)
(49) 目の前のハルコさんは昔とちっとも変わっていない。白いすべすべの肌、<u>大きな</u>瞳。　　　　　　　　　　　　　　(『走り終わって考える』)

以上が本書で分類に用いる活用形を活かした文の成分である。

4.2. 文の成分別データ

　BCCWJの形容詞（語幹を除いた7,662語）に、文の成分によるタグ付けを行い分類した。結果は、次の表9の通りである。形容詞述部と名詞句述部の主節・従属節の下位分類は、表10と11に示す。図4は表9をグラフにしたものである。
　図4を見ると、形容詞全体では、形容詞述部として用いられる場合が35.2％と最も多く、次いで補部30.0％、修飾部14.7％である。
　ところで、先に、表7と図2に活用形別の出現割合を示したが、表7と図2は、語幹も含めたデータであった。ここでは、図4の文の成分別のデータとの

比較のため、形容詞全体の活用形別のデータから語幹を除き、表12と図5に示す。なお、図5では、表12の未然形・意志推量形・仮定形・命令形は、「その他」としてまとめて示す。

表9 文の成分別の出現割合

	形容詞述部	テ形述部	名詞句述部	補部	修飾部	動詞句述部	その他	計
感情形容詞A	73 40.5%	13 7.2%	12 6.7%	50 27.8%	12 6.7%	14 7.8%	6 3.3%	180 100.0%
感情形容詞B	129 26.6%	42 8.7%	36 7.4%	165 34.0%	57 11.8%	50 10.3%	6 1.2%	485 100%
属性形容詞C	97 45.9%	16 7.5%	13 6.1%	59 27.8%	17 8.0%	8 3.8%	2 0.9%	212 100%
属性形容詞D	2,393 35.2%	529 7.8%	405 6.0%	2,027 29.9%	1,038 15.3%	305 4.5%	88 1.3%	6,785 100.0%
計	2,692 35.2%	600 7.8%	466 6.1%	2,301 30.0%	1,124 14.7%	377 4.9%	102 1.3%	7,662 100%

表10 形容詞述部の下位分類

	形容詞述部	
	主節	従属節
感情形容詞A	53 29.4%	20 11.1%
感情形容詞B	88 18.1%	41 8.5%
属性形容詞C	69 32.7%	28 13.2%
属性形容詞D	1,496 22.0%	897 13.2%
計	1,706 22.3%	986 12.9%

表11 名詞句述部の下位分類

	名詞句述部	
	主節	従属節
感情形容詞A	8 4.5%	4 2.2%
感情形容詞B	24 4.9%	12 2.5%
属性形容詞C	8 3.7%	5 2.4%
属性形容詞D	219 3.3%	186 2.7%
計	259 3.4%	207 2.7%

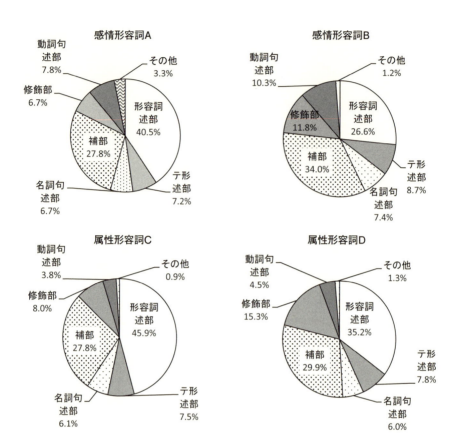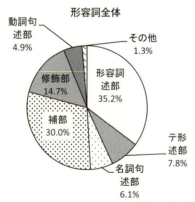

図4　文の成分別の出現割合

表12　形容詞全体の活用形別出現度数（語幹を除く）

	終止形	連体形	連用形	未然形	意志推量形	仮定形	命令形	計
形容詞全体	2,282	3,302	2,002	12	7	52	5	7,662
	29.8%	43.1%	26.1%	0.2%	0.1%	0.7%	0.1%	100.0%

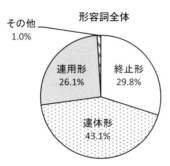

図5　形容詞全体の活用形別出現割合

　図4と図5を比較してみると、活用形別では、連体形が43.1％と最も多いが、文の成分別では、形容詞述部が35.2％と最も多い。そして、形容詞述部にテ形述部の7.8％を合わせると43.0％が述部である。さらに、「面白い話だ。」のような名詞述部の6.1％も合わせると、述部は49.1％で、約半数が述部であることがわかる。このように、文の成分として見てみると、活用形による分類では見えないことが見えてくるのである。
　また、各群のグラフを見てみると、A・C・Dは、形容詞述部、補部の順であるが、Bのみが補部、形容詞述部の順である。各形容詞群の異同については、次節で χ^2 検定を行う。

4.3.　χ^2 検定

　A－Dの文の成分別出現度数について、形容詞群によって異なりがあるのか、χ^2 検定を行った。表13は、形容詞A－Dの文の成分別出現度数をクロス集計したものである。χ^2 検定の結果、感情形容詞A－Dの文の成分別出現度数の偏り

は、有意であった（$\chi^2(18) = 83.214$, $p<.001$）。残差分析の結果を表13に示す。表14の「＊」は５％水準で、「＊＊」は１％水準で有意差があることを示す。

表13　形容詞群別の形容詞の使われ方　χ２検定

	形容詞述部	テ形述部	名詞句述部	補部	修飾部	動詞句述部	その他
感情形容詞A	73（63）	13（14）	12（11）	50（54）	12（26）	14（9）	6（2）
感情形容詞B	129（170）	42（38）	36（29）	165（146）	57（71）	50（24）	6（6）
属性形容詞C	97（74）	16（17）	13（13）	59（64）	17（31）	8（10）	2（3）
属性形容詞D	2,393（2,384）	528（531）	405（413）	2,027（2,038）	1,038（995）	305（334）	88（90）

※カッコ内は期待度数

表14　形容詞群別の形容詞の使われ方　残差分析

	形容詞述部	テ形述部	名詞句述部	補部	修飾部	動詞句述部	その他
感情形容詞A	1.54	－0.31	0.33	－0.67	－3.07＊＊	1.79	2.37＊
感情形容詞B	－4.07＊＊	0.70	1.28	1.98＊	－1.88	5.67＊＊	－0.19
属性形容詞C	3.28＊＊	－0.16	0.03	－0.71	－2.78＊＊	－0.78	－0.5
属性形容詞D	0.69	－0.31	－1.15	－0.83	4.33＊＊	－4.79＊＊	－0.73

＊＊ $p<.01$　＊ $p<.05$

　χ^2検定の結果、修飾部、動詞句述部、形容詞述部、補部に有意差がみられた。修飾部は、A・Cが少なく、Dが多い。動詞句述部は、Bが多く、Dが少ない。形容詞述部は、Bが少なく、Cが多い。補部は、Bが多い。以上の点について、順に考えてみたい。

4.3.1. 修飾部の有意差について

　初めに、修飾部の有意差について考えてみよう。修飾部とは、次の(50)のように形容詞の連用形が非必須成分の副詞句として用いられるものである。修飾部は、AとCが少なく、Dが多い。

(50) 香保との約束を果たすためにグロスグロックナーへ行き、陽子と出会い、陽子と共に過ごした上高地の夜が<u>切なく</u>おもいだされた。　　（『雪煙』）

　まず、Aの修飾部が少ないのは、(50)の例で言えば「何が切ないのか」ということが問題になることと関連があるものと思われる。何が「切ない」のかが分かりにくいのである。他の形容詞でも「桜が散っていくのを悲しく見ていた」のように、何が「悲しい」のかが問題となる[10]。このため、感情形容詞Aは、修飾部の出現割合が低いのではないだろうか。

　また、Aに限らず、形容詞には修飾部になりやすいものとなりにくいものがあるように思われる。(51)-(54)は、それぞれA・B・C・Dの形容詞であるが、aは適格文であるのに対し、bの適格性は低い。理由は説明できないが、このように形容詞には修飾部になりやすいものとなりにくいものがある。そして、各形容詞群の修飾部になりにくい語の割合が異なるのではないだろうか。

(51) a. 太郎を<u>切なく</u>見ていた。
　　　b. ?太郎を<u>憎く</u>にらんでいた。
(52) a. 昨日は<u>楽しく</u>過ごした。
　　　b. ?昨日は<u>暑く</u>過ごした。
(53) a. ビールを<u>おいしく</u>飲んだ。
　　　b. ?ビールを<u>苦く</u>飲んだ。
(54) a. <u>あぶなく</u>けがをするところだった。
　　　b. ?<u>やばく</u>けがをするところだった。

10　この問題については、第6章で詳しく取り上げる。

ここで、各形容詞群の語の何割が修飾部として使用されているかを表15に示す。

表15　形容詞群別修飾部に使われた語の異なり語数の割合

	異なり語数	修飾部異なり語数	割合
感情形容詞A	33	8	24.2%
感情形容詞B	33	16	48.5%
属性形容詞C	15	4	26.7%
属性形容詞D	260	150	57.7%

　表15を見ると、A・Cはそれぞれ、24.2％、26.7％の形容詞しか修飾部として使用されていない。修飾部の多いDでは57.7％、有意差の出なかったBでは48.5％である。このデータより、修飾部として使われる語の割合が低いと、修飾部の出現割合も低くなっていることがわかる。もちろん、たまたま今回のデータに修飾部の例が出てこない形容詞もあろうが、修飾部として使われにくい語の割合が修飾部の少なさに無関係ではないだろう。

　また、Aと同様に修飾部が有意に少ないという結果が出たCは、属性形容詞ではあるものの「花子はうるさそうに耳をふさいだ」のような副詞句において、感情形容詞と同じ振る舞いをする語群である。修飾部とは、副詞句のことであり、Cは、修飾部の出現割合という点でも、Aと同じ傾向を見せることが確かめられた。

　以上、修飾部について見てきた。AとCは、修飾部として使用されにくい語の割合が高いため、修飾部の割合が低く、Dは、修飾部として使用されにくい語の割合が低いために、修飾部の割合が高いと考えられるのではないかという考察を行った。

4.3.2. 動詞句述部の有意差について

　次に動詞句述部の有意差について考えてみたい。動詞句述部とは、次の（55）のように、形容詞が述語動詞の必須成分であり、述語動詞とともに述部を構成

するものである。動詞句述部は、Bが多く、Dが少ない。

(55) 最近めっきり<u>寒く</u>なりましたが、厚着は考えるのが面倒です。

（『Weeklyぴあ』）

ここで、動詞句述部の述語動詞の内訳を見てみよう。表16は動詞句述部の述語動詞の内訳である。表16の「思う」は、「思う」「思われる」「思える」を含む。「感じる」も同様である。

表16　形容詞群別動詞句述部の述語動詞

	思う	感じる	する	なる	見える	計
感情形容詞A	6 42.9%	1 7.1%	0 0.0%	7 50.0%	0 0.0%	14 100%
感情形容詞B	0 0.0%	1 2.0%	8 16.0%	41 82.0%	0 0.0%	50 100%
属性形容詞C	1 12.5%	0 0.0%	1 12.5%	6 75.0%	0 0.0%	8 100%
属性形容詞D	6 2.0%	7 2.3%	83 27.2%	197 64.6%	12 3.9%	305 100%
計	13 3.4%	9 2.4%	92 24.4%	251 66.6%	12 3.2%	377 100%

表16を見るとわかるように、動詞句述部といっても、述語動詞は様々であり、どれが影響しているかを見極めることが難しい。そのため、動詞句述部でBが多くDが少ない理由は、今回の調査からは結論を導くことができそうもないが、今回のデータから考察できる範囲で考えてみる。

表16を見ると、Bの動詞句述部のうち「〜くなる」が82.0％であり、Bの動詞句述部が多いのは、「〜くなる」が多いためと思われる。形容詞を見てみると、変化としてとらえられやすい事態を表す形容詞と、変化としてとらえられることが少ない形容詞があるように思われる。Bには、「寒い」「眠い」といった語が含まれている。これらは、「寒い」「眠い」と変化を伴わない状態として述べることもできるが、「寒くなる」「眠くなる」のように変化として捉えられるこ

とが多いのではないだろうか。Bには、変化として捉えられやすい形容詞が多いことによって「〜くなる」の出現度数が多いのである。

　一方の動詞句述部が少ないDは、典型的な属性形容詞で、「大きい」「長い」といった形容詞である。これらは、もちろん「大きくなる」「長くなる」こともあるが、「寒い」「眠い」に比べて、変化を伴わない状態として捉えられることが多いのではないだろうか。「大きい」「長い」は「寒い」「眠い」よりも変化として捉えられることが少ないということである。

　以上、Bの「〜くなる」類が多いことについて考察を行ったが、これだけでBの動詞句述部が多い理由は説明できない。動詞句述部の述語は「〜くなる」だけではなく、「〜く思う」「〜く感じる」等他にもあり、それぞれ、共起しやすい形容詞が先行研究で指摘されているからである。

　「〜く思う」は、感情形容詞とは共起しやすいが、属性形容詞とは共起しにくいことが指摘されている。藤田（1981）は、「美しく思う」の「美しく」と「思う」の統辞関係を「準引用」と呼び、「美しいと思う」との関係をふまえ分析した論考である。藤田（1981）は、三田村（1966）の形容詞分類を援用し、形容詞は、「対象の客観的な状態（相的な意味）」と「主体の主観的な把握としての意味（用的な意味）」を持ち、それぞれの形容詞はどちらかに傾くものであり、かつ、連続的であるとしたうえで、形容詞を４つに分類をしている。そして、「〜く思う」「〜く感じる」は、「青い」「大きい」のような相的な形容詞は前接せず、用的な意味を持つ形容詞が前接すると述べている。つまり、「〜く思う」は感情形容詞が前接しやすく、属性形容詞は前接しにくいという指摘である。これは、Aの動詞句述部が多くなる要因であると言える。

　一方で、藤田（1981）では、「〜く見える」「〜く聞こえる」には、「つらい」「恋しい」のような感情形容詞は前接しにくいことも指摘されている。これは、Aの動詞句述部が少なくなる要因である。

　このように、動詞句述部の述語は、語によって前接しやすい形容詞があることが指摘されていて、Bの動詞句述部が多い理由は、Bの形容詞が「〜くなる」と共起しやすいということだけでは説明ができないのである。「〜くなる」に前接する語をはじめ、それぞれの述語に前接する形容詞についてさらなる分析が必要であると思われる。

4.3.3. 形容詞述部と補部の有意差について

　形容詞述部は、Bが少なく、Cが多い。Bは、「寒い」「眠い」等である。Bの形容詞述部が少ないことは、Bの動詞句述部が多いことと関連があると思われる。Bが述語になる際、「寒い」と現在の状態として述べることもできれば、「寒くなった」と変化としても述べることもできるわけである。よって、変化として述べることが増えれば、その分、「寒い」と述べる形容詞述部が減ってもおかしくはない。

　Cの形容詞述部が多い理由は、今回のデータからは答えを出せそうにもない。その他にも、Bの補部が有意に多いという結果が出ているが、この2点については、形容詞群全体ではなくそれぞれの形容詞を詳しく見ていく必要があるのではないかと考えている。この点については今後の課題としたい。

5. 活用形と文の成分の関係

　最後に活用形と文の成分をクロス表で示すと、次の表17のようになる。活用形ごとに例を挙げながら見ていく。活用形と文の成分の関係を見ることによって、連体形が名詞とともに補部になるのか、述部になるのかといったことや、連用形の非必須成分と必須成分の割合等、活用形だけでは見えないことが見えてくる。

5.1. 終止形

　終止形は、形容詞述部が97.5％で、ほとんど述部になると言ってよいことがわかる。(56)は形容詞主節述部例、(57)は形容詞従属節述部の例である。

(56)「面接は自分を否定されるから怖い。でも、練習で慣れることができる」と大塚さん。　　　　　　　　　　　　　　　　　　（『北海道新聞』）
(57) あと、うちのお古で悪いけれど、色々と必要になりそうなものを送るからって。　　　　　　　　　　　　　　　　　　　（『青春と読書』）

　終止形のほとんどが述部であるというのは、当然ではあるが、次の(58)(59)のように終止形に助詞が付いた例もある。これらは、補部として扱った。

表17　活用形と文の成分

	形容詞述部	テ形述部	名詞句述部	補部	修飾部	動詞句述部	その他	計
終止形	2,222 97.5%	1 0.0%	0 0.0%	51 2.2%	1 0.0%	0 0.0%	7 0.3%	2,282 100.0%
連体形	455 13.8%	0 0.0%	465 14.1%	2,238 67.7%	55 1.7%	3 0.1%	86 2.6%	3,302 100%
連用形	8 0.4%	545 27.2%	0 0.0%	4 0.2%	1,063 53.2%	373 18.6%	9 0.4%	2,002 100.0%
未然形	3 25.0%	2 16.7%	0 0.0%	3 25.0%	3 25.0%	1 8.3%	0 0.0%	12 100%
意志推量形	3 42.9%	0 0.0%	0 0.0%	4 57.1%	0 0.0%	0 0.0%	0 0.0%	7 100%
仮定形	0 0%	52 100.0%	0 0.0%	0 0%	0 0.0%	0 0.0%	0 0.0%	52 100%
命令形	1 20.0%	0 0.0%	1 20.0%	1 20.0%	2 40.0%	0 0.0%	0 0.0%	5 100%
計	2,692 35.2%	600 7.8%	466 6.1%	2,301 30.0%	1,124 14.7%	377 4.9%	102 1.3%	7,662 100.0%

(58) また、巨額の資金が必要な通信事業に、人為的なルールで新規参入をさせることがいかに難しいかもわかる。　　　　（『iNTERNET magazine』）
(59) 絵と出会った時の娘の喜び様をお母さんが話され、女性は「ありがとう」と「嬉しい」が千回も書いてある笑顔をぼくにくれた。　　　（『朝日新聞』）

なお、終止形のテ形述部と修飾部の1例は、それぞれ次の(60)(61)、その他の例は(62)である。(62)は、前後との関係が不明であるため、その他に入れた。

(60) 購入したビデオカードのファン音が異常にうるさかったら、付属のファンを静音仕様のものに交換する方法もある。　　　（『ＡＳＡＨＩパソコン』）
(61) 鈴木の良さは攻撃面だけではない。ファウル寸前の激しいチェック、時には守備ラインまで下がってボールを囲い込む豊富な運動量、倒さ

れても、何事も<u>なかった</u>かのようによみがえってくる不屈の闘志など、魅力にあふれている。 (『中日新聞』)
(62) 膝を締めているとどうしても後ろ寄りのポジションになりやすいので注意が必要です準指導員検定<u>悪い</u>準指導員検定では非常に多い典型的なパターンの滑りです。 (『月刊SKI JOURNAL』)

5.2. 連体形

連体形は、補部が67.7％で、名詞を修飾した形容詞の約7割は、「形容詞＋名詞＋助詞」という並びで（63）のような補部になることがわかる。

(63) 実はこの3試合で、<u>面白い</u>現象があった。 (『週刊朝日』)

連体形の約15％は、次の（64）（65）のような名詞句述部である。

(64) ♪上野発の夜行　列車～♪は<u>悲しい</u>歌である。 (『週刊現代』)
(65) 何だかんだいっても根の<u>優しい</u>人だから、弱ってる人間を前にすると、きついことが言えないんだろう。 (『IN POCKET』)

そして、約15％は、（66）-（69）のような形容詞述部である。これらは、活用形では連体形であるが、形容詞に機能語が付いたものとして形容詞述部として扱った。

(66) あれが<u>羨ましい</u>んだよ。 (『現代』)
(67) 暑かったら団扇であおげば<u>いい</u>のに、水羊羹で涼を取るという発想が許せないだろ。 (『現代』)
(68) 飲ませて、脈拍が速くなったほうが毒の回りも<u>早い</u>はずだ。
(『小説すばる』)
(69) この種の「フェミニズム」フィーバーは、少し間をおいて、わが国にも忽ち波動、反響をよび起した模様だったことは、私の記憶にさえかなり生ま生ましく残っているくらいだから、改めて書き立てることも

ないようなものの、この頃はともかく現実の作家・作品と、「イズム論議」とが結びつき、からみ合っていた。　　　　　　（『文學界』）

また、連体形の修飾部は（70）（71）、動詞句述部は（72）である。

(70) うん、その不安は<u>イタイ</u>ほどよくわかる。
　　　　　　　（『ゼッタイ失敗しないマイホーム購入大満足ガイドブック』）
(71) そして多くのケースで未然に大きな病気への進展をくいとめたり、安心という満足感をあたえたり、<u>ありがたい</u>ことに顧問料をいただいている契約者から感謝の辞までいただくという医者冥利につきる仕事をさせていただいております。　　（『プライベートドクターを持つということ』）
(72) 意外とこの段階で手抜きをしている業者が<u>多い</u>ように感じられます。
　　　　　　　　　　　　　　　　　　　　　　　　　（『エコハウスに住みたい』）

その他は、次の（73）（74）のように、新聞のテレビ欄や雑誌の見出し等である。

(73) (TBS＝後9・0)<u>楽しい</u>、おやじと4姉妹の会話　　　　（『毎日新聞』）
(74) ブルータス住宅内所ＦＩＬＥ二十二　空間デザイナーならではの、<u>心地よい</u>住空間。　　　　　　　　　　　　　　　　　　　　（『BRUTUS』）

5.3. 連用形

連用形は、（75）のような修飾部が53.2％で、連用形の約半数がこのような非必須成分である修飾部として用いられていることがわかる。そして、（76）のような動詞句述部が18.6％である。

(75) 長兄は<u>短く</u>息を吐き出した。　　　　　　　　　　　　（『青春と読書』）
(76) 私たちは空港からまっすぐに来たが、道に迷って<u>遅く</u>なった。
　　　　　　　　　　　　　　　　　　　　　　　　　　　（『週刊朝日』）

修飾部と動詞句述部を用例数で見てみると修飾部1,063例、動詞句述部373例である。前者は非必須成分、後者は必須成分で、その比率は、おおよそ３：１である。今回は、必須成分の述語を限定し必須成分かどうか迷うものは修飾部に入れたが、必須成分と認める範囲を広げたとしても、非必須成分が多いと言うことができるであろう。
　また、(77)(78)のようなテ形述部が27.2%である。

(77)「別のナットはないんですか？」「どいつも径が大きくて合わないんだ」
　　　　　　　　　　　　　　　　　　　　　　　　　　　　　　（『小説宝石』）
(78)　シスター達は美しく、又明るかった。　　　　　　　　　（『インド』）

　なお、連用形の形容詞述部の例は(79)、補部の例は(80)、その他は(81)のような新聞等の見出しである。

(79)　汽船の入港も、もうまもなくだった。　　　　（『八十日間世界一周』）
(80)　高原は前半１分、相手ミスから敵陣深くに切れ込み先制。（『産経新聞』）
(81)　コソボ平和遠く　　　　　　　　　　　　　　　　　　（『毎日新聞』）

5.4. 未然形
　未然形の形容詞述部の例は(82)、テ形述部は(83)である。補部は(84)、修飾部は(85)、動詞句述部は(86)である。

(82)「工藤君、強き は 懐かしからずって言葉、知ってるか」　（『朝日新聞』）
(83)『新撰東京歳時記』にも、「笑声放歌に満され寒からす暑からす一歳中の好季節、特に此頃は海面風静なるものなれは（中略）麗かなるを例とす。　　　　　　　　　　　　　　　　　　　　　　（『江戸東京歳時記』）
(84)「クローン人間はもうどこかで密かに作られているのではないか」、少なからぬ生命科学者がそう考えているであろう。　　　　（『読売新聞』）
(85)　生業が編集者なので、特にシビアに感じるのかもしれないが、最近の雑誌低迷の陰にはフリペの影響も少なからずある。　　　（『産経新聞』）

(86) 旧中立地帯沖合で必死の思いで石油操業を継続し、日本に対する評価を<u>高から</u>しめた。　　　　　　　　　　　　　　　　　（『朝日新聞』）

5.5. 意志推量形

　意志形の形容詞述部は、(87)(88)のような例である。また、補部は(89)で、表17の補部4例はこの一文のものである。

(87) 濃尾のゴッサンと防長のオゴウサンとは、まず同じ言葉と思って<u>よかろう</u>。　　　　　　　　　　　　　　　　　　　　　　（『毎日の言葉』）
(88) またと言ってもおりが<u>なかろう</u>から、ついでに私はもっと一般的に考えてみようと思っている。　　　　　　　　　　　　　　（『毎日の言葉』）
(89) 実はアメリカの企業がカルチャーを重視し始めた原因は、日本の企業の隆盛にある。かつて日本の企業は<u>安かろう悪かろう</u>の認識を<u>安かろう良かろう</u>に変えた。　　　　　　　（『21世紀に勝ち残るITスピード経営』）

5.6. 仮定形

　仮定形は、すべて次のようなテ形述部である。

(90) 食べた人が<u>おいしければ</u>、それがいい料理であるはずなのに、みんなが勘違いしている。　　　　　　　　　　　　　（『辻静雄コレクション』）

5.7. 命令形

　命令形の形容詞述部の例は次の(91)、名詞句述部の例は(92)である。補部の例は(93)、修飾部は(94)である。

(91) スーツは二十七万円〜。高いと思う<u>なかれ</u>。　　　　　　（『POPEYE』）
(92) とりあえず相手の怒りを鎮めるために、事実の客観性を確かめることもせずに、いきなり謝罪して事態を糊塗しようとした千九百八十二年の「近隣諸国条項」(「侵略」誤報事件)や千九百九十三年の「内閣官房長官談話」(従軍慰安婦問題)は、日本外交のこと<u>なかれ</u>主義の典型であり、

114

悔いを千載に残す外交であった。 （『毎日新聞』）
(93) 教育委員からは「現場が記載に際して事なかれ主義になり、調査書本来の機能が果たされなくなる」との懸念が出た。 （『朝日新聞』）
(94) いえなくもないが、それはいつの時代にでも多かれ少なかれ起こっていることなのだ。 （『いえづくりをしながら考えたこと。』）

以上、活用形と文の成分の関係について見てきた。終止形は、ほぼ述部になると言えるが、連体形と連用形は、様々な文の成分として使われているということがわかる。

6. まとめ

BCCWJのデータを用いて、A－Dの形容詞群が文中でどのように使われているかを調査した。調査にあたり、品詞による分類では、終止形はほぼ述部になると言えるが、連体形は補語や述部に、連用形は修飾部や動詞句述部となるため、形容詞が文中でどのように使われているかを見るには、文の成分で見る必要があることを述べた。

そして、形容詞全体では、約半数が述部として用いられることを見た。感情形容詞と属性形容詞の使われ方の違いについては、修飾部、動詞句述部、形容詞述部、補部に有意差がみられた。修飾部では、AとCが少なく、Dが多かった。この点については、A・Cの形容詞に修飾部になりにくい語が多いためであると考察した。動詞句述部については、Bが多く、Dが少ないという結果であった。この点からは、形容詞にはBの「寒い」のように変化として捉えられ「～くなる」と共起しやすい語と、そうではない語があるのではないかという示唆を得たが、結論を導くには至らなかった。形容詞述部は、Bが少なく、Cが多いと言う結果であった。Bの形容詞述部が少ないことについては、動詞句述部が多いために、形容詞述部が少なくなるのではないかと考察をした。Cの形容詞述部が多い理由については、明らかにはできなかった。補部は、Bが多いという結果であったが、この点も、その理由は明らかにはできなかった。このように、それぞれの形容詞群の文の成分別の使われ方に、統計上の有意差があっても、その差をその形容詞群全体の特性であると断言するのは容易ではなかった。この点

については、今後の課題としたい。
　今回の調査は、課題の残るものではあったが、結果としてのデータのみではなく、それぞれのデータの中身が見える形でまとめることができたという点では、今後の研究につながっていくものであると思われる。自分が見たい部分だけではなく、全体がどうなっているのかを明らかにしていくことが必要であり、その方法を確立していくことが今後の課題であると考えている。

用例出典
BCCWJ：国立国語研究所『現代日本語書き言葉均衡コーパス』
コーパス検索アプリ中納言https://chunagon.ninjal.ac.jp/login（最終閲覧日2014.08.30）

第 4 章

感情形容詞が述語となる複文
──「動詞のテ形、感情形容詞」──

　第4章では、感情形容詞が述語になる複文について考察を行う。「試験に合格して、うれしい。」のような「動詞のテ形、感情形容詞」という文型について詳しく考察を行い、最後に「～カラ、感情形容詞」「～ノデ、感情形容詞」との比較も行う。

　「動詞のテ形、感情形容詞」については、前件が感情の対象（感情を引き起こす事物）である［対象事態］タイプと、感情の対象を認識する段階の動作を顕在化した［対象認識］タイプに分類できることを示す。また、「Ｖテ、感情形容詞」の前件は、いくつかの例外があるが、自己制御性がない出来事であることが基本であることを指摘する。そして、「動詞のテ形、感情形容詞」と「～カラ、感情形容詞」「～ノデ、感情形容詞」は、言いかえが可能な例もあるが、「～カラ、感情形容詞」「～ノデ、感情形容詞」には、後件の感情が生まれた状況を条件的な理由として示す［条件的理由］というタイプがあることを述べる。

　なお、第4章では、主に『読売新聞』からの用例を使用し、国立国語研究所の『現代日本語書き言葉均衡コーパス』（BCCWJ）からの用例も補足的に使用している[1]。出典のない用例は作例である。

1.「*友達に会わなくて、寂しいです」は、なぜおかしいのか
1.1.「Ｖテ、感情形容詞」の適格性
　「動詞のテ形、感情形容詞」（以下「Ｖテ、感情形容詞」）とは、次の（1）（2）

---

[1] 第4章のBCCWJの例文は、サブコーパスの指定、固定長・可変長の指定を行わずに、短単位検索を行って収集したものである。BCCWJについては、序章の5節を参照されたい。

のように、従属節が動詞のテ形で、主節が話者の感情を表す感情形容詞の文型である。以下、従属節（(1)(2)の下線部）のことを前件、主節（(1)(2)の破線部）のことを後件と呼ぶ。

（1）オリンピックに出場できて、うれしいです。
（2）旅行に行けなくて、残念でした。

この文型には、次のような日本語学習者の誤用が見られる。

（3）＊友達に会わなくて、寂しいです。

このような誤用の要因は、教科書での扱い方や教え方、母語の影響等、様々考え得るが、本章では、(3)のような誤用を無くす第一歩として、「Vテ、感情形容詞」が適格文となる条件を記述する。なお、次の(4)(5)のような「ハ」等でとりたてられた名詞句の属性を叙述する文は、(1)(2)のような話者の感情を述べる文とは異なるタイプであるため、考察の対象から除く。

（4）「秋は虫の音が聞こえて寂しい」　　　　　　　（『読売新聞』1993.10.22）
（5）悩んでいると、あるプロデューサーに「日本人のあなたが、スペイン人のように踊ろうとしているのは、見ていて悲しい」と言われました。「あなたらしく踊るのが本当じゃないか」って。　（『読売新聞』2010.06.17）

以下では「〜て」（例：会って）を「無標のテ形」、可能形のテ形（例：会えて）を「可能テ形」、両者を合わせて「動詞のテ形」と呼ぶ。
「Vテ、感情形容詞」が適格文になる条件には、蓮沼他（2001：120）で、前件の意志性と後件のテンスが関与することが指摘されている[2]。蓮沼他（2001）は、次の(6)を例に挙げ、前件が「非意志的な表現」でなければならないと述べている。ただし、後件が「過去の出来事や状態の叙述の表現」であれば「非意

2　蓮沼他（2001）は、日本語学習者向けの条件表現の文法書である。

志的な表現」でなくとも適格になるとしている[3]。

(6) a ＊欲しかった車を買って、うれしい
　　 b 欲しかった車が買えて、うれしい
　　 c 欲しかった車を買って、うれしかった　　　　　　　　　　（蓮沼他2001）

しかし、次の（7）（8）の前件は、「非意志的な表現」と言えるのだろうか。

(7)「仲間と離れて寂しいが、復旧まで頑張ります」　（『読売新聞』2000.04.16）
(8)「会うたびに元気になっている姿を見てうれしい。（以下略）」
　　　　　　　　　　　　　　　　　　　　　　　　（『読売新聞』1995.03.12）

　本章では、「Ｖテ、感情形容詞」の前件は、原則として「非意志的な表現」でなければならないが、（6c）のように後件が過去形の場合と、（7）のように前件が好ましくないことの場合は「非意志的な表現」でなくてもよいということを述べる。また、（8）については、一見例外に見えるけれども例外ではないということを明らかにする。ところで、（6）の例について、前件が否定の例も含め適格性を見てみると、次の表1のようになる。

表1　「Ｖテ、感情形容詞」の適格性

後件＼前件	非過去形	過去形
肯定	(9) ＊車を買って、うれしい。 (10) 車を買えて、うれしい。	(11) 車を買って、うれしかった。 (12) 車を買えて、うれしかった。
否定	(13) ＊車を買わなくて、残念だ。 (14) 車を買えなくて、残念だ。	(15) ＊車を買わなくて、残念だった。 (16) 車を買えなくて、残念だった。

　（11）（12）のように、前件肯定で後件過去形の場合、蓮沼他（2001）の指摘

3　蓮沼他（2001）では、「欲しかった車を買って、うれしくなった」という例も適格文として挙げられているが、動詞述語文であるので、考察の対象から外す。

の通り、無標のテ形でも可能テ形でも適格である。しかし、読売新聞の2007年7月1日から2010年6月30日までの3年間の「～て、うれしかった（です）」の用例を調べてみると、135例中、無標のテ形は8例だけで、実例は可能テ形が多かった[4]。なぜ実例は可能テ形が多いのかは、3.2.3で考察する。また、前件否定の場合は、後件のテンスにかかわらず無標のテ形の例は非文となる。この点については、3.2.4で考察を行う。

1.2. 非意志的な表現とは

蓮沼他（2001）では、「Ｖテ、感情形容詞」の前件は、「非意志的な表現」でなければならないとされている。しかし、「非意志的な表現」が何であるか、はっきりと定義されているとは言い難い。

本章では、仁田（2004）の「自己制御性」という概念を援用し、考察を行う。仁田（2004）は、命令形と意向形（例：しよう）の発話・伝達的な文法的意味のあり方から、「意志性（自己制御性）」について論じている。仁田（2004）は、「自己制御性」を「事態全体の意味的性質」であるとしたうえで、「事態の主体が自らの意思でもってその事態の成立・実現」を「制御できる」ことを「事態が自己制御的」であるとする。

(17) すぐお客さんに書類を<u>お渡ししろ</u>。
(18) 時には息子をビシッと<u>叱ろう</u>。
(19) 雨、雨、早く<u>上がれ</u>！
(20) ＊彼らの無責任さに<u>困ろう</u>。　　　　　　　　　　　　（仁田2004）

(17)は「《命令》を表し」、(18)は「《意志》の表現を形成している」のに対し、(19)は語形は命令形であるが、「命令にはなれず、『上がってほしい』相当の《願望》」であり、(20)は意志形にすると非文になるとしている。この違いは、「事態の意味的なタイプ」が異なるためであり、(17)(18)を「自己

---

[4] データは、ヨミダス文書館による。前件の主体が後件の主体と同一であり、「着てうれしかった」と「着られてうれしかった」のように無標のテ形も可能テ形も使用できる例を調査対象とした。なお、4節で述べる［対象認識］の例は調査の対象外である。

制御的な事態」、(19)(20)を「非自己制御的な事態」であるとしている。そして、「自己制御性」には、(17)のように、「事態の成立・実現」を制御できる「達成の自己制御性」と、次の(21)のように、「事態の成立・達成に向けての過程段階のみ」を制御できる「過程の自己制御性」があるとしている。

(21) 洋平、まあ<u>落ち着け</u>！　　　　　　　　　　　　　　　(仁田2004)

　蓮沼他(2001)の「非意志的な表現」とは、「達成の自己制御性」がない表現であると考えると、「Ｖテ、感情形容詞」の適格性がうまく説明できる。以下では、「自己制御性」という概念を用いて論を進めるが、以下で「自己制御性」という場合、断りがなければ「達成の自己制御性」を指す。

2.「Ｖテ、感情形容詞」の2分類

　「Ｖテ、感情形容詞」は、大きく2つのタイプに分類することができる。1つめは、次のように、前件が感情の対象であるタイプである。

(22)「<u>花火を再び見られて</u>うれしい。(以下略)」　　　(『読売新聞』2008.07.27)
(23)「<u>国民に愛されていた国王が亡くなって</u>悲しい。(以下略)
　　　　　　　　　　　　　　　　　　　　　　　　(『読売新聞』2001.06.03)
(24)「<u>貴重な人材を失って</u>残念だ」　　　　　　　(『読売新聞』2008.06.18)
(25)「何でも話せる母子なのに、<u>病気のことだけは話せなくて</u>つらかった」
　　　　　　　　　　　　　　　　　　　　　　　　(『読売新聞』1995.09.15)

　(22)-(25)は、「花火を再び見られた」「国王が亡くなった」「貴重な人材を失った」「病気のことだけは話せない」ことが感情の対象である。このように、前件の出来事が感情の対象であるタイプを［対象事態］と呼ぶ[5]。
　一方、次の(26)は、前件の出来事が感情の対象であるとは言えない。

---

[5]　第4章は、村上(2011)に修正を加えたものである(巻末の初出一覧参照)。村上(2011)では、「Ｖテ、感情形容詞」の2分類に、［対象］と［対象認識］という術語を用いたが、［対象］を［対象事態］に変更する。

(26) フジテレビ系1日「剣客商売スペシャル」。ゴールデンウイークを家で過ごす私としては、<u>番組表を見て</u>うれしかった。(『読売新聞』2004.05.15)

(26)は「番組表を見た」ことではなく、番組表の内容、つまり「剣客商売スペシャルが放送される」ことがうれしかったのである。

(27)「せっかく安くなったのに、<u>値段が戻ると聞いて</u>残念。(以下略)」
(『読売新聞』2008.04.30)
(28)「もっと悲惨な島かと思いましたが、<u>きれいな景色の中で眠っていると知って</u>うれしい」　　　　　　　　　　　(『読売新聞』1994.05.13)

(27)は、「聞いた」ことも、もちろん残念だが、「値段が戻る」ことが残念なのである。(28)も、「知った」こともうれしいが、「きれいな景色の中で眠っている」ことがうれしいのである。(26)-(28)の前件の動詞「見る」「聞く」「知る」は、感情の対象である出来事を認識する段階の動作なのである。このように、前件の動詞が感情の対象を認識する段階の動作を表し、認識した内容が感情の対象であるタイプを［対象認識］と呼ぶ。［対象認識］は、動詞が「見る」「聞く」等の知覚動詞か、「知る」「わかる」等の何らかの情報を得たことを表す動詞に限られる。以下、［対象事態］［対象認識］の順に考察を行う。

3. ［対象事態］の自己制御性

　［対象事態］の例について詳しく考察を行い、［対象事態］の前件は、原則として自己制御性のないことでなければならないことを述べる。そして、この原則の例外となるのは、どのような場合かを明らかにする。

3.1. ［対象事態］の下位分類

　はじめに、［対象事態］の下位分類を行う。まず、前件の主体（ガ格名詞句）が人間か否かにより2分類し、人間であれば、さらに、前後件が同一主体か否かにより2分類する（図1）。

図1 [対象事態]の前件の主体による下位分類

　分類の例を挙げると、次の(29)-(32)は、前件の主体が人間の例である。そして、(29)は、前後件の主体が「私」つまり話者であり、Aの例である。(30)は前件が受身の例であるが、前件の主体は「私」、後件の主体も「私」であり、Aである[6]。(31)(32)は前件の主体が「太郎」、後件の主体が「私」であり、Bである。(33)の前件の主体は「絵」であり、人間以外であるので、Cである。

(29) (私が)合格できて、うれしい。　　　　……A
(30) (私が)太郎にだまされて、くやしい。　　……A
(31) 太郎が学校に来て、うれしい。　　　　　……B
(32) 太郎が学校に来てくれて、うれしい。　　……B
(33) 絵が完成して、うれしい。　　　　　　　……C

　以下では、A・B・Cの順に、前件の自己制御性の有無という観点から、「Vテ、感情形容詞」が適格文となる条件を見ていく。

3.2. A前件と後件が同一主体

　Aの前件と後件が同一主体の例について、考察する。前後件が同一主体の例は、原則として、前件は自己制御性のない出来事でなければならないが、前件が肯定で後件が過去形の場合と、前件が肯定で好ましくないことの場合、自己制御性があっても適格文になることを指摘する。

---

[6] 村上(2011)では、(30)のような受身の例をBに分類したが、Aに修正する。

3.2.1. 前件肯定

前件肯定で後件非過去形の例は、前件の出来事が後件の主体にとって好ましいことの場合、前件は自己制御性のない出来事でなければならない。

(34) 「素晴らしいリンクで<u>滑れて</u>うれしい」　　　　　（『読売新聞』2010.01.30）
(34') ＊「素晴らしいリンクで<u>滑って</u>うれしい」
(35) 「日本一の王監督に花束を<u>手渡せて</u>幸せです。(以下略)」

　　　　　　　　　　　　　　　　　　　　　　　　（『読売新聞』2004.02.01）

(35') ＊「日本一の王監督に花束を<u>手渡して</u>幸せです。」

(34)(35)の前件は、可能テ形である。可能形は、命令系や意向形（例：しよう）を作ることができず自己制御性がない。一方、(34')(35')の前件は、無標のテ形で自己制御性があり、これらは非文となる。このように、前件が好ましいことの場合は、自己制御性がない出来事でなければならないと言える。なお、ここでいう「好ましい」とは、後件の主体が前件の出来事を「好ましい」と捉えるという意味であり、好ましいかどうかが出来事に備わっているわけではない。

　また、次のような前件が受身の例も、自己制御性がないと言える。(36)では前件の主体は「私」であるが、「ほめる」という動作の動作主は「みんな」であり、他者の行為は、当然、自己制御性がないからである。そして(37)のような「～てもらう（～ていただく）」も、「ほめる」の動作主は「みんな」であり、自己制御性がないと言える。

(36) 「遊んだあとに飲んだ水を思い出して描いた。<u>みんなにほめられて</u>うれしい」　　　　　　　　　　　　　　　　　　　　　（『読売新聞』2012.06.02）
(37) <u>みんなにほめてもらって</u>、うれしい。

　また、次の(38)-(40)の「勝つ」「合格する」「いただく」は、過程の自己制御性しかなく、達成の自己制御性はない。よって無標のテ形で適格文になる。なお、(38)-(40)は、「勝てて」「合格できて」「いただけて」と可能テ形にし

ても適格文である。

(38)「勝ってうれしい」　　　　　　　　　　　　（『読売新聞』2002.10.14）
(39)「国語の問題が難しかったので心配でしたが、合格してうれしい」
　　　　　　　　　　　　　　　　　　　　　　　（『読売新聞』2004.03.18）
(40)「素晴らしい役をいただいてうれしいです」　（『読売新聞』2014.08.23）

　以上、前後件が同一主体で好ましいことの場合、適格文になるには、前件が自己制御性のないことでなければならないことを確認した。そして、適格文には、可能テ形、受身、「〜てもらう（〜ていただく）」、「勝つ」「合格する」等の過程の自己制御性しかない動詞、という4つの場合があることを見た。
　しかし、前件肯定で好ましいことでも、後件過去形の場合は例外であり、自己制御性がない（41）だけでなく、自己制御性がある（42）も適格文である。

(41)「制服を着られてうれしかった。（以下略）」　（『読売新聞』2008.05.11）
(42)「赤い着物を着てうれしかった。（以下略）」　（『読売新聞』2010.01.22）

　ただし、1.1でも述べたように、読売新聞の用例を調査したところ、「〜て、うれしかった（です）」の用例は、135例中、無標のテ形は8例のみで、127例は可能テ形であった。実例は、自己制御性のない例が多いと言える。後件過去形の例は、なぜ自己制御性があってもよいのか、なぜ実例は可能テ形が多いのかは、3.2.3で考察する。以上、好ましいことについて、後件が過去形の場合は、前件の自己制御性に関して、例外となることを確認した。
　次に、前件が好ましくないことを見てみよう。好ましくないことの例には、前件が受身の例と、受身ではない例がある。まず、次の（43）のように、前件が受身の場合は、先に見たように、自己制御性はない。前件と後件が同一主体ではあるが、「ぼこぼこにする」の動作主は対戦相手であり、他者の行為であるからである。

(43) 昨年もジュニアオリンピックに出場したが、1回戦で敗退。「ぼこぼこ

にされて悔しかった。次は絶対負けたくないと思った」

（『読売新聞2007.08.29』）

　一方、前件が好ましくなく受身ではない次の (44)-(47) は、例外であり、自己制御性のある出来事でも適格文になる。好ましくないことの場合は、(44)(45) のように後件が非過去形でも、(46)(47) のように過去形でも同じであり、後件のテンスによる違いはない。

(44)「仲間と離れて寂しいが、復旧まで頑張ります」　　　　　　　　　（= 7）
(45)「いじめられた経験から人の心の痛みは分かるはずなのに、男性をいじめるようなことをして恥ずかしい」　　　　　　　　　『読売新聞』2008.02.27）
(46)「約50年やっていた店を閉めて寂しかったが、小さいながらいい映画館が出来た。友達も映画を見に来ると言っているのでうれしい」

（『読売新聞』2005.08.23）

(47) 親をだまして、つらかった。

そして、(44)-(47) の前件は、可能テ形にかえることはできない。

(44')＊「仲間と離れられて寂しい」
(45')＊「男性をいじめるようなことができて、恥ずかしい」
(46')＊「約50年やっていた店を閉められて、寂しかったが、」
(47')＊親をだませて、つらかった。

　これは、どうしてだろうか。この問題については、林（2007）の指摘が参考になる。林（2007）は、実現可能文（例：恋人に会えた）と無標の動詞文（例：恋人に会った）の違いについての論考であるが、実現可能文について次のように述べている[7]。

　　実現可能文と無標の動詞文は、「主体の一回的な行為の実現」を表わす点で共通しているが、前者は〈事象が主体にとって好ましく、かつ得難い〉

というプラスの意味特徴を持っているのに対して、後者は〈事象が過去に生起した〉というニュートラルな意味を伴っている。

つまり、好ましくない出来事は、可能形にかえることができないということである。そうすると、(44)-(47)の前件は、好ましくないことであるために、可能形にかえることができないと言える。なぜ、可能形にかえることができなければ自己制御性があっても適格文になるのかは、3.2.3で考察する。以上、前件肯定で好ましくないことの場合は、受身以外は、自己制御性の制約に関して、例外となることを確認した。

3.2.2. 前件否定

前件が否定の場合、次の(48')(49')が示すように、後件のテンスに関わらず、前件は自己制御性のない出来事でなければならない。

(48)　「チームに貢献できなくて悔しい」　　　　　　　　（『読売新聞』2009.07.27）
(48')　*「チームに貢献しなくて悔しい」
(49)　「ボールがつなげず、<u>自分たちのリズムが作れなくて</u>苦しかった」
　　　　　　　　　　　　　　　　　　　　　　　　　　　（『読売新聞』2006.04.17）
(49')　*「<u>自分たちのリズムを作らなくて</u>、苦しかった」

また、前件が否定の場合、過程の自己制御性しかない動詞も、次の(50)-(52)のように、無標のテ形では非文である。

7　林(2007)は「現代日本語における可能表現は、アスペクト的側面から、次の(ⅰ)のような、動作実現の可能性の有無という状態的な意味の様相を帯びる潜在(potential)可能文と、(ⅱ)のような、一回的な行為の実現・非実現を表し、動作的な意味の様相を伴う実現(actual)可能文に二分されている。」と述べている。
　(ⅰ)　私は刺身が食べられる。
　(ⅱ)　一年かかってやっと論文が書けた。(林2007)
この2分類は、奥田(1986)、渋谷(1993)等に基づく分類である。

(50) *勝たなくて、悔しいです。
(51) *合格しなくて、残念だ。
(52) *賞をもらわなくて、残念です。

　これは、否定の場合、肯定と違い、勝つまいと思い自分の意志で負けるための行動をとり「勝たない」こと、合格しないように試験で正答を書かないこと、また、賞を辞退することもできるため、達成の自己制御性が生まれる余地があるためと考えられる。このように、前件が否定の場合は、必ず自己制御性のないことでなければならず、可能テ形である。
　以上、A前後件が同一主体の例について見てきた。以上をまとめると、表2のようになる。A前後件が同一主体の前件は、原則として自己制御性のないことでなければならない。しかし、表2で網掛けで示した前件肯定で後件が過去形の場合と、前件が肯定で好ましくないことのため可能形にできない場合、この2つの場合は、自己制御性があっても適格文となる。

表2　A前件と後件が同一主体の自己制御性の有無

前件			例文
A	肯定	好ましい 後件非過去	着物を {*着て／着られて}、うれしい。 先生にほめられて、うれしい。 先生にほめてもらって、うれしい。 試合に勝って、うれしい。
		好ましい 後件過去	着物を {着て／着られて} うれしかった。 先生にほめられて、うれしかった。 先生にほめてもらって、うれしかった。 試合に勝って、うれしかった
		好ましくなし	太郎にだまされて、悔しい／悔しかった。 親に隠し事を {して／*できて}、苦しい／苦しかった。
	否定		本当のことを {*言わなくて／言えなくて} つらい／つらかった。

3.2.3. 前件肯定の場合の自己制御性について

　ここでは、前件が肯定の場合の自己制御性について考えてみたい。前節で見

たように、前件が好ましくないことの場合は可能形が使えない。そのため、前件に自己制御性があっても適格文となる。これは、なぜだろうか。また、後件が過去形の場合、前件に自己制御性があってもいいが、実例は、自己制御性のない可能テ形の例が多い。これは、どうしてだろうか。

「Vテ、感情形容詞」の前件は、動詞のテ形である。仁田（1995）は、「～シテ、動詞」の「～シテ」について考察を行ったものである。仁田（1995）は、「～シテ」は、接続形式として「明確な固有の意義」を持たず、前件と後件の述語のタイプ、および相互関係により意味のあり方が決まると述べている。そして、「～シテ」の用法のひとつとして、前件が後件に対し「起因的」に働く「起因的継起」を挙げている。前件または後件のどちらかが「無意志動詞」でなければ「起因的な関係」を表せないと言う。(53)は前件が、(54)は後件が無意志動詞の例として挙げられている。

(53) 和泉は～、どうも間が持てなくなって、寝てしまう。(斉藤栄『江の鳥悲歌』)
(54) 事務所の奥へ来てもらい、犯人の素性を確かめて驚いた。
　　　　　　　　　　　　　　　　　　　　(三浦朱門『偕老同穴』)（仁田1995）

　以上は、動詞述語文についての議論であるが、これは「Vテ、感情形容詞」にもあてはまるのではないだろうか。「Vテ、感情形容詞」の後件は、感情形容詞で自己制御性がないと考えられる。よって、起因的に、前件の出来事が後件の感情を引き起こしたと解釈され得る。つまり、「Vテ、感情形容詞」は、すべて前件が感情の対象であると解釈される可能性があるということである。
　以上のことを踏まえて、なぜ、好ましくないことは、自己制御性があっても適格文となるのかを考えてみよう。好ましくないことは、可能形を使えず、無標のテ形を使うしかない。つまり、好ましくないことは、自己制御性をなくす表現手段がないのである。よって、自己制御性のある出来事でも、後件が感情形容詞で自己制御性がないことから、起因的に、前件の出来事が感情を引き起こしたと解釈されるのである。一方、好ましいことの場合は、「好ましく、かつ、得難い」ことを表す可能テ形というより適切な表現があることにより、テ形は排除されると考えられる。

次に、なぜ、後件が過去形の場合は、可能テ形の例が多いのかを考えてみよう。後件過去形の場合は、可能テ形でも無標のテ形でも適格文となるが、「～て、うれしかった（です）」の実例が、135例中、無標のテ形は8例で、他127例は可能テ形であったことを1.1で述べた。このように可能テ形が多用されるのも、より適切な可能テ形が選択されるということであると思われる。

ただし、後件が過去形の場合は、実例は可能テ形のほうが多いものの、無標のテ形でも適格であるのに対し、後件が非過去形の場合は、テ形が完全に排除される理由は、残念ながら説明することができない。

3.2.4. 前件否定の場合の自己制御性について

前件否定の場合の自己制御性について考察を行う。前件否定の場合は、必ず自己制御性のない出来事でなければならならず、自己制御性があってもいい場合がある肯定とは異なる。これは、どうしてだろうか。これは、無標のタ形（例：食べた／食べなかった）と可能タ形（例：食べられた／食べられなかった）の関係が、肯定と否定では異なるためと考えられる。

渋谷（1993）は、動作主性の高い動詞述語文の肯定表現・否定表現、可能文の肯定表現は、「動作主の期待する（もくろむ）動作が、実現する動作と一致する」が可能文の否定表現については、「一致しない」と述べている（p.236）。そして、可能表現は、文献、現代諸方言で否定表現の方が多く使用されることを指摘している（p.235）。

この指摘を参考に、動作主の意図のあり方と出来事が実現したかどうか（肯定と否定）という観点で整理してみよう。何らかの出来事は、意図をもって行う場合と、全くの偶然で成立する場合がある。前者を「意図有」、後者を「意図無」とする。さらに、意図有には、「しよう」という意図と、「しまい」という意図がある。ここでの意図とは、動作を行うか行わないかを決断することであり、「甘いものを食べるまいと思っていたのに、誘惑に負けて食べた」という文の「食べた」は、「食べよう」と決断し食べたので意図有である。意図のあり方を横軸に、成立・不成立を縦軸にし、「食べる」と「会う」という2つの動詞の出来事の成立と動作主の意図の関係を表3と表4に示す。なお、表中の罫線は、当該のケースが無いと考えられることを示す。

表3　出来事の成立と動作主の意図の関係（食べる）

	意図有		意図無
	「～しよう」	「～しまい」	
成立（肯定）	食べた 食べられた	――――	――――
不成立（否定）	*食べなかった 食べられなかった	食べなかった *食べられなかった	――――

表4　意図のあり方によるタ形と可能タ形の使い分け

	意図有		意図無
	「～しよう」	「～しまい」	
成立（肯定）	会った 会えた	会った（会ってしまった） *会えた	会った 会えた
不成立（否定）	*会わなかった 会えなかった	会わなかった *会えなかった	――――

　表3の成立（肯定）から見ていこう。「食べよう」という意図有で出来事が成立した場合、「食べた」も「食べられた」も使うことができる。そして、「食べまい」という意図有では「食べる」という出来事は成立しないため、空欄となる。そして、「食べる」のような意志動詞の大部分では、意図無、つまり、「食べよう」とも「食べまい」とも考えていない場合は、何の動作も行われないため、空欄となるものと思われる。

　一方の不成立（否定）では、「食べよう」という意図有の場合、「食べられなかった」のみが使用可能で「食べなかった」は使用できない。また、「食べまい」という意図有の場合は、「食べなかった」のみが使用可能で、「食べられなかった」は使用できない。このように、不成立（否定）の場合、無標のタ形と可能タ形は、意図のあり方で対立していると言える。そして、意図無は、成立の場合と同様に空欄となるものと思われる。ただし、質問文の答えであれば、意図無であったとしても、「食べなかった」が使用できる。

ところで、意志動詞の中には、「会う」のように、何も意図をもっていなくても、向こうからある人が歩いて来たことによって「会う」という出来事が成立する動詞がある。そのような場合は、表4のように、太線で囲った部分が表3の「食べる」とは異なる。まず、「～しまい」という意図有で「会う」という出来事が成立した場合は、「会った」が使用できる（この場合、「会ってしまった」がより適切と思われるがこの点については、これ以上立ち入らない）。そして、意図無の成立で「会った」と「会えた」が使用可能である。

以上をまとめると、意志動詞には、「～しまい」という意図有および意図無で出来事が成立しない動詞（食べる）と、成立し得る動詞（会う）があるが、どちらも、肯定の場合は、無標のタ形と可能タ形は、意図のあり方では対立していないと言える。出来事が成立した場合、可能タ形を用いて自己制御性が無く「好ましく、かつ得難い」出来事であると表現するか、無標のタ形を用いて、自己制御性がある出来事が成立したと表現するか、選択の余地があるのである[8]。一方、不成立（否定）の場合、無標のタ形と可能タ形は、自己制御性の有無だけでなく、「しよう」という意図があれば可能タ形、「しまい」という意図があれば無標のタ形というように、意図のあり方によって対立している。

そのため、無標のテ形を使用した次の（55'）は、不適格となるものと思われる。「答えられなかった」のではなく「答えまい」という意図のもとで「答えなかった」ことによって、「恥ずかしい」という感情が生まれたことになってしまうからである。

(55)「『兼六園の入園料は？』と聞かれた時に、<u>答えられなくて</u>恥ずかしかった。（以下略）」　　　　　　　　　　　　　（『読売新聞』2005.04.10）
(55') ＊「『兼六園の入園料は？』と聞かれた時に、<u>答えなくて</u>恥ずかしかった。」

テ形は、感情の対象をマークする形式ではないため、前件が感情の対象と解釈されるには、(55)のように、「しよう」という意図があったけれども叶わな

---

[8] ただし、表4に示したとおり、「会う」の「～しまい」という意図有では、「会えた」は使えない。これは、可能形が好ましくないことの成立を表せないためであると考えられる。

かったことを表す可能テ形が適切で、意図のあり方で対立する無標のテ形は、排除されるものと思われる。
　以上、Aの前後件が同一主体の例の自己制御性について、考察を行った。

3.3. B 前件と後件が異主体
　Bの前件の主体が人間で、前件の主体と後件の主体が異なる例を見ていく。前後件が異主体の場合、前件は、他者の動作である。他者の動作は、当然、制御できないものであり、自己制御性がない出来事である。自己制御性の有無を論じる対象ではないとも言える。よって、無標のテ形か、可能テ形かといった問題は生じず、次のように無標のテ形で適格文となる。

(56)　父が退院して、うれしい。
(57)　太郎が来なくて、残念だ。

　ただし、B前後件が異主体の例については、次の(58)(59)のように受益表現の「～てくれる(～てくださる)」がいつ用いられるのかという別の問題がある。この点については、5節で詳しく考察を行う。ここでは、Bの例は、自己制御性の有無については問題にならないということを確認しておく。

(58)　夫が話を聞いてくれて、うれしい。
(59)　夫が話を聞いてくれなくて、さみしい。

3.4. C 前件の主体が人間以外
　Cの前件の主体が人間以外の例を見ていく。前件の主体が人間以外の場合も、前件は自己制御性のないことであり、無標のテ形か可能テ形かという問題はなく、次のように無標のテ形で適格になる。

(60)　「自分の絵本が出来上がって嬉しい。(以下略)」　　　(『読売新聞』2004.01.23)
(61)　「静かな街で物騒な事件が起きて恐ろしい。(以下略)」

(『読売新聞』2005.04.21)

第4章　感情形容詞が述語となる複文　*133*

(62)「シュートが入らなくて悔しかった。(以下略)」　　　『読売新聞』2008.06.02）

3.5. [対象事態] A・B・Cの自己制御性

「Vテ、感情形容詞」の［対象事態］A・B・Cが適格文となる条件を前件の自己制御性という観点から、表5にまとめる。「Vテ、感情形容詞」の前件は、原則として自己制御性のないことでなければならない。ただし、表5に網掛けで示したAの前件が肯定で好ましいことで後件が過去形の場合と、前件が肯定で好ましくないことの場合は、自己制御性があっても適格文となる。

表5　[対象事態] の前件の自己制御性の有無

前件			例文
A	肯定	好ましい 後件非過去	着物を ｛*着て／着られて｝、うれしい。 先生にほめられて、うれしい。 先生にほめてもらって、うれしい。 試合に勝って、うれしい。
		好ましい 後件過去	着物を ｛着て／着られて｝ うれしかった。 先生にほめられて、うれしかった。 先生にほめてもらって、うれしかった。 試合に勝って、うれしかった。
		好ましくない	太郎にだまされて、悔しい／悔しかった。 親に隠し事をして、苦しい／苦しかった。
	否定		本当のことを ｛*言わなくて／言えなくて｝ つらい／つらかった。
B	肯定		太郎が来て、うれしい／うれしかった。
	否定		太郎が来なくて、残念だ／残念だった。
C	肯定		本が完成して、うれしい／うれしかった。
	否定		シュートが決まらなくて、残念だ／残念だった。

4. [対象認識] の自己制御性

次に、[対象認識] について見てみよう。はじめに、[対象認識] と [対象事

態］の関係について、それから、［対象認識］の自己制御性について述べる。

4.1. ［対象認識］と［対象事態］の関係

　［対象認識］とは、前件の動詞が感情の対象を認識する段階の動作を表し、認識した内容が感情の対象であるタイプである。動詞は、「見る」「聞く」「知る」等に限られる。

(63)　「浜田市に世界に誇れる石があると知ってうれしい」（『読売』2006.12.20）
(64)　「ごみが捨てられているのを見て悲しかったけど、自分の力できれいにできてとてもうれしい」　　　　　　　　　　　　（『読売』2009.10.08）

　そして、［対象認識］には、前件が否定の例は存在しない。なぜならば、感情の対象を認識していないのに、後件の感情が生まれるというのが論理的におかしいからである。つまり、(66) のような［対象認識］の例は、存在しない[9]。

(65)　知らせを聞いて、うれしいです。
(66)　*知らせを聞かなくて、残念です。

　［対象認識］は、［対象事態］の感情の対象を認識する段階の動作を言語として顕在化したものである。

(67)　「会うたびに元気になっている姿を見てうれしい。」　　　　　（＝8）
(67')　「(知人が) 会うたびに元気になって、うれしい。」

　(67) の感情の対象は「(知人の) 会うたびに元気になっている姿」であり、(67) は (67') の例の前件の出来事を認識する動作を言語として顕在化したもので

9　なお、待ち望んでいる知らせが届かず、悪い結果が起きたと判断した場合は「知らせが聞けなくて残念です」になると思われる。これは、「知らせを聞くことができなかった」ということが感情の対象であり［対象事態］である。

第4章　感情形容詞が述語となる複文　　*135*

あると考えられる。(67')は、［対象事態］B前後件が異主体の例である。
　次の(68)の感情の対象は、「自転車盗や車上荒らしが多発している」ことである。(68)は、(68')の例の前件の出来事を認識する動作を言語として顕在化したものである。(68')は、［対象事態］C前件の主体が人間以外の例である。

(68)「<u>自転車盗や車上荒らしが多発していると聞き</u>残念。(以下略)」
『読売新聞』2005.10.12)
(68')「<u>自転車盗や車上荒らしが多発して</u>、残念。」

　次の(69)の感情の対象は、「私が合格した」ことである。(69)は、(69')の例の前件の出来事を認識する動作を顕在化したもので、(69')は、［対象事態］A前後件が同一主体の例でああある。

(69)<u>(私が)合格したと聞いて</u>、うれしいです。
(69')<u>合格して</u>、うれしいです。

　このように［対象認識］とは、［対象事態］タイプの例の前件の出来事を認識する段階の動作を顕在化したものなのである。

4.2.　［対象認識］の自己制御性
　［対象認識］は、「見る」「聞く」が意志動詞であることから、［対象事態］とは異なり、前件は自己制御性がないことでなければならないという制約がないように見える例もある。例えば、次の(70)の「番組表を見る」は、自己制御性のある出来事と言えるだろう。

(70)　フジテレビ系1日「剣客商売スペシャル」。ゴールデンウイークを家で過ごす私としては、<u>番組表を見て</u>うれしかった。　　　(=(26))

　しかし、(70)で「番組表を見る」ことは自己制御性があっても、感情の対

象である「剣客商売スペシャルが放送されること」は、自己制御性がない。[対象認識]は、[対象事態]の感情の対象を認識する段階の動作を顕在化したものであり、感情の対象である出来事に自己制御性が無いという点では、[対象事態]と同じなのである。

(71) 「この唄が各地で歌われていると聞いてうれしい。日本中の人たちに広めていきたい」 　　　　　　　　　　　　　　　　　（『読売新聞』2001.07.02）
(71') 「この唄が各地で歌われていて、うれしい」
(72) 「母校が部員不足と聞いて寂しいが、合同チームで何かを学んでほしい」 　　　　　　　　　　　　　　　　　　　　　　（『読売新聞』2003.06.15）
(72') 母校が部員不足で、寂しい。

(71)は[対象認識]で、[対象事態]の(71')の例の感情の対象を認識する段階の動作を顕在化したものである。そして、「この唄が各地で歌われている」という感情の対象である出来事を「聞く」ためには、「この唄が各地で歌われている」という出来事が成立していなければならない。そして、この出来事は、後件の主体にとって、自己制御性はない。よって、(71)も(71')と同様に、前件の自己制御性はないと言えるのである。(72)では、「母校が部員不足である」ことが感情の対象であり、それは、後件の主体にとって自己制御性がないことである[10]。このように、[対象認識]も、「Vテ、感情形容詞」の前件は、自己制御性がないことでなければならないという制約の例外ではないと言える。

以上、[対象認識]は、[対象事態]の例の感情の対象を認識する段階の動作を顕在化したものであり、感情の対象の出来事は自己制御性のないことであることから、[対象認識]の前件には自己制御性がないと見なせるということを確認した。

[対象認識]の例の適格性について、先に見た[対象事態]と同じように表にすると、次の表6のようになる。

---

10 (72')の前件は、「名詞デ」であり、「Vテ、感情形容詞」ではないが、(72)の「聞いた」の内容が感情の対象であるということには変わりがない。

表6 ［対象認識］の自己制御性の有無

前件	例文
肯定	（私が）合格したと聞いて、うれしい／うれしかった。 会うたびに元気になっている姿を見て、うれしい／うれしかった。 母校が部員不足と聞いて、寂しい／寂しかった。
否定	

5. ［対象事態］の受身と受益表現

「Vテ、感情形容詞」がいつ適格文になるのかを考えていくと、自己制御性以外にも考えなければならないことがある。それは、前件の主体が人間であるAとBの前件に、いつ受身や受益表現が使われるかということである（正確には、Aは、受身と受益表現がいつ使われるのか、Bは、受益表現がいつ使われるのかである）。5節では、いつ受身や受益表現が使われるのかを考察し、後件の主体が前件の出来事に関与するかどうか、前件が好ましい出来事かどうか、前件と後件の感情の結びつきが社会通念として分かりやすいかどうか、という3つの点によって受身と受益表現の使用の有無が決まるということを述べる。

5.1. 受身と受益表現はいつ使われるのか

次の (73)-(77) の例は、前件と後件の主体（ガ格名詞句）が同一か否か、という観点では、(73)-(75) はA前件と後件が同一主体に、(76)(77) はB前件と後件が異主体に分けられる。しかし、前件の動作主が後件の主体ではない、つまり、前件が他者の行為であるという点では共通する。それぞれの動作主は、(73)(74) が「みんな」、(75) は「対戦相手」、(76) は「父」、(77) は「夫」である。

(73)「遊んだあとに飲んだ水を思い出して描いた。みんなにほめられてうれしい」 (=(36))
(74) みんなにほめてもらって、うれしい。 (=(37))
(75)「ぼこぼこにされて悔しかった。次は絶対負けたくないと思った」 (=(43))

(76) 父が退院して、うれしい。　　　　　　　　　　　　　（＝(56)）
(77) 夫が話を聞いてくれて、うれしい。　　　　　　　　（＝(58)）

そして、(73)(75)は受身、(74)(77)は「～テモラウ」「～テクレル」という受益表現が使われているが、(76)は、無標のテ形である。実例でも、次の(78)(79)のように前件が受身または受益表現の例と、(80)のように受身や受益表現が使われていない例がある。

(78)「いじめられて悲しい。(以下略)」　　　　　　（『読売新聞』2006.11.14)
(79)「地元で毎日見ていた野球部員がこんなに活躍してくれてうれしい」
　　　　　　　　　　　　　　　　　　　　　　　　（『読売新聞』2008.08.17)
(80)「日本で初めての女性知事が誕生してうれしい。(以下略)」
　　　　　　　　　　　　　　　　　　　　　　　　（『読売新聞』2000.02.07)

前件が他者の行為の場合、いつ受身や可能表現が使われるのだろうか。

5.2.「Vテ、感情」の受身と受益表現に関する先行研究

守屋（2002）は、「テクレル」について論じる中で、次の(81)を挙げ、「他者の行為による受益性の有無」が問題になると、「テクレル」がなければ不自然な文になるとしている。

(81) ＊A君が私に本を貸して、私はとても嬉しかった。

そして、このような例の受益表現や受身は必須であり、「他者の行為とそれによって生じた話し手の感情や行為」を「緊密に結びつけ、日本語として自然な文にまとめる機能」を果たすとし、その機能を「文の結束機能」と呼んでいる。以下では、「文の結束機能」と前件の出来事に後件の主体が関与しているかどうかという観点から分析を行う。そして、関与している場合は受身と受益表現が必須であること、関与していない場合は、前件が好ましいことかどうか等によって、受身と受益表現の使用が決まるということを述べる。

5.3. 前件に後件の主体が関与する場合

　はじめに、前件の出来事に後件の主体が関与する例を見ていく。次の(82)(83)の前件の出来事は、「友達が私を裏切る」「私があこがれの選手に教えてもらう」ことであり、出来事に「私」が参加している。これは、後件の主体が「裏切る」「教える」という動作の受け手として、前件の出来事に関与しているということである。そして、関与している場合は、受身か受益表現が必須である。

(82)　「(前略)友達と思っていたのに<u>裏切られて</u>悲しい」（『読売新聞』2007.06.07)
(82')　*「<u>友達が私を裏切って</u>、悲しい。」
(83)　「<u>あこがれの選手に教えてもらって</u>うれしかった。貴重な体験ができた」（『読売新聞』2008.02.17)
(83')　*「<u>あこがれの選手が私に教えて</u>、うれしかった。」

　また、次の(84)(85)の出来事は「私の作品が認められる」「たくさんの人が私からチラシを受け取る」ことである。(84)は「作品の作成者」として、(85)は「チラシの配布者」として前件の出来事に関与しており、受身か受益表現が必須である。

(84)　「<u>作品が認められて</u>うれしい」（『読売新聞』2009.04.29)
(84')　*「(審査員が)<u>私の作品を認めて</u>、うれしい。」
(85)　「最初は緊張したけど、<u>たくさんの人がチラシを受け取ってくれて</u>嬉しかった。(以下略)」（『読売新聞』2005.05.01)
(85')　*「<u>たくさんの人がチラシを受け取って</u>、嬉しかった」

　これらは、守屋(2002)の指摘のとおり、受身や受益表現を用いて、後件の主体の視点から前件の出来事を述べることにより、文の結束性を高めているものと思われる。なお、受身を用いるか受益表現を用いるかは、受身と受益表現の問題である[11]。

11　受身と受益表現については、李(2006)、許(2000)を参照されたい。

5.4. 前件に後件の主体が関与しない場合

　関与していない場合は、前件が好ましいことかどうか、前件と後件の結びつきが社会通念としてわかりやすいか、迷惑であると表現してよいか、という 3 点により受身や受益表現の使用が決まる。前件が好ましいこと、好ましくないことの順に考察する。

5.4.1. 好ましいこと

　次の（86）（87）は好ましいことの成立、（88）は好ましいことの不成立の例である[12]。（88）は、市長が県知事に市議会の議決の取り消しを申し立てたことに対する議長のコメントである。

（86）「身近な企業を他校の人に知ってもらってうれしい。(以下略)」
　　　　　　　　　　　　　　　　　　　　　　　　　　（『読売新聞』2008.08.07）
（87）「小さな子たちが動物をかわいがってくれてうれしい」
　　　　　　　　　　　　　　　　　　　　　　　　　　（『読売新聞』2008.06.04）
（88）これに対し浅川議長は「議決の重みを感じていただけなくて残念」と話した。
　　　　　　　　　　　　　　　　　　　　　　　　　　（『読売新聞』2008.07.11）

　（86）の「他校の人が身近な企業を知る」ことに、後件の主体は、全く関与していない。（87）（88）も同様である。（86）-（88）では、受益表現が必須である。

（86'）?「他校の人が身近な企業を知ってうれしい。」
（87'）?「小さな子たちが動物をかわいがってうれしい」
（88'）?「(市長が) 議決の重みを感じなくて残念」

　これは、本来関与していない前件の出来事を、受益表現を用いて恩恵の受け

---

[12] 「好ましいことの不成立」は、好ましくないわけだが、本書では、前件の出来事自体の好ましさで分類をし、「好ましいことの不成立」は「好ましいこと」に分類する。

第 4 章　感情形容詞が述語となる複文　141

手であると表現することによって、後件の主体がその恩恵の受け手であると表現し、文の結束性を高めているものと思われる。

　ところで、次の(89)(90)も、好ましいことの成立・不成立の例であるが、受益表現が使われていない。

(89)「悔しいけど、<u>森島選手が活躍して</u>うれしかった」(『読売新聞』2002.06.19)
(90)「<u>大ファンの清原選手が出場しなくて</u>残念。(以下略)」

(『読売新聞』2006.02.26)

　(86)-(88)と(89)(90)は、関与していないという点では同じである。では、違いは何だろうか。(89)(90)は、「応援している選手が活躍すれば、そのファンはうれしいものだ」というように、前件と後件の結びつきが社会通念として分かりやすい。一方、(86)-(88)は、「他校の人が身近な企業を知る」ことが、後件の主体にとってなぜ「うれしい」のか、「市長が議決の重みを感じない」ことが、なぜ「残念」なのか、社会通念として分かりにくい。そのため、受益表現を用い恩恵の受け手として表現することによって、文の結束性を高める必要があるためと考えられる。また、結びつきが分かりやすい場合も、任意で受益表現を使うこともできる。

(89')「悔しいけど、<u>森島選手が活躍してくれて</u>うれしかった」

　以上、前件の出来事に後件の主体が関与しておらず、前件が好ましいことの場合は、受益表現を使用し文の結束性を高める必要があるが、前件と後件のむすびつきが社会通念でわかりやすければ、受益表現を使用しなくてもよいということを確認した。

5.4.2. 好ましくないこと

　次に、好ましくないことは、受益表現は使えないので、受身を用いるかどうかが問題になる。次の(91)は、好ましくないことの成立である。

(91) ９日の競技初日の柔道では、谷亮子選手が金メダルを逃して残念でした。
(『読売新聞』2008.08.12)

(91)の「谷亮子選手が金メダルを逃した」ことに、後件の主体は全く関与していない。そして、(91)は、次の(91')のように受身にすると、文意が変わる。

(91') 谷亮子選手に金メダルを逃されて残念でした。

(91')は、金メダルを取るかどうか、賭けでもしていた際に使うのではないだろうか。関与していない出来事を受身にすると、間接受身になり、その出来事が迷惑であることを表してしまうのである（三上1953：103)[13]。そのため、次のように、迷惑だと表現することが不適切な例もある。

(92) 多くの人が亡くなって悲しかったし、傷ついた。(『読売新聞』2002.01.20)
(92') #多くの人に亡くなられて悲しかったし、傷ついた。

このように、関与していない場合は、迷惑だと表現してよい場合のみ受身が使われる。では、迷惑だと表現してよいときの受身は必須なのだろうか。

(93) 後輩に先に博論を書かれて、悲しい。
(93') 後輩が先に博論を書いて、悲しい。
(94) 山田に200Mで新記録を出されて、悔しかった。
(94') 山田が200Mで新記録を出して、悔しかった。

(93)-(94')は、いずれも適格文であり、迷惑であると表現してもいい場合の受身の使用は、任意であると言える。このように、前件の出来事に後件の主体が関与せず、好ましくないことの場合は、迷惑だと表現してもよいときのみ、

---

13 三上(1953)のページ数は、三上(1972)のものである。

任意で受身が使われる。

5.5. 受身と受益表現をいつ使うのか

前件が他者の行為の場合、いつ、受身や受益表現を使うのかを見てきた。以上をまとめると、次の表7のようになる。

表7 ［対象事態］AB　受身と受益表現をいつ使うのか

後件の主体の前件への関与			前件の制約
関与する			受身または受益表現が必須 ｜*友人が私を騙して／友達に騙されて｜、悲しい／悲しかった。 多くの人が（私の）歌を ｜*聞いて／聞いてくれて｜、うれしい／うれしかった。
関与しない	好ましいこと	結びつきが分かりにくい	受益表現が必須 子供達が動物を ｜*かいわいがって／かわいがってくれて｜、うれしい／うれしかった。
		結びつきが分かりやすい	受益表現がなくてもよい 森島選手が ｜活躍して／活躍してくれて｜、うれしい／うれしかった。
	好ましくないこと	迷惑だ	任意で受身使用可 ｜弟に家業を継がれて／弟が家業を継いで｜、悔しい／悔しかった。
		迷惑でない	受身使用不可 ｜多くの人が亡くなって／#多くの人に亡くなられて｜、悲しい／悲しかった。

6.「Vテ、感情形容詞」と「〜カラ、感情形容詞」「〜ノデ、感情形容詞」

最後に、「Vテ、感情形容詞」と「〜カラ、感情形容詞」「〜ノデ、感情形容詞」という文型の違いについて考察を行う。はじめに、問題の所在を確認し、先行研究の指摘を確認する。そして、「〜ノデ、感情形容詞」と「〜カラ、感情形容詞」という文型は、後件の感情が生まれた状況を条件的な理由として示すタイプがあることを述べる。

6.1. 「〜カラ、感情形容詞」と「〜ノデ、感情形容詞」はいつ使われるのか

「Vテ、感情形容詞」は、自然な文であるかどうかは別として、次のように「〜カラ、感情形容詞」「〜ノデ、感情形容詞」と言いかえが可能な場合もある。(95)は［対象事態］の例、(96)は［対象認識］の例である。「Vテ、感情形容詞」と「〜カラ、感情形容詞」「〜ノデ、感情形容詞」は、いつも言いかえが可能なのだろうか。

(95) 久しぶりに家族に会えて、うれしいです。
(95') 久しぶりに家族に会った ｛から／ので｝、うれしいです。
(96) 知らせを聞いて、残念です。
(96') 知らせを聞いた ｛から／ので｝、残念です。

「Vテ、感情形容詞」と「〜カラ、感情形容詞」「〜ノデ、感情形容詞」の言いかえについては、仁田 (1995) と蓮沼他 (2001) で論じられている。

仁田 (1995) は、動詞のテ形について考察するなかで、動詞のテ形が原因・理由を表すには、主節が動詞である場合、「〜テ節」が主節よりも時間軸上で先行していなければならないが、「〜ノデ」は、そのような制限がないことを指摘している。次のように、後件の「掃除をする」ことが、前件の「友人が訪ねてくる」ことより時間的に先行している場合、「〜ノデ」の (97) は適格文であるが、「〜テ」の (98) は、非文となる。

(97) 明日友人ガ尋ネテ来ルノデ、部屋ヲ掃除シタ。
(98) *明日友人ガ尋ネテ来テ、部屋ヲ掃除シタ。　　　　　（仁田1995）

これは、主節が感情形容詞の場合もあてはまり、かつ、「〜カラ」でも同様である。

(99) a. 来週、友人が帰国するので、寂しいです。
　　 b. 来週、友人が帰国するから、寂しいです。
(100) *来週、友人が帰国して、寂しいです。

(99a)(99b)は、前件の「友人が帰国する」ことが「寂しい」の感情の対象であり、適格文である。一方の(100)は、非文である。仁田(1995)の指摘のとおり、前件の出来事が後件よりも未来のことである場合は、「Vテ、感情」は非文であり、「～カラ、感情形容詞」「～ノデ、感情形容詞」が使用されると言える。

蓮沼他(2001：121)では、「Vテ、感情形容詞」と「～カラ、感情形容詞」「～ノデ、感情形容詞」の違いについて、次の(101)(102)の例が挙げられ、下記のような説明がされている。

(101) 希望の大学に合格できテ、とてもうれしい。
(102) 希望の大学に合格できた |カラ・ノデ|、とてもうれしい。

> テは、ある出来事Xがきっかけとなって、話し手に生じた感情変化をそのまま述べるときに使われます。「Xの結果、そのことに対して私はYと感じる」といった意味のもので、これはカラ・ノデのように因果関係を明示的に述べる表現とは異なります。このようにある出来事がひきがねとなって生じた感情変化を表す場合には、テを使うのが自然で、カラ・ノデは普通使われません。
> (蓮沼他2001)

このように、蓮沼他(2001)では、感情の対象と感情の変化を述べる際には、テ形が「自然」であると述べられている。以上の先行研究の指摘をまとめると、感情の対象と感情の変化を述べるには、「Vテ、感情」が適切だが、前件の出来事が後件より未来のことである場合は、「～カラ、感情形容詞」「～ノデ、感情形容詞」が用いられると言える。では、「～カラ、感情形容詞」「～ノデ、感情形容詞」という文型は、前件の出来事が後件より未来のことである場合以外には、使われないのであろうか。

6.2. ［条件的理由］

用例を見てみると、「～カラ、感情形容詞」「～ノデ、感情形容詞」には、次

のように、前件の出来事が後件の出来事より未来のことではない例がある。

(103)「打つ自信があったので悔しい。負けたのは自分の責任」
(『読売新聞』2008.07.13)
(104) 花を受け取った宮崎市本郷南方の主婦水浦良子さん(51)は「家で花を栽培しているが、ブーゲンビリアはないのでうれしい」と話していた。
(『読売新聞』2008.06.15)

(103)(104)の前件は、後件の出来事より未来のことではない。そして、(103)(104)の前件は、後件の感情の対象でもない。(103)は、「負けた」ことが悔しいのであって、「打つ自信があった」ことが悔しいわけではない。(103)は、打つ自信がなければ、負けても悔しくなかったかもしれないが、「打つ自信があった」という状況下では「悔しかった」ということを述べている。(104)も、「ブーゲンビリアをもらった」ことがうれしいのであり、前件は感情の対象ではない。そして、もし、すでにブーゲンビリアを持っていればうれしくないかもしれないが、「ブーゲンビリアを持っていない」という状況下では「うれしい」ということを述べている。これらの前件は、「うれしい」という感情が生まれた状況を条件的な理由として示しているのである。このように、後件の感情が生まれた状況を条件的な理由として示すものを［条件的理由］と呼ぼう。

そして、［条件的理由］は、「〜テ、感情形容詞」という文型で表すことはできない。

(103')＊打つ自信があって、悔しい。
(104')「家で花を栽培しているが、ブーゲンビリアはなくてうれしい」

(103')は非文である。(104')は適格文であるが、(104)とは文意が異なる。これらの例から、「Vテ、感情形容詞」は、［条件的理由］を表すことはできないことがわかる。

次の(105)はノデ節とテ節が共起している例である。(105)では、ノデ節「同人誌でご活躍されていた頃からのファンである」ことが［条件的理由］であり、

第4章 感情形容詞が述語となる複文　147

テ節「イラストをつけていただけた」ことが感情の対象である。

(105) 同人誌でご活躍されていた頃からのファンですので、イラストをつけていただけて、本当に嬉しいです。　　（BCCWJ『この愛にひざまずけ』）

以上、「～カラ、感情形容詞」「～ノデ、感情形容詞」には、後件の感情が生まれた状況を条件的な理由として示す［条件的理由］というタイプがあることを見た。また、「Ｖテ、感情形容詞」には、［条件的理由］がないことも確認した。

7. まとめ

第4章では、「Ｖテ、感情形容詞」について考察を行い、最後に、「～カラ、感情形容詞」「～ノデ、感情形容詞」という文型との比較を行った。

「Ｖテ、感情形容詞」が適格になる条件について以下の4点を主張した。

【1】「Ｖテ、感情形容詞」は、原則として、前件の出来事が後件の主体にとって自己制御性のないことでなければならない。

(106) 友達に ｛*会って／会えて｝、うれしいです。
(107) 友達に ｛*会わなくて／会えなくて｝、さびしいです。

【2】「Ｖテ、感情形容詞」は、前件が感情の対象である［対象事態］タイプと、［対象事態］の感情の対象を認識する段階の動作を言語として顕在化した［対象認識］タイプに分類することができる。

(108) 娘が元気に頑張っていて、うれしい。　　……［対象事態］
(109) 娘が元気に頑張っているのを見て、うれしい。……［対象認識］

［対象認識］は、一見、「Ｖテ、感情形容詞」の前件は、自己制御性のない出来事でなければならないという制約の例外に見えるが、前件の感情の対象を認

識するには、自己制御性のない感情の対象となる出来事が成立しなければならないことから、［対象認識］の前件も自己制御性がないと言える。

【3】「Ｖテ、感情形容詞」の［対象事態］タイプは、図2のように分類することができる。
　「Ｖテ、感情形容詞」の前件に自己制御性があっても適格文となるのは、表8の網掛けの部分で次の2つの場合である。
　　・Ａの前件が肯定で好ましいことで後件が過去形の場合
　　・Ａの前件が肯定で好ましくないことの場合

図2　［対象事態］タイプの分類

【4】「Ｖテ、感情形容詞」で前件が他者の行為の場合、受身と受益表現の使用の有無が問題となる。いつ、受身と受益表現を使うかをまとめると、次の表9のようになる。
　そして、「〜カラ、感情形容詞」「〜ノデ、感情形容詞」は、後件の感情が発生した状況を条件的な理由として示す［条件的理由］を表すことを見た。「Ｖテ、感情形容詞」では、［条件的理由］を示すことはできない。

(110) 負けるとは思っていなかったので、負けて、悔しいです。

表8 「Vテ、感情形容詞」の前件の自己制御性の有無

	前件			例文
対象事態	A	好ましい	後件非過去	（ア）着物を ｜*着て／着られて｜ うれしい。 （イ）先生にほめられて、うれしい。 （ウ）先生にほめてもらって、うれしい。 （エ）試合に勝って、うれしい。
			後件過去	（オ）着物を ｜着て／着られて｜ うれしかった。 （カ）先生にほめられて、うれしかった。 （キ）先生にほめてもらって、うれしかった。 （ク）試合に勝って、うれしかった。
		好ましくない	肯定	（ケ）太郎にだまされて、悔しい／悔しかった。 （コ）親に隠し事をして、苦しい／苦しかった。
		否定		（サ）本当のことを ｜*言わなくて／言えなくて｜ つらい／つらかった。
	B	肯定		（シ）太郎が来て、うれしい／うれしかった。
		否定		（ス）太郎が来なくて、残念だ／残念だった。
	C	肯定		（セ）本が完成して、うれしい／うれしかった。
		否定		（ソ）シュートが決まらなくて、残念だ／残念だった。
対象認識		肯定		（タ）（私が）合格したと聞いて、うれしい／うれしかった。 （チ）会うたびに元気になっている姿を見て、うれしい／うれしかった。 （ツ）母校が部員不足と聞いて、寂しい／寂しかった。
		否定		

表9 受身と受益表現の使用

前件			前件の制約
関与する			受身または受益表現が必須 （テ）｜*友人が私を騙して／友達に騙されて｜、悲しい／悲しかった。 （ト）多くの人が（私の）歌を ｜*聞いて／聞いてくれて｜、うれしい／嬉しかった。
関与しない	好ましいこと	結びつきが分かりにくい	受益表現が必須 （ナ）子供たちが動物を ｜*かわいがって／かわいがってくれて｜、うれしい／うれしかった。
		結びつきが分かりやすい	受益表現がなくてもよい （ニ）森島選手が ｜活躍して／活躍してくれて｜、うれしい／うれしかった。
	好ましくないこと	迷惑だ	任意で受身使用可 （ヌ）｜弟に家業を継がれて／弟が家業を継いで｜、悔しい／悔しかった。
		迷惑でない	受身使用不可 （ネ）｜多くの人が亡くなって／#多くの人に亡くなられて｜、悲しい／悲しかった。

【用例出典】

BCCWJ：国立国語研究所『現代日本語書き言葉均衡コーパス』
コーパス検索アプリケーション中納言による　https://chunagon.ninjal.ac.jp/login（最終閲覧日2014.08.30）
『読売新聞』ヨミダス文書館による　https://database.yomiuri.co.jp/rekishikan/（最終閲覧日2014.08.30）

第5章

連体修飾用法の感情形容詞と被修飾名詞の意味関係
――うれしい話、うれしい人、うれしい悲鳴――

　第5章では、「うれしい話」「うれしい人」「うれしい悲鳴」といった連体修飾用法（以下、連体用法）の感情形容詞と被修飾名詞の意味関係について考察を行う。はじめに、連体用法の感情形容詞と被修飾名詞の関係についての先行研究を概観し、連体用法の感情形容詞と被修飾名詞の関係を［対象］［経験者］［とき］［内容］［表出物］［相対補充］［その他］の7つに分類する。

　「うれしい話」は、「（その）話」が「うれしい」という感情を引き起こすものであり、［対象］タイプである。「うれしい人」は、「人」が「うれしい」という感情の持ち主であり、［経験者］タイプである。これらは、すでに先行研究で指摘されているタイプであるが、本書では、［表出物］というタイプがあることを指摘する。［表出物］は、「被修飾名詞が、経験者が感情形容詞で表される感情を持っている時に、経験者から発せられるもの（声や表情等）である」というタイプで、「うれしい悲鳴」が例として挙げられる。

　また、先行研究で、連体用法の感情形容詞は、被修飾名詞の属性を表すとされているが、これは7つのタイプのうち、［対象］タイプとして解釈できる例について言えることであることを述べる。

　それから、国立国語研究所の『現代日本語書き言葉均衡コーパス』（Balanced Corpus of Contemporary Written Japanese, 略称BCCWJ）を用いて、7つのタイプの出現度数を調査し、連体用法の感情形容詞の使用実態を明らかにする[1]。

1　第5章では、出版（生産実態）サブコーパスと、図書館（流通実態）サブコーパスのコアデータと、非コアデータを対象に、固定長・可変長の指定を行わず、短単位検索を行った。BCCWJについては、序章の5節を参照されたい。

1. 連体修飾用法の感情形容詞と被修飾名詞の意味的関係をめぐる問題

はじめに、連体用法の感情形容詞と被修飾名詞の意味関係についての先行研究と、連体修飾節と被修飾名詞の統語的・意味的関係についての先行研究を概観し、問題点を指摘する。

1.1. 西尾寅弥（1972）

西尾（1972：35）は、第１章で見たように、日本語の形容詞は感情形容詞と属性形容詞に二分されるとしたうえで、感情形容詞が属性を表したり、属性形容詞が感情を表したりすることもあると述べている。そして、「感情形容詞が連体修飾語の位置を占めるばあいは、もっと属性表現的になりやすいようである」と述べ、次の例を挙げている。（１）の「いやな」は、「匂い」の属性を表しているという[2]。

（１）野菜の味が浸み込み、肉特有のいやな匂いもぬける。

（『週刊東京』1956.09.22）（西尾1972）

1.2. 畢暁燕（2010）

畢（2010）は、連体用法の感情形容詞と被修飾名詞の関係には、「主体の心理的側面指定のむすびつき」、「対象の評価的属性指定のむずびつき」、「感情の内容指定のむすびつき」の３つがあるとしている。

「主体の心理的側面指定のむすびつき」の例は、次の（２）（３）であり、被修飾名詞の「心理状態を表すむすびつき」であるという。被修飾名詞は「情意・

---

[2] 荒（1989）も、形容詞を「状態」を表す「状態形容詞」と「特性」を表す「質形容詞」に分類し、「状態形容詞」が名詞を修飾する際は「質形容詞」に移行すると述べている。「状態」とは、「あたえられた時間の断片のなかで生じる、アクチュアルな現象をとらえていて、つねに特定の具体的な時間にしばられている」もので、「特性」とは「物にコンスタントにそなわっている、ポテンシャルな特徴」であるという。状態形容詞と質形容詞は、感情形容詞と属性形容詞とは異なる観点からの分類であるが、感情形容詞の多くは、荒（1989）では「状態形容詞」であり、「状態形容詞」が連体用法では「質形容詞」に移行するという指摘は、西尾（1972）と同様の指摘と見ることができる。

感情のモチヌシ性というカテゴリカルな意味」を持ち「ヒト名詞が典型」であるが、「欲しい」には、(3)のような組織名も見られると述べている。

(2) 第3句、連休になるように操作する政府と、休みだという理由だけで<u>嬉しい国民</u>との間の意味もへったくれもある訳がない。
(『朝日新聞』2008.05.27朝刊)
(3) こうなると<u>寄付の欲しい財団やNPO</u>は、それに値する事業の立案や活動内容の開示をしっかりやる。　(『朝日新聞』2002.08.23夕刊)
((2)(3) 畢2010)

「対象の評価的属性指定のむすびつき」の例は、次の(4)(5)である。「対象の評価的属性指定のむすびつき」は、被修飾名詞に対し「特定する側(＝話者)が付与した、一種の評価性を帯びる属性を表すむすびつき」であるという。被修飾名詞は「人に感情的・心理的変化を生じさせる対象性・機縁性というカテゴリカルな意味」を持ち、「人に認知される具体的な物や人を表すモノ名詞・ヒト名詞は勿論、抽象的な事を表すコト名詞」であるとしている。

(4) 朝の海沿いの道は時に魚やイカ、海藻などの<u>嬉しい収穫</u>がある。
(『朝日新聞』2008.12.20朝刊)
(5) あの人は<u>退屈な人</u>だ。
((4)(5) 畢2010)

「感情の内容指定のむすびつき」の例は、次の(6)(7)である。「感情の内容指定のむすびつき」とは、被修飾名詞の「内容を具体化させるむすびつき」であり、被修飾名詞は「人の心理・感情を表し、且つ喜怒哀楽など具体的な感情を表す名詞の上位に位置するもの」であり、「〜思いをする」「気がする」等の「定型化した表現が多い」としている。

(6) 高校生の頃だったか、娘がそっとおでこをくっつけてつぶやいた。「最近、さみしいの」。自分なりに娘との時間を作ってきたつもり。でも<u>寂

しい思いをさせてきたのかな、とも思う。　　　（『朝日新聞』2010.01.09朝刊）
（7）電話相談員の女性は「悩んでいないで苦しい気持ちを打ち明けて。一緒に話をしてください」と話している。　　　（『朝日新聞』2009.12.02朝刊）

((6)(7) 畢2010)

　以上のように、畢（2010）では、感情形容詞と被修飾名詞の関係として3つのタイプがあることが指摘されている。しかし、用例を見ていくと、上記の3つのタイプには当てはまらないものがある。

（8）市社会体育課は「二月から三月にかけては六チームが利用し、スケジュールがいっぱい」とうれしい悲鳴を上げる。　　　　　（『高知新聞』）
（9）「大丈夫でしょうか？」不安な顔つきで訊く集落の者に、あくまでも按司は平静であった。　　　　　　　　　　　　　（『シギラの月』）

　（8）（9）の「悲鳴」「顔つき」は、畢（2010）の「主体の心理的側面指定のむすびつき」「対象の評価的属性指定のむすびつき」「感情の内容指定のむすびつき」のいずれでもない。「悲鳴」と「顔つき」は、感情形容詞とどのような関係にあるのだろうか。

1.3. 寺村秀夫（1975）

　上記の（8）（9）のような例を分析する前に、感情形容詞から離れ、連体修飾節と被修飾名詞についての先行研究を概観する。連体修飾節と被修飾名詞の関係の分類が、感情形容詞と被修飾名詞の関係を明らかにする際に参考になるからである。
　寺村（1975）は、節が名詞句を修飾する場合、「『限定・修飾』のしかた」が異なるものがあるとして、「ウチの関係」と「ソトの関係」に分類を行っている。(10a)はウチの関係、(10b)はソトの関係の例である。

(10) a. 君がそのとき聞いた足音
　　　b. 誰かが階段を降りて来る足音　　　　　　　　　　　　（寺村1975）

第5章　連体修飾用法の感情形容詞と被修飾名詞の意味関係　155

ウチの関係とは、被修飾名詞が「格助詞『が』『を』『に』などをつけて修飾部の用言と結びつけることができる関係を、その用言あるいは修飾部全体に対して持って」いるもの、つまり、連体修飾節の述部を文の述部にした場合に、被修飾名詞が述部の補語となる関係である[3]。(10a)は、「そのとき君が足音を聞いた」という文を作ることができ、「足音」は「聞く」の補語であり、ウチの関係である。ソトの関係とは、被修飾名詞が連体修飾節の述語の補語にならないものである。(10b)の「足音」は「降りて来る」の補語ではなく、寺村(1975)は、「『誰かが階段を降りて来る』(ときに生じる)そういう音だと了解される」と述べている。

そして、ソトの関係は、更に、連体修飾節と被修飾名詞の意味的な関係から「内容補充節」と「相対補充節」に分類されるとしている。次の(11)は、「内容補充節」で、連体修飾節が被修飾名詞の「内容そのもの」であるタイプで、連体修飾節「女房の幽霊が三年目に現れる」が「話」の内容である。(12)は、「相対補充節」で、連体修飾節が被修飾名詞の「本来的に相対する概念の内容を表すもの」であるタイプである。(12)の連体修飾節「火事が広がった」は、「原因」の内容ではなく、「結果」がどんなものであるかを述べており、「火事が広がったその原因」という関係である。

(11) <u>女房の幽霊が三年目に現れる</u><u>話</u>
(12) <u>火事が広がった</u><u>原因</u>は空気が乾燥していたことだ。　　　　　(寺村1975)

このように、連体修飾節は、統語的な観点からウチの関係とソトの関係に分類され、ソトの関係は、連体修飾節と被修飾名詞の意味的な関係から、内容補充節と相対補充節に分類されることが指摘されている。

3　寺村(1975)は、「補語の中にも、用言との縁の深さによって『第一次的』『第二次的』と区別する必要があると考える」が、連体修飾節の考察には「直接関係がない」とし、名詞句に格助詞がついたものは、すべて補語として一括している。また、「きのう」「朝」等の時の名詞は、格助詞なしで動詞と述語と結びつくが、補語と見なすとしている。本書もこれに従う。

1.4. 意味的分類と統語的分類のかかわり

　畢（2010）の感情形容詞と被修飾名詞の関係の分類と、寺村（1975）のウチの関係とソトの関係という分類をふまえ、連体用法の感情形容詞と被修飾名詞の関係を整理してみる。まず、1.2で挙げた畢（2010）の例の名詞句を再掲し、形容詞を述語とする文にしてみる。なお、(16)は、畢（2010）の「対象の評価的属性指定のむすびつき」で「つまらなくて、おもしろみのない人」という解釈である。名詞句「退屈な人」だけだと、「退屈だと感じている人」という解釈もあるため、文を再掲する。

(13) a. 嬉しい国民
　　 b. 国民が嬉しい
(14) a. 寄付の欲しい財団
　　 b. 財団が寄付が欲しい
(15) a. 嬉しい収穫
　　 b. 収穫が嬉しい
(16) a. (あの人は) 退屈な人だ
　　 b. (あの) 人が退屈だ
(17) a. 寂しい思い
　　 b. *思いが寂しい
(18) a. 苦しい気持ち
　　 b. *気持ちが苦しい

　感情形容詞は、「私が失敗が悔しい」のように、経験者であるガ格と、感情の対象であるガ格をとる。よって、経験者と感情の対象がウチの関係として被修飾名詞になることが予想される。畢（2010）が「主体の心理的側面指定のむすびつき」と呼ぶ(13)(14)は被修飾名詞が経験者、「対象の評価的属性指定のむすびつき」と呼ぶ(15)(16)は被修飾名詞が感情の対象であると言える。そして、「感情の内容指定のむすびつき」と呼ぶ(17)(18)は、感情形容詞と被修飾名詞は格関係を持たず、ソトの関係と考えることができる。

　なお、連体用法の形容詞と被修飾名詞の関係は、文レベルでないと定まらな

い場合もある。先に述べたように、(16) の「退屈な人」は、名詞句単独では、「退屈だと感じている人」という解釈と「つまらなくて、おもしろみのない人」という2つの解釈ができる。以下では、文レベルで解釈をする。そして、先に挙げた（8）（9）の「うれしい悲鳴」「不安な顔つき」のような例も含めて感情形容詞と被修飾名詞の関係を整理する。

2. 考察の対象

3節では、国立国語研究所の『現代日本語書き言葉均衡コーパス（Balanced Corpus of Contemporary Written Japanese、略称BCCWJ）を用いて、感情形容詞の連体用法と被修飾名詞の意味関係について考察を行う。第2章で感情形容詞と分類した語を検索し、出現度数50以上の66語、述べ34,165語を考察の対象とした[4]。考察対象の66語は、次の通りである。なお、下記のA群、B群というのは、第2章の形容詞分類で感情形容詞と認定した語群で、A群が典型的な感情形容詞である[5]。

感情形容詞A群（28語）
意外な　嫌な　うっとうしい　羨ましい　嬉しい　惜しい　悲しい
可愛い（愛しい）　悔しい　心強い　心細い　残念な　心配な　切ない
得意な（鼻が高い）　懐かしい　憎い　恥かしい　不安な　不思議な　不審な
平気な　欲しい　満足な　虚しい　迷惑な　申し訳ない　憂鬱な

感情形容詞B群（38語）
暖かい　暖かな　熱い　暑い　有り難い　慌ただしい　忙しい　痛い
おかしい（こっけいな）　恐ろしい　重い　重たい　快適な　軽い　きつい

---

[4] BCCWJについては、序章の5節を参照されたい。
[5] なお、第2章の形容詞分類では、次の語は下記の通りの2義を認めている。しかし、連体用法においては、分類が困難な例があるため、2義の分類を行わず、すべて考察の対象としている。詳しくは、5.2で述べる。
　　おかしい（こっけいな／変な）　かわいい（愛しい／外見が良い）　得意な（上手な／鼻が高い）

窮屈な　気楽な　苦しい　幸福な　怖い　寂しい　寒い　幸せな　清々しい
涼しい　退屈な　大変な　楽しい　多忙　冷たい　つらい　情けない
暇な　複雑な　まぶしい　面倒な　愉快な　煩わしい

3. 感情形容詞と被修飾名詞の意味的関係の 7 分類

　本書では、感情形容詞と被修飾名詞の意味的関係を次の 7 つに分類する。［対象］［経験者］［とき］［内容］［表出物］［相対補充］［その他］の 7 つである。7 つのタイプを統語的に見ると、［対象］［経験者］［とき］はウチの関係、［内容］［表出物］［相対補充］［その他］は、ソトの関係である。これらの 7 つのタイプは、それぞれに典型的な例と周辺的な例があり、後者には、他のタイプと非常に近い例、または、2 つのタイプとして解釈が可能な例もある。周辺的な例については、次節で詳しく述べる。3 節では、典型的な例を示し、7 分類の全体像を示す。7 分類のうち、［対象］は畢（2010）の「対象の評価的属性指定のむすびつき」と、［経験者］は「主体の心理的側面指定のむすびつき」と同じである。［内容］は、畢（2010）の「感情の内容指定のむすびつき」を含むが、［内容］のほうが範囲が広い。

3.1. ［対象］

　［対象］は、「被修飾名詞が感情形容詞で表される感情を引き起こすもの」という関係である。次の (19)-(21) の「思い出」「人」「漂着物」は、「悲しい」「懐かしい」「迷惑な」という感情を引き起こすものであり、それぞれが「悲しい」「懐かしい」「迷惑な」という感情を引き起こすような属性を持っているということもできる。被修飾名詞は、畢（2010）の指摘の通り、事柄でも人間でも物でもよい。

(19) 目を閉じると、悲しい思い出だけが浮かび上がってくる。

(『ジャガタラお春』)

(20) 急に同窓会を開きたくなるかも。懐かしい人に連絡を取っては？

(『Hanako』)

(21) 今の海岸には、発泡スチロールやペットボトル、釣り糸といった迷惑

な漂着物も少なくないが、海はまだたくさんの「贈り物」を用意してくれている。
(『スローライフinふくしま』)

3.2. [経験者]

[経験者]は、「被修飾名詞が感情形容詞で表される感情の持ち主」という関係である。次の（22）-（24）の「人」「政府機関や国営企業」は、「不安な」「心配な」「ほしい」という感情の持ち主であり、[経験者]である。そして、[経験者]の被修飾名詞は、畢（2010）の指摘の通り、人間か組織である。

(22) まだピアスの取り外しに慣れていないので、セカンドピアスをうまくホールに通せず、せっかく完成したピアスホールを再び傷つけてしまうことも。不安な人は、慣れるまでは医療用樹脂でできた柔らかい練習用ピアスを使ってみて。
(『non・no』)

(23) それでも心配な人は、寝る少し前に香りを満たしておき、寝る直前に消すという方法がよい。
(『ぐっすり眠るそんなやり方じゃダメダメ！』)

(24) 正確にいえば、大学の卒業生をほしい政府機関や国営企業は、それぞれ教育部に専攻別の人数を要求する。
(『孔子家の心』)

3.3. [とき]

[とき]は、「被修飾名詞が感情形容詞によって表される感情が存在するときを表す」という関係である。

(25) 私がつらい時、主人が台所にたってくれて、家事を手伝ってくれたり、会社に私のことを話して早くに帰って来てくれたり、一緒にいる時間をとってくれたので、その協力は大きかったと思います。
(『現役ナースが明かす更年期ホントの話』)

(26) 孤独でなんの展望もみえないとき、生きるのが辛いとき、祈るようにして「生きる意味」を探しもとめることがある。(西研『哲学のモノサシ』)

(27) どんなつらい時も闇の先には必ず光がさしてるよ。
(『心が元気になる英語のことば』)

(25)は経験者が共起した例、(26)は対象が共起した例、(27)は経験者も対象も共起しない例である。このように、経験者や対象が共起する場合も、しない場合もあるが、被修飾名詞が時や期間を表す名詞の場合、感情形容詞と被修飾名詞は、「被修飾名詞が感情形容詞によって表される感情が存在するときを表す」という関係になると言うことができる。

　次に、[とき]の被修飾名詞を示す。[とき]の被修飾名詞は、時や期間を表す語である。以下の被修飾名詞は、『分類語彙表』を参考に分類を行ったが、便宜的な分類である。⑥は、Xに具体的な数字か「数」(例：数か月)が入るものである。⑦は、複合語の構成要素で「〜期間」ならば、「妊娠期間」、「〜中(ちゅう)」ならば「調理中」等が例として挙げられる。⑧は、複合語の構成要素(例：8月末)、または、「の」を伴い用いられる(例：8月の末)ものである。⑨は、「箸が転がってもおかしい年頃」のような例が挙げられる。⑩の語は、単独では時を表さないため、[とき]に入れるか迷ったが、ここに分類する。⑩の「盛り」は「暑い盛り」、「絶頂」は「苦しい絶頂」のような例がある。

① 一時期　一瞬　期間　歳月　時間　時間帯　時期　時刻　時代　時分　週末　瞬間　月　月日　年月　時　年　日　一時　日々　毎週　毎日　曜日
② 明け方　朝　朝夕　一夜　午後　早朝　黄昏どき　日夜　日中　晩　一晩　昼下がり　昼過ぎ　昼間　真昼　夕　夕方　夕暮れ　夕べ　夜
③ 秋　乾期　季節　シーズン　時季　時節　春日　冬季　夏　夏場　麦秋　春　冬　冬場
④ 今日　今日この頃　現在　現代　この頃
⑤ イブ　元日　休暇　休日　クリスマス　歳末　正月　師走　梅雨　年の瀬　夏休み　年末　春休み　ホリデー
⑥ X年　X年間　X月　Xカ月　X週間　〜曜日　X日　X日間　X時間　X時過ぎ　X分間
⑦ 〜期　〜期間　〜休暇　〜時(じ)　〜時間　〜時代　〜タイム　〜中(ちゅう)　〜日(び)

⑧ 暮　下旬　半ば　初め　末
⑨ 年頃　年齢
⑩ あいだ　うち　おり　ころ　最中　盛り　絶頂　峠　場合

なお、畢（2010）では、次の例を「対象の評価的属性指定のむすびつき」の例として挙げているので、本書の［とき］の一部は、畢（2010）では、「対象の評価的属性指定のむすびつき」に分類されていると言える。

(28) 暑い夏もひとたび、本の世界に入れば、いつしか時も暑さも忘れられる。たまにはうたた寝をしてしまうが、私の楽しい時間だ。　　　　　（畢2010）

3.4.　[内容]

　［内容］は、「修飾部（形容詞または形容詞節）が被修飾名詞の内容を述べる」という関係のものである。

(29) その後ろ姿を見ると、さっきまでの悔しい気持ちが薄れ、代わって申し訳なさで胸が一杯になった。　　　　　（『私は金正日の「踊り子」だった』）
(30) 「使ってくれますかねぇ」不安な気分になりながら私はいう。
　　　　　　　　　　　　　　　　　　　　　　（『沖縄魂の古層に触れる旅』）
(31) 原則として患者は言葉数が少ない。そこで医者の方から言葉をかけ、患者の苦しい心境を少しでも察するように努力する。　　　（『医者と患者』）
(32) 「売れないときは悔しい思いもしましたが、金額的にはいくらにもならない種苗をコツコツ売ってきて、少しでも覚えていただいていたことが良かったのでしょう。（以下略）」　　（『必ず繁盛店！地域密着商法の極意』）

　(29)–(32)は、被修飾名詞が「気持ち」「気分」等であり、形容詞は、被修飾名詞の内容を具体的に述べている。以上の例は、畢（2010）の「感情の内容指定のむすびつき」と重なる。
　次の(33)(34)のように、「熱い」「冷たい」のような感覚を表す語は、被修飾名詞が「感覚」のときに、［内容］となる。(33)(34)は、形容詞が被修

飾名詞の「感覚」を具体的に述べている。(33)(34)のような例については、畢(2010)では言及されていない。

(33) 木枯らしが吹きすさぶような寒い季節に、燗をした酒をぐいっと飲む。すると、じーんと熱い感覚が食道を通ってピタッと胃袋におさまる。
(『食の堕落と日本人』)
(34) ハッチから漏れ出てくる灯りを頼りに、ダクトの底部に向かう梯子を降りると、足元に予期せぬ冷たい感覚があった。(水か？)
(『フラッシュ・オーバー』)

また、以下の(35)-(39)は、［内容］であるが、畢(2010)では、このような例については言及されていない。まず、(35)(36)のように「たち」「性分」といった人間がもつ心理的な特性を意味する語も［内容］となる。

(35) セックスとハチの子を並べなくてもよさそうなもんだが、人が楽しんでいることを自分がわからないでいるのは悔しいタチなのである。
(『ぐろぐろ』)
(36) 倉橋も滋子も、人に迷惑をかけるのがいやな性分だ。　(『告発倒産』)

被修飾名詞が「感じ」の例も、次のように［内容］となる[6]。

(37) 五十年前は二十四分の1で二十七枚、紙の使用量は文化のバロメータといった時代が懐かしい感じである。　(『電子デバイス材料』)
(38) フシギな人形柄がどこか懐かしい感じ。折り返しタイプなので色々楽しめそう　¥九百四十五（靴下屋）　(『Zipper』)
(39) 「音楽が欲しい感じ」メインダイニングルームのテーブルの前で矢川美希がそう言うと、哲哉が、居間のピアノの上に置いてあるＣＤプレー

6　「感じ」が被修飾名詞で［内容］になるのは(37)-(39)のように節による修飾の例だけであると考える。この点については、5.1.1を参照されたい。

ヤーを持ってくればいい、と答えた。　　　　　　　　　　　　（『たたり』）

次の (40)(41) のような例も［内容］である。

(40) 家でかけなくても、このご時勢、世の中どこでもクーラーは作動している。電車でもコンビニでも、外の気温はお構いなしに涼しい現実がある。それで十分なのである。　　　　　　　　　　　　（『子離れ宣言』）
(41) ただ初産婦よりも経産婦の方が、つわりが軽い傾向はあります。
　　　　　　　　　　（『妊娠を考えているあなたへそして妊娠をしたあなたへ』）

以上のように［内容］は、(29)-(34) のように「気持ち」「気分」「感覚」等が被修飾名詞であるものと、(35)-(41) のようにそれ以外のものがある。後者は、すべて節による修飾である。
　BCCWJでどのタイプがどのくらい用いられているかは　6節で述べるが、［内容］は、計1,826例中、被修飾名詞が「気持ち」「感覚」等でないものは13例のみであった。よって、［内容］は、「気持ち」等が被修飾名詞であるものが、ほとんどであると言うことができる。

3.5.［表出物］

　［表出物］は、被修飾名詞が「顔」「声」等であり、「被修飾名詞が、経験者が感情形容詞で表される感情を持っている時に、経験者から発せられるものである」という関係である。

(42) ファウルされて痛がっているようでは相手をつけ上がらせてしまう。平然としていろ。殴られても苦しい顔を見せない。心で痛がって、顔で笑えるようじゃなければならない。　　　　　　　（『蹴球神髄』）
(43) 「矢場さん、いやなこと言ってくれるぜ。まだ消されるなんてごめんだよ」立石は心細い声を出した。　　　　　（『ぼくらの「第九」殺人事件』）

これは、「苦しい」ときにする「顔」、「心細い」ときに出す「声」という関

係であると思われる。このような例は、「うれしい悲鳴」のように組み合わせが慣用化しているものが多いが、修飾部と被修飾名詞が一定の意味関係を持つグループとして取り出すことができる。いずれも、「被修飾名詞が、経験者が感情形容詞で表される感情を持っている時に、経験者から発せられるものである」という関係である。

　次に、[表出物]の被修飾名詞の特徴を詳しく見ていく。[表出物]の被修飾名詞は、人間が出す声や表情である。以下、3つに分けて見ていく。

①顔・表情・目
　「顔」「表情」「目」といった名詞が感情形容詞の被修飾名詞になると、[表出物]になる。

(44) 彼らは吐いたあとでも酒を飲んだ 。苦しい顔ひとつせずに、口を大きくあけて笑った。　　　　　　　　　　　　　　　　　　　（『古惑仔』）
(45) 今時、「携帯を持ってない」なんて言っても、「私には教えたくないんだ」なんて不快な顔をされてしまうのがオチであり、事実、そう言われたこともある。　　　　　　　　　　　　　　　　　　　　（『風俗ゼミナール』）
(46) 摂食障害の方に聞いてみると、ほとんどの方は「食べ物をおいしく食べたことなんてここ数か月（数年）ない」と憂うつな表情でおっしゃいます。　　　　　　　　　　　　　　　　　　　　　　　（『心理学ああだ、こうだ』）
(47) 表情がうまい、というだけでは、いけないと思うんだ。悲しい表情、うれしい表情が巧みに出来る―つまり顔面筋肉の動きが自由自在だ、というだけではダメ、それならヤサシイと思うんだ。
　　　　　　　　　　　　　　　　　　　　　　（『小津安二郎戦後語録集成』）
(48) 西村は前から同じ高校に進学しようと言っていたのだが…。「ダメだって」西村はニキビのできた頬をピクッと震わせ悲しい目をした。
　　　　　　　　　　　　　　　　　　　　　　　　　　　　　（『かまち』）

その他には、「嫌な顔」「涼しい顔」「平気なつら」「複雑な表情」「幸せな寝顔」「不審な目」「不安な目」等がある。

②声・悲鳴・叫び・涙

　「声」「悲鳴」「叫び」「涙」等も、感情形容詞の被修飾名詞になると［表出物］になる。

(49) この後どんな申し出も受け入れず、結婚するか愛人にしてほしいと繰り返すばかりであった。「こればかりはどうか勘弁して下さい」ということばを聞くと、エレインは悲しい声をあげ気を失って倒れた。
（『滅びのシンフォニー』）

(50) 前述したように、看護系学部、学科の新設ラッシュに当たり、優秀な教官を求める声が本学部に殺到し、嬉しい悲鳴をあげている昨今である。
（『国立大学ルネサンス』）

(51) 「いま全国に古木はおよそ三千本。あぶないものが多い。とりわけ役所の管理している古木は、予算がつくまでもたないものが出てくる。私が見てあぶないとわかっていても手が出ない。来年度の予算がつくころには枯れて手遅れになる。せめて私達の仕事に補助金が出れば迅速に治療してやれるのだがね」樹の名医、山野の切ない叫びである。
（『森に訊け』）

(52) 涙にもいろんな種類がある。うれし涙、くやし涙、つらい、悲しい涙。ドラマは涙なくしては生まれないが、苦節何十年の後優勝したとか、栄冠を手にしたときの喜びは察するにあまりある。　（『健康法あれこれ』）

(53) 取りつく島もない言い方に、不安な笑いがもれそうになったけれど、反論しなければ、という思いがそれを抑えた。　　　　（『結婚と償いと』）

(54) 「五百坪あるぞ」保之は自分の邸のように、得意な口調で甲平に言った。
（『一瞬の寵児』）

また、次の(55)は、人間ではなくネコの話であるが、「苦しい音」は「くるしいときに出す音」であり、［表出物］であると言える。

(55) ネコをだいていると、ゴロゴロ、ゴロゴロとのどを鳴らしますが、声

ではありません。いったいなんなのでしょう。1気持ちよくねているときのいびき。2気持ちよいのではなく、息がつまって<u>苦しい音</u>
(『おもしろクイズいぬ・ねこ事典』)

③様子・ふり

「様子」「ふり」等も、感情形容詞の被修飾名詞になると、[表出物]になる。

(56) 旅の様子や思い出などを盛り込んで、<u>楽しい様子</u>が相手にも伝わるように書きましょう。　　　　　　　　　　　　(『女性から送る手紙の書き方』)
(57) すべてが静まりかえっていた。だがトップは、地面に寝そべり、頭を前足の上に乗せたまま、べつに<u>不安なようす</u>もみせていなかった。
(『神秘の島』)
(58) エキスパートは、そのあたりもきちんとフォローします。たとえば、吉田くんに新しい彼女の気配を感じたとき。「吉田に彼女ができたなんて、ちょっとショック…」と書いたメールを送ったりして、<u>悲しいふり</u>をします。　　　　　　　　　　　　　(『「わがままな女」になろう』)
(59) 真剣になって怒っては興醒め。また、余裕ぶって<u>平気なそぶり</u>をするのはもっと×。　　　　　　　　　　　　　　　　　　　(『an・an』)

以上のように、[表出物]の被修飾名詞は、「顔」「目」「叫び」「涙」「顔」「様子」等であるが、これらは、人間の感情を映し出すものである。そして、「被修飾名詞が、経験者が感情形容詞で表される感情を持っている時に、経験者から発せられるものである」という関係となる[7]。

ただし、上記の名詞が感情形容詞の被修飾名詞になると、必ずこの関係になるというわけではない。次の(60)の「顔」は、「恐ろしい」という感情を引き起こすものであり、[対象]である。

---

[7] なお、「おこった顔」「おびえた目」のように、動詞による連体修飾にも[表出物]と思われる例がある。

第5章　連体修飾用法の感情形容詞と被修飾名詞の意味関係　　167

(60) 私の個人的な蚊帳の思い出としては、あの独特な匂いや、入る時はすばやく入るように親に教わったこと、そして映画の「四谷怪談」に必ず登場してくる蚊帳の中のお岩さんの<u>恐しい顔</u>が、どうしてもまず浮かんでしまうのである。　　　　　　　　　　　　　　（『蚊遣り豚の謎』）

　以上、［表出物］の被修飾名詞について見てきた。これらの例は、6節で見るように、感情形容詞の連体用法の被修飾名詞としては数が少ない。また、すべての感情形容詞がこのような使い方ができるわけでもない。しかし、存在する例はすべて「被修飾名詞が、経験者が感情形容詞で表される感情を持っている時に、経験者から発せられるものである」という関係であり、ひとつのタイプとして取り出すことができる。

3.6. ［相対補充］

　［相対補充］は、寺村（1975）の連体修飾節の議論で見られた「相対補充」の関係である。

(61) また、TOEICのような総合力をはかる試験を受けて前後の点数を比較してみるのも、よい指標になるかもしれません。次に、<u>不安な理由</u>2「飛ばしていては話がわからなくなるのではないか」については、飛ばしても話が追えるものを選んで読むことで解決できます。
　　　　　　　　　　　　　　　　　　　（『今日から読みます英語100万語！』）

(62) 愚かなミスを犯すと、作品のリアリティを欠くおそれもある。ある作家の小説の冒頭で、棚に"ナポレオン、オールドパー、ホワイトホースが並んでいる"といった表現を読み、"ああ、この人は酒をたしなまない人だな"と思った。ナポレオンは等級の名称であり、あとの二つは銘柄の名称である。作品の本質にかかわることではないけれど、気にかける人もいるだろう。もちろん本質にかかわる失策を犯す可能性もある。いろいろな分野にわたってよい<u>助言者</u>がほしいゆえんである。
　　　　　　　　　　　　　　　　　　　（『エロスに古文はよく似合う』）

(63) ケビン山崎は<u>忙しい合間</u>を縫って、頻繁にアメリカへ足を運んでいる。

(『AERA』)

(64) 山根が忙しい暇を盗んで明治四十四年（千九百十一）三月十日に上京したのは他でもない、九年前に本多と上野の料亭で初めて話し合い、二人で育て上げた努力の結晶が新しい生命を吹込まれて機能し始める瞬間を実際に確かめたいと思ったからであった。　（『築地施療病院の生涯』）

　(61)(62)は、「理由」「ゆえん」が感情の対象ではなく、「不安であるその理由」「よい助言者がほしいそのゆえん」という関係である。その他に「大変な理由」「忙しい事情」という例があった。(63)は、「合間」が「忙しい」のではなく、「忙しいその合間」という関係である。「忙しい合間」は3例あった。(64)も「忙しいその暇」という関係である。ただし、BCCWJの検索対象とした範囲からは、［相対補充］は、計8例しか見つからなかった。
　そして、被修飾名詞が「理由」でも、次の(65)(66)のように［対象］のものもある[8]。

(65) 鹿児島での二回もの転居には、それなりの筆舌に尽くしがたいほどの、つらく悲しい理由が多々ございました。　　（『ヤポネシアの海辺から』）
(66) ジェイミーとタマラが、何か奇妙な、恐ろしい理由でつながっていることを理解するのに、時間が必要だった。　　　（『夜が終わる場所』）

　(65)(66)の「理由」は、ある理由が存在し、その理由が「悲しい」「恐ろしい」という感情を引き起こすのであり［対象］である。このように「理由」は、［相対補充］の被修飾名詞となるが、常に［相対補充］の被修飾名詞となるわけではない。

3.7. ［その他］
　［その他］には、主に、次のような被修飾名詞が「はず」「限り」「ぶん」等、

---

[8] 寺村（1975）の連体修飾節の議論でも、相対補充節を構成する名詞が、ウチの関係の被修飾名詞にもなることが指摘されている。

いわゆる形式名詞の例が分類される。

(67) 出来合いのカードも、ぴったりのカードを選んで手書きのメッセージを添えればOKの場合もありますが、自分の言葉で感謝の気持ちを表現した礼状のほうが受け取った側にはもっと有り難いはずです。
(『「ありがとう」の心を手紙に書こう』)

(68) 周囲の景観、自然環境とマッチしない形や色の建物が、目立てばいいという感じで建てられる日本の現状と比べると、羨ましい限りである。
(『トスカーナ田園ホテルのめぐみ』)

(69) この答えを見る前に『自分で苦しんでみる』ことはとても大事です。苦しい分、成長が早いのです。　(『「ペンションを継ぐ！」という君へ』)

[その他]の被修飾名詞は、次の形式名詞と、「～気がする」の「気」である[9]。

あまり　以上　一方　うえ　限り　くせ　系　次第　せい　そう　だけ
ため　ついで　なか　派　はず　はて　半面　ふう　ぶん　ほう　まま
ゆえ　わけ　わり

「そう」は「苦しいそうだ」の「そう」であり、「ふう」は「楽しいふうでもなく」の「ふう」ある。また、「系」と「派」については、下に例を挙げる。「系」と「派」は、すべて形容詞が「かわいい」で、雑誌の例である。

(70) 彼女にするなら、やっぱりかわいい系かな」とのことでした。
(『女性セブン』)

(71) フォリフォリのラインストーン付き時計は可愛い派の私らしいアイテム。

9　なお、1例、「ちいさめ」「たかめ」のように形容詞語幹に後接する接尾辞「め」が、連体形に接続している次の例があった。この例も、[その他]に分類している。
　（ⅰ）Fさんの年齢にあわせて少しかわいいめの物を提案しました。
(『エクステリア＆ガーデン』)

(『JJ』)

次に、「気がする」について見ていく。「気がする」は、[内容] に分類するか迷うところであるが、次のような理由から、[その他] に入れた。

(72) 酒がないとどうも<u>さみしい気</u>がするし、気分も晴れない。
(『ぐっすり眠る！37の方法』)

確かに、(72) の「気」は「気持ち」のことであり、「さみしい」は「気持ち」を具体的に述べるという [内容] としての解釈も可能である。ここで、属性形容詞の例を見てみよう。

(73) あえていうなら、人間とは堕落する動物である、<u>そう信じ込んでいるような人が多い気</u>がします。　　　　(『赤字を黒字にした社長』)

(73) の「気」は「気持ち」とは解釈しにくい。(73) の「気がする」は、ひとつの動詞句として「〜と思う」という意味であると考えられる。本書では、(72) (73) は、それぞれ (74) (75) のような構造であり、形容詞句は、「気」だけを修飾しているのではないと考え、すべて [その他] に分類をする。

(74) [[どうも寂しい] 気がする]
(75) [[そう信じ込んでいるような人が多い] 気がする]

以上、感情形容詞と被修飾名詞を意味的な観点から7つに分類を行った。以上をまとめると、次の表1のようになる。

表1　連体修飾用法の感情形容詞と被修飾名詞の意味的関係

統語関係	意味関係	例	被修飾名詞
ウチ	[対象]	うれしいプレゼント つらい体験　迷惑な男 懐かしい人	物でも出来事でも人間でもよい
ウチ	[経験者]	（一人で過ごすのが）つらい人 （成人病）が心配な方 優秀な学生が欲しい企業	人間または組織
ウチ	[とき]	一人で過ごすのがつらい時 つらい日曜日　嫌な時代	時や期間を表す名詞
ソト	[内容]	つらい気持ち　冷たい感覚 人に迷惑をかけるのが嫌な性分 人形柄がどこか懐かしい感じ	「気持ち」・「感覚」等 「性分」・「感じ」・「現実」等
ソト	[表出物]	つらい顔　つらい声 不安な面持ち　不安なまなざし	「顔」「声」等、人間が出すもの
ソト	[相対補充]	彼女に会うのがつらい理由 忙しい合間	「理由」「合間」等
ソト	[その他]	心配なはず　つらい限り	「はず」・「限り」等

4. 連体修飾用法の感情形容詞は被修飾名詞の属性を表すか

　ここで、西尾（1972：35）の感情形容詞が連体用法で用いられた場合は「属性表現的になりやすい」という指摘について考えてみたい。連体修飾用法において、感情形容詞が被修飾名詞の属性を表すと言えるのは、本書の7分類のうち、[対象]として解釈が可能な例だけである。

　連体用法の感情形容詞が被修飾名詞の属性を表すというのは、「悲しい映画」であれば、「（その）映画は悲しい」のように、連体用法の感情形容詞を述部に持ってくることができることが前提である。よって、まず、ソトの関係である[内容][表出物][相対補充][その他]は、被修飾名詞の属性を表すものではないと言えるだろう。では、ウチの関係の[対象][経験者][とき]は、どうであろうか。

　[対象]は、次の（76）では、「結果」が「悔しい」のであり、「結果」が「悔しい」という感情を引き起こさせる属性を持っていると言うことができるので、感情形容詞は被修飾名詞の属性を表しているということができる。

(76)「自分の力を出し切れず、悔しい結果になった」と目を赤くして言った。
(『神戸新聞』)

　[経験者]は、先に見たように「被修飾名詞が感情形容詞で表される感情の持ち主」という関係である。次の(77)では、被修飾名詞「人」が「恥ずかしい」という感情の持ち主である。「恥ずかしい」は「人」の属性ではないので、[経験者]については、感情形容詞が被修飾名詞の属性を表しているということはできない。

(77) 独り言といっても，できる限り大きな声で叫びます。ただし恥ずかしい人は、小声で言ってもよろしい。
(『生きがいづくり健康づくりの明老ゲーム集』)

　[とき]は、「被修飾名詞が感情形容詞によって表される感情が存在するときを表す」ものである。次節で見るように、[とき]は[対象]にも解釈できる例が多いが、次の(78)は、「あお向けになること」が「つらい」という感情を引き起こすものであり、「とき」が「つらい」という感情を引き起こすものではない。よって、(78)のような[とき]の例は、感情形容詞が被修飾名詞の属性を表しているとはいえない。

(78) あお向けになるのがつらいときは、膝にクッションかタオルをはさんだ状態で、横向きで寝る。　　　　　　　　　　　　(『1分間簡単健康法88』)

　以上、西尾(1972)の感情形容詞は連体用法において被修飾名詞の属性を表すという指摘について見てきた。そして、[対象]は、被修飾名詞の属性を表すと言えるが、それ以外のタイプは、被修飾名詞の属性を表すものではないということを述べた。なお、次節で詳しく述べるが、[経験者]と[とき]と[表出物]に分類した例の中には、[対象]解釈が可能な例がある。これらの[対象]解釈が可能なものは、被修飾名詞の属性を表していると言えるだろう。

5. 分類に迷う例

4節で7つのタイプの典型を見てきたが、5節では、分類の際に迷った点について述べる。まず、2つのタイプとして解釈が可能な周辺的な例について見ていく。どのタイプと、どのタイプが重なるのか、そして、どちらに分類するのかを述べる。次に、感情形容詞が感情を表していない例をどう扱うかについて述べる。

5.1. 周辺的な例

分類に迷った1つめの点は、2つのタイプとして解釈が可能な周辺的な例である。各タイプの周辺的な例を見ていく。

5.1.1. ［対象］

被修飾名詞が「感じ」の例は、［対象］に入れるか［内容］に入れるか迷う例があるが、3.4で見た「音楽が欲しい感じ」のような節による修飾 (37)-(39) の3例を除き、すべて［対象］に分類をした。まず、次の (79) は「印象」、(80) は「予感」と言いかえられる例であり、［対象］に入れて問題がないと思われる。

(79) 誰に対しても嫌な感じを与えないし、他人のいいところを上手に誉められるという、そういう場を和ませる力と魅力をもった人でした。
　　　　　　　　　　　　　　　　　　　　　　　　　　　（『九八歳の妊娠』）

(80) しかし、今回次々と起きる予想外の事態は、すべて関連していた。その事に対して私は「いやな感じ」はしていたものの、まだ重大な結果に結びつくとまでは考えていなかったのである。　　　（『イラク生残記』）

一方、次の (81) は、「感じ」を「気持ち」と解釈し、［内容］に入れることも可能であるように思われる。

(81) ハリーは神経質に何度も後ろを振り返った。なんとなく見張られているようないやな感じがするのだ。　　　（『ハリー・ポッターと賢者の石』）

しかし、本書では、「感じ」は「外界の刺激から受ける印象」であり、その「印象」がある感情を引き起こすと考え、被修飾名詞が「感じ」であるものは、3.4で見た (37)-(39) を除き、すべて［対象］に分類した。

5.1.2. ［経験者］

被修飾名詞がヒトの例には、［経験者］か［対象］かの分類が難しい例がある。まず、感情形容詞が「幸せな」「忙しい」等の例は、［経験者］に分類するか、［対象］に分類するか迷うが、［経験者］に分類した。

(82) 金のことがそんなに好きになれるなんて、何てしあわせなやつらだろうと思う。 　　　　　　　　　　　　　　　　　　　（『タン・ナピ・ナピ』）
(83) 忙しい人は、限られた時間を有効に使わなくてはなりません。
　　　　　　　　（『超カンタン！ウイークトレードでラクして儲ける山本式投資法』）

「幸せな」「忙しい」等は、「花子は、幸せだ」「花子は、忙しい」と言えるように、人称制限がない形容詞である。(82) (83) のように被修飾名詞が人間で、感情形容詞に人称制限がない場合は、［経験者］か［対象］かの分類が難しい。(83) は、「幸せだと感じるやつら」という［経験者］の解釈よりは、「やつらは、幸せである」という［対象］の解釈が適切であるようにも思われる。(84) は、「忙しいと感じている人」という［経験者］でもあるし、「(その) 人は、忙しい」の［対象］でもある。

ここで、人称制限のある感情形容詞「恥ずかしい」の［対象］と［経験者］の典型的な例を見てみよう。

(84) 独り言といっても，できる限り大きな声で叫びます。ただし恥ずかしい人は小声で言ってもよろしい。　　　　　　　　　　　　（= (77)）
(85) 裏の世界の日本語、人前では言えないような恥ずかしい単語の類にも通じていた。　　　　　　　　　　　　　　　（『わたしは猫になりたかった』）

(84) の「人」は「恥ずかしい」という感情の持ち主で［経験者］であり、「（その）人は、恥ずかしい（人間である）」という［対象］の解釈はない。(85) の「単語」は、「恥ずかしい」という感情を引き起こすものであり、［対象］である。先の (82)(83) を［経験者］と［対象］のどちらに分類するかは、(82)(83) が、(84) と (85) のどちらに近いかという問題である。本書では、「しあわせなやつら」と「忙しい人」は、典型的な［対象］である「恥ずかしい単語」よりは、「（大声で叫ぶのが）恥ずかしい人」に近いと考え、［経験者］入れた。

また、次の (86)(87) の「寂しい」「悲しい」は、人称制限のある形容詞であるが、［経験者］か［対象］か迷う例である。(86)(87) は、それぞれ、外部から見て「孤独な」、「哀れな」人であり［対象］とも解釈し得るが、［対象］よりは［経験者］に近いと考え、［経験者］に分類をした。

(86) さみしい時にできた恋人や友人というものは、まず例外なく相手もさみしい人です。　　　　　　　　（『女性の「オトコ運」は父親で決まる』）
(87) そうよね、戦争なんて終わらせたいわよね。自分みたいに大切なものを守れなくて後悔するような、そんな悲しい人たちを増やしたくないからなのよね。　　　　　　　　　　　　　　　　（『アニメディア』）

このように［経験者］には、「（大声を出すのが）恥ずかしい人」のような典型的なものだけでなく、「忙しい人」「さみしい人」のように、［対象］の解釈も可能な例も含まれている。

5.1.3.　［とき］

［とき］の例には、次のように［対象］とも解釈できる例も多い。

(88) みんなも楽しい夏休みを過ごしてね。　　　　　　　　（『小学五年生』）

(88) は、「夏休みが楽しい」とも解釈でき、「夏休み」が感情を引き起こすもの、すなわち［対象］解釈も可能である。これは、ある時や期間が何らかの感情を引き起こす、つまり感情の対象となることが可能であるためであろう。

本書では、名詞句が時や期間を表し［とき］の解釈が可能なものは、［とき］として分類する。
　また、次の(89)-(91)は、それぞれ、［とき］［対象］［その他］の例であるが、この3例は、非常に連続的である。

(89) また、働く仲間にとって、新しく入った人の「前の会社では、こうやっていた。ああやっていた」という言葉は耳障りで、うっとうしい場合さえあります。　　　　　　　　　　　（『新時代の飲食店店長のための教科書』）
(90) 葬儀の間、准将はわたしに讃美歌を歌うように言い、とりわけ辛い場面では、いつもその腕がわたしを支えていた。　　（『躁うつ病を生きる』）
(91) とにかく人生の山が一つから二つに増え、人生二山という生き方を余儀なくされているのに、こんな不安ななかで生きるっておかしいですよ。
　　　　　　　　　　　　　　　　　　　　　　　　（『わたしの新幸福論』）

　(89)は、［とき］の例である。(90)は、「つらい状況」という解釈で［対象］に分類したが、「つらいとき」と解釈することもできる。(91)は、「なか」が単独で使えないため［その他］に分類されるが、「不安ななか」は「不安な状況」と解釈でき、［対象］と非常に近い、このように、［とき］［対象］［その他］には、連続的な例が見られる。

5.1.4. ［表出物］

　次のような例は、［表出物］とも［対象］とも解釈できるが、［表出物］に分類した。

(92) 鉄男が足を速めると、祥子も足を速めた。「待って。待って下さい！」祥子の切ない声が響いた。　　　　　　　（『ザホームレス！大逆転』）
(93) 生きていく上で支えになる人間が月子には絶対に必要だ。しかし残念ながら自分は支えになってやれなかったと、貫一は苦笑いで次郎を見た。それはまぎれもない"父親失格者"の哀しい笑いだった。
　　　　　　　　　　　　　　　　　　　　　　　　　　（『男について』）

第5章　連体修飾用法の感情形容詞と被修飾名詞の意味関係　　177

(92)(93)の「声」「笑い」は、「切ないときに出す声」「かなしい時にする笑い」で［表出物］と解釈することもできるし、聞く者見る者に「切ない」「かなしい」という感情を引き起こすという［対象］解釈も可能である。これは、「切ないときに出す声」は、聞く者にも「切ないと感じさせる」ような声であると考えることができる。

以上、用例を分類する際に迷った例を挙げ、どこに分類をしたのかを述べた。

5.2. 感情を表していない形容詞

分類に迷った2つめの点は、感情形容詞が感情を表していない例をどうするか、ということである。第2章で、感情形容詞を「感情・感覚を表し得るもの」と定義している。つまり、感情形容詞と認定した語が、常に感情・感覚を表すわけではない。また、「おかしい（こっけいな／変な）」「かわいい（いとしい／外見が良い）」「得意な（上手な／鼻が高い）」のように2義を認めた語もある。しかし、連体修飾用法の例は、被修飾名詞が何であるかによって、属性を表すか感情を表すかが決まるのである。例えば、「得意な」では、(94)(95)は感情を表しているが、(96)(97)は感情を表していない。

(94) 私は加奈がコーチしてくれなくても、一人で誰もいないプールで泳げることに、何かひどく<u>得意な気持</u>を味わった。　　　　　（『辻邦生全集』）

(95) <u>得意な時</u>、油断している時、アクシデントやトラブルで困っている時、すべての行動が評価されているのです。
　　　　　　　　　　（『1ヵ月以内に「いいこと」がたくさん降ってくる法則』）

(96) ビジネスの基本は「<u>得意な分野</u>で事業を展開する」ことである。
　　　　　　　　　　　　　　　　　　　　　（『経営コンサルタントという仕事』）

(97) ほら、バイトの子って、それぞれちがうでしょ。人と話すのが<u>得意な子</u>もいれば、内向的な子もいる。　（『「モノ」を売るな！「体験」を売れ！』）

(94)(95)を属性形容詞であるとして考察の対象から外すならば、他の形容詞でも感情を表していない例を外さなければならなくなる。しかし、次の(98)

178

の「かわいい」は「愛しい」のか「外見が良い」のか判断が難しく、分類は困難である。

(98) 病室 (94) にやってきた彼はハンカチで目を拭きながら、顔をくしゃくしゃにして「おめでとう！ボクにとってははじめての孫だ。<u>かわいい孫娘</u>だ。どうかこの美しい女の子を、大切に大切に育ててくれ！」と太い声でゆっくりと言い、わたしの手を強くにぎった。

(『いっしょにファイト』)

　本書の目的は、感情形容詞が被修飾名詞とどういった関係で使われているのかを見ることであるから、感情を表していない例もすべて考察の対象とする。なお、(96)(97) は、述語文にすると「(その) 分野が得意だ」「(その) 子が、人と話すのが得意だ」である。これらは、「得意な」が「分野」と「その子」の属性であると考え［対象］に分類する。

6. 連体修飾用法の感情形容詞の使用実態

　BCCWJのデータを用いて、感情形容詞の連体用法の7つのタイプの出現度数を調査する。なお、被修飾名詞が「もの」「こと」「ところ」である例については、数を示すにとどめ、分類の対象とはしない。これは、「もの」を例に見ると、次の (99) のように明らかに［対象］であるものと、(100) のように明らかにソトの関係の［その他］である例があるのだが、(101) のように、どちらとも決めかねる例があるからである。

(99) 本来、請求書はもらって<u>嬉しいもの</u>ではない。　　　(『渡辺淳一全集』)
(100) 相手にとって自分が特別な存在であり、貴重でかけがえのない人間であると言われれば、何年たっても<u>うれしいもの</u>です。

(『好きな人と最高にうまくいく本』)
(101) あまり外出する機会のない娘にとって、手紙というのは本当に<u>うれしいもの</u>です。　　　(『不登校になった時、先生とどう向き合う？』)

「もの」「こと」は、用例数が多く、恣意的な分類が結果に影響を与えることを避けるため、「もと」「こと」「ところ」は、出現度数を示すにとどめる。

6.1. 結果

BCCWJの連体用法の感情形容詞を分類した結果を表2、表3、表4に示す。表2が感情形容詞A群とB群の合計、表3がA群の各形容詞、表4がB群の各形容詞のデータである。図1、図2、図3は、それぞれ、表2、表3、表4をグラフにしたものである。

図では、「もの」「こと」「ところ」の合計と、［対象］・［経験者］・［とき］・［内容］・［表出物］・［相対補充］・［その他］に分類し、割合を示す。なお、［相対補充］は、8例だけであるので、図では、［その他］に入れた。また、「もの」「こと」「ところ」は、感情形容詞と被修飾名詞の意味関係によって分類をしたものではない。しかし、7つの分類の出現の割合を正確に示すために、これらを除くことはせず、図に示す。なお、表3と表4の形容詞は、「もの」「こと」「ところ」と［対象］の合計の割合が少ない順に並べてある。

6.2. 考察

以下、表2、表3、表4について、考察を行う。

［対象］は、表2を見ると、全体では60.3％を占めている。そして、表3、表4を見ると、66語すべての語に［対象］の例が見られる。「平気な」の3.0％から「かわいい」の91.6％までと、語による違いはあるが、［対象］の割合は、総じて高い。このことから、感情形容詞は連体用法においては［対象］として使われることが多いと言える。そして、西尾（1972）の感情形容詞が連体用法で使われる場合「属性表現になりやすい」という指摘は［対象］として解釈ができる例について言えることであることを見た。つまり、西尾（1972）の指摘は、感情形容詞の連体用法で最も使用例が多い［対象］について述べたものであったということができる。

［経験者］は、全体で1.6％と少ない。そして、用例が見られたのは、66語中32語で、割合は「可愛い」の0.1％から「多忙な」の29.8％までである。この中で、［経験者］が15％以上であるのは、「幸せな」「幸福な」「忙しい」「多忙な」

「暇な」の5語である。これらは、すべて人称制限のない語であり、人称制限のない形容詞の［経験者］は、［対象］解釈も可能であることを見てきた。例えば、「忙しい人」であれば、「忙しいと感じている人」という［経験者］であるが、「(その) 人は、忙しい」という「対象］解釈も可能である。つまり、人称制限がない形容詞の［経験者］の例は、［経験者］としては、周辺的なものである。［経験者］は、全体で1.6%と少ないが、その1.6の中で周辺的な例が多いということは、「(大声を出すのが) 恥ずかしい人」のような典型的な［経験者］

表2　感情形容詞A群B群合計

形容詞	もの	こと	ところ	対象	経験者	とき	内容	表出物	相対補充	その他	計
感情形容詞A	782	2,097	182	6,113	114	296	771	379	2	343	11,079
	7.1%	18.9%	1.6%	55.2%	1.0%	2.7%	7.0%	3.4%	0.0%	3.1%	100%
感情形容詞B	1,644	2,306	343	14,457	434	2,189	1,055	200	6	452	23,086
	7.1%	10.0%	1.5%	62.5%	1.9%	9.5%	4.6%	0.9%	0.0%	2.0%	100%
計	2,426	4,403	525	20,570	548	2,485	1,826	579	8	795	34,165
	7.1%	12.9%	1.5%	60.3%	1.6%	7.3%	5.3%	1.7%	0.0%	2.3%	100%

※　内容1,826例のうち、被修飾名詞が「気持ち」等でないものは、13例である。

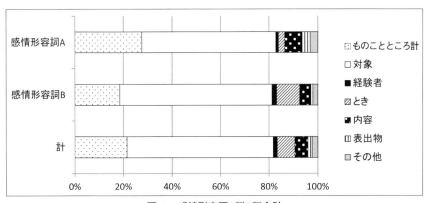

図1　感情形容詞A群B群合計

表3　感情形容詞A群の被修飾名詞との意味関係

形容詞	もの	こと	ところ	対象	経験者	とき	内容	表出物	相対補充	その他	計
平気な	5 5.1%	0 0.0%	1 1.0%	3 3.0%	14 14.1%	1 1.0%	0 0.0%	70 70.7%	0 0.0%	5 5.1%	99 100%
悔しい	1 1.0%	8 8.2%	1 1.0%	13 13.4%	0 0.0%	3 3.1%	65 67.0%	2 2.1%	0 0.0%	4 4.1%	97 100%
憂鬱な	5 3.9%	3 2.3%	0 0.0%	26 20.2%	3 2.3%	20 15.5%	49 38.0%	23 17.8%	0 0.0%	0 0.0%	129 100%
不安な	7 2.5%	13 4.7%	3 1.1%	56 20.3%	13 4.7%	28 10.1%	117 42.4%	30 10.9%	1 0.4%	8 2.9%	276 100%
心細い	7 9.5%	11 14.9%	0 0.0%	19 25.7%	4 5.4%	1 1.4%	18 24.3%	5 6.8%	0 0.0%	9 12.2%	74 100%
羨ましい	4 5.1%	7 8.9%	0 0.0%	32 40.5%	0 0.0%	0 0.0%	6 7.6%	1 1.3%	0 0.0%	29 36.7%	79 100%
切ない	8 5.6%	7 4.9%	0 0.0%	67 46.5%	1 0.7%	0 0.0%	46 31.9%	13 9.0%	0 0.0%	2 1.4%	144 100%
申し訳ない	0 0.0%	44 54.3%	0 0.0%	3 3.7%	0 0.0%	0 0.0%	24 29.6%	0 0.0%	0 0.0%	10 12.3%	81 100%
心配な	4 4.3%	34 37.0%	3 3.3%	25 27.2%	6 6.5%	13 14.1%	5 5.4%	2 2.2%	0 0.0%	0 0.0%	92 100%
うっとうしい	5 8.1%	10 16.1%	0 0.0%	30 48.4%	0 0.0%	13 21.0%	4 6.5%	0 0.0%	0 0.0%	0 0.0%	62 100%
欲しい	238 38.0%	7 1.1%	44 7.0%	168 26.8%	60 9.6%	72 11.5%	5 0.8%	0 0.0%	1 0.2%	31 5.0%	626 100%
悲しい	31 3.9%	192 23.9%	7 0.9%	395 49.1%	0 0.0%	52 6.5%	68 8.4%	47 5.8%	0 0.0%	13 1.6%	805 100%
嬉しい	58 7.8%	281 37.7%	19 2.5%	228 30.6%	3 0.4%	38 5.1%	36 4.8%	23 3.1%	0 0.0%	60 8.0%	746 100%
嫌な	69 4.3%	262 16.3%	16 1.0%	933 58.1%	6 0.4%	26 1.6%	143 8.9%	125 7.8%	0 0.0%	26 1.6%	1,606 100%
恥かしい	15 4.2%	144 40.2%	9 2.5%	128 35.8%	1 0.3%	1 0.3%	41 11.5%	4 1.1%	0 0.0%	15 4.2%	358 100%
虚しい	22 14.8%	18 12.1%	0 0.0%	91 61.1%	0 0.0%	4 2.7%	12 8.1%	0 0.0%	0 0.0%	2 1.3%	149 100%
不審な	13 8.2%	5 3.1%	3 1.9%	119 74.8%	0 0.0%	0 0.0%	3 1.9%	16 10.1%	0 0.0%	0 0.0%	159 100%
得意な	7 2.6%	29 10.7%	1 0.4%	210 77.8%	0 0.0%	3 1.1%	7 2.6%	3 1.1%	0 0.0%	10 3.7%	270 100%
惜しい	7 5.9%	48 40.7%	12 10.2%	41 34.7%	0 0.0%	0 0.0%	3 2.5%	0 0.0%	0 0.0%	7 5.9%	118 100%
心強い	9 11.5%	11 14.1%	0 0.0%	52 66.7%	0 0.0%	0 0.0%	2 2.6%	0 0.0%	0 0.0%	4 5.1%	78 100%
懐かしい	22 4.0%	4 0.7%	0 0.0%	488 88.2%	0 0.0%	0 0.0%	28 5.1%	0 0.0%	0 0.0%	11 2.0%	553 100%
迷惑な	4 4.7%	20 23.3%	0 0.0%	56 65.1%	0 0.0%	1 1.2%	1 1.2%	1 1.2%	0 0.0%	3 3.5%	86 100%
不思議な	153 7.5%	455 22.3%	19 0.9%	1,282 62.8%	0 0.0%	11 0.5%	70 3.4%	6 0.3%	0 0.0%	44 2.2%	2,040 100%
残念な	1 0.3%	315 85.8%	3 0.8%	27 7.4%	0 0.0%	0 0.0%	11 3.0%	1 0.3%	0 0.0%	9 2.5%	367 100%
満足な	4 5.6%	1 1.4%	0 0.0%	63 87.5%	2 2.8%	0 0.0%	2 2.8%	0 0.0%	0 0.0%	0 0.0%	72 100%
意外な	22 3.3%	151 22.5%	41 6.1%	428 63.9%	0 0.0%	0 0.0%	5 0.7%	7 1.0%	0 0.0%	16 2.4%	670 100%
可愛い	53 4.5%	12 1.0%	0 0.0%	1079 91.6%	1 0.1%	9 0.8%	0 0.0%	0 0.0%	0 0.0%	24 2.0%	1178 100%
憎い	8 12.3%	5 7.7%	0 0.0%	51 78.5%	0 0.0%	0 0.0%	0 0.0%	0 0.0%	0 0.0%	1 1.5%	65 100%
計	782 7.1%	2,097 18.9%	182 1.6%	6,113 55.2%	114 1.0%	296 2.7%	771 7.0%	379 3.4%	2 0.0%	343 3.1%	11,079 100%

表4　感情形容詞B群の被修飾名詞との意味関係

形容詞	もの	こと	ところ	対象	経験者	とき	内容	表出物	相対補充	その他	計
暇な	2 1.5%	3 2.2%	1 0.7%	6 4.4%	35 25.5%	87 63.5%	0 0.0%	0 0.0%	0 0.0%	3 2.2%	137 100%
暑い	4 0.9%	4 0.9%	10 2.2%	77 17.0%	0 0.0%	331 72.9%	0 0.0%	1 0.2%	0 0.0%	27 5.9%	454 100%
忙しい	11 2.0%	18 3.2%	39 7.0%	78 14.0%	138 24.7%	212 37.9%	4 0.7%	3 0.5%	5 0.9%	51 9.1%	559 100%
多忙な	0 0.0%	1 0.9%	0 0.0%	31 27.2%	34 29.8%	40 35.1%	0 0.0%	0 0.0%	0 0.0%	8 7.0%	114 100%
寒い	9 1.5%	12 2.0%	21 3.5%	134 22.4%	2 0.3%	381 63.8%	8 1.3%	0 0.0%	0 0.0%	30 5.0%	597 100%
幸せな	7 1.4%	62 12.2%	1 0.2%	169 33.2%	87 17.1%	71 13.9%	98 19.3%	7 1.4%	0 0.0%	7 1.4%	509 100%
寂しい	35 6.2%	47 8.3%	23 4.1%	210 37.0%	57 10.1%	61 10.8%	83 14.6%	15 2.6%	0 0.0%	36 6.3%	567 100%
幸福な	4 1.6%	11 4.5%	0 0.0%	135 54.9%	37 15.0%	35 14.2%	16 6.5%	6 2.4%	0 0.0%	2 0.8%	246 100%
涼しい	1 0.4%	4 1.4%	15 5.4%	167 59.6%	0 0.0%	27 9.6%	4 1.4%	59 21.1%	0 0.0%	3 1.1%	280 100%
慌ただしい	1 0.8%	1 0.8%	0 0.0%	87 66.9%	0 0.0%	35 26.9%	2 1.5%	1 0.8%	0 0.0%	3 2.3%	130 100%
苦しい	30 4.9%	61<>9.9%	10 1.6%	337 54.9%	9 1.5%	97 15.8%	44 7.2%	7 1.1%	0 0.0%	19 3.1%	614 100%
つらい	104 9.5%	261 23.9%	38 3.5%	393 36.0%	4 0.4%	126 11.5%	145 13.3%	4 0.4%	0 0.0%	17 1.6%	1,092 100%
清々しい	5 3.9%	3 2.4%	0 0.0%	87 68.5%	2 1.6%	1 0.8%	21 16.5%	7 5.5%	0 0.0%	1 0.8%	127 100%
痛い	17 4.3%	31 7.9%	70 17.9%	186 47.4%	6 1.5%	26 6.6%	48 12.2%	2 0.5%	0 0.0%	6 1.5%	392 100%
楽しい	169 10.4%	216 13.3%	15 0.9%	883 54.4%	3 0.2%	230 14.2%	66 4.1%	6 0.4%	0 0.0%	35 2.2%	1,623 100%
退屈な	21 12.9%	5 3.1%	3 1.8%	102 62.6%	1 0.6%	24 14.7%	3 1.8%	1 0.6%	0 0.0%	3 1.8%	163 100%
気楽な	14 13.1%	6 5.6%	2 1.9%	65 60.7%	7 6.5%	2 1.9%	6 5.6%	5 4.7%	0 0.0%	0 0.0%	107 100%
愉快な	6 3.7%	18 11.1%	1 0.6%	107 66.0%	0 0.0%	4 2.5%	22 13.6%	0 0.0%	0 0.0%	4 2.5%	162 100%
複雑な	109 6.6%	24 1.5%	2 0.1%	1,224 74.1%	0 0.0%	5 0.3%	204 12.3%	70 4.2%	0 0.0%	14 0.8%	1,652 100%
窮屈な	5 4.9%	2 1.9%	3 2.9%	77 74.8%	0 0.0%	1 1.0%	13 12.6%	0 0.0%	0 0.0%	2 1.9%	103 100%
情けない	12 4.1%	47 16.2%	1 0.3%	190 65.3%	0 0.0%	2 0.7%	29 10.0%	0 0.0%	0 0.0%	10 3.4%	291 100%
暖かい	81 7.3%	7 0.6%	17 1.5%	877 78.9%	0 0.0%	82 7.4%	38 3.4%	0 0.0%	0 0.0%	9 0.8%	1,111 100%
暖かな	5 2.6%	0 0.0%	0 0.0%	164 85.9%	0 0.0%	12 6.3%	10 5.2%	0 0.0%	0 0.0%	0 0.0%	191 100%
煩わしい	0 0.0%	21 33.3%	0 0.0%	35 55.6%	0 0.0%	0 0.0%	3 4.8%	0 0.0%	0 0.0%	4 6.3%	63 100%
おかしい	6 3.9%	64 41.3%	11 7.1%	57 36.8%	1 0.6%	3 1.9%	1 0.6%	0 0.0%	0 0.0%	12 7.7%	155 100%
熱い	89 7.4%	4 0.3%	4 0.3%	986 81.7%	0 0.0%	117 9.7%	3 0.2%	0 0.0%	0 0.0%	4 0.3%	1,207 100%
軽い	75 5.5%	14 1.0%	2 0.1%	1,147 83.4%	0 0.0%	27 2.0%	76 5.5%	1 0.0%	0 0.0%	34 2.5%	1,376 100%
怖い	199 26.0%	71 9.3%	22 2.9%	405 53.0%	6 0.8%	8 1.0%	33 4.3%	0 0.0%	0 0.0%	20 2.6%	764 100%
まぶしい	4 3.0%	0 0.0%	1 0.7%	119 88.1%	0 0.0%	5 3.7%	2 1.5%	1 0.7%	0 0.0%	3 2.2%	135 100%

形容詞	もの	こと	ところ	対象	経験者	とき	内容	表出物	相対補充	その他	計
快適な	13 3.7%	1 0.3%	1 0.3%	315 89.2%	0 0.0%	15 4.2%	5 1.4%	1 0.3%	0 0.0%	2 0.6%	353 100%
面倒な	24 6.7%	156 43.7%	4 1.1%	154 43.1%	2 0.6%	11 3.1%	2 0.6%	0 0.0%	0 0.0%	4 1.1%	357 100%
大変な	136 6.8%	577 28.8%	14 0.7%	1,185 59.1%	1 0.0%	57 2.8%	30 1.5%	1 0.0%	1 0.0%	4 0.2%	2,006 100%
重い	152 9.7%	19 1.2%	2 0.1%	1,327 84.5%	1 0.1%	23 1.5%	14 0.9%	2 0.1%	0 0.0%	31 2.0%	1,571 100%
重たい	9 8.4%	1 0.9%	0 0.0%	93 86.9%	0 0.0%	0 0.0%	4 3.7%	0 0.0%	0 0.0%	0 0.0%	107 100%
きつい	17 5.1%	29 8.7%	3 0.9%	272 81.7%	1 0.3%	3 0.9%	2 0.6%	0 0.0%	0 0.0%	6 1.8%	333 100%
恐ろしい	141 10.1%	230 16.5%	0 0.0%	982 70.4%	0 0.0%	18 1.3%	12 0.9%	0 0.0%	0 0.0%	11 0.8%	1,394 100%
有り難い	27 5.6%	256 53.2%	4 0.8%	184 38.3%	0 0.0%	1 0.2%	1 0.2%	0 0.0%	0 0.0%	8 1.7%	481 100%
冷たい	100 6.4%	19 1.2%	3 0.2%	1,410 90.2%	0 0.0%	9 0.6%	3 0.2%	0 0.0%	0 0.0%	19 1.2%	1,563 100%
計	1,644 7.1%	2,306 10.0%	343 1.5%	14,457 62.6%	434 1.9%	2,189 9.5%	1,055 4.6%	200 0.9%	6 0.0%	452 2.0%	23,086 100%

は、さらに少ないということが言える。

　[とき]は、全体では7.3％で、66語中53語に用例が見られた。[とき]は、割合の高い語が限られている。割合が高い語を見てみると、「暑い」72.9％、「寒い」63.9％、「暇な」63.5％、「忙しい」37.9％、「多忙な」35.1％、「慌ただしい」26.9％となっている。この6語は、「暑い」とその対義語である「寒い」、「暇な」とその対義語の「忙しい」等であり、これらの意味を持つ語は、連体用法においては[とき]が多く見られるということがわかる。

　[内容]は、全体で5.3％と低い。しかし、66語中60語で用例が見られ、出現頻度は低いものの、多くの感情形容詞で見られるタイプであると言える。

　[表出物]は、全体で1.7％で、66語中38語で用例が見られる。用例が多い語は、「平気な」70.7％、「涼しい」21.1％、「憂鬱な」17.8％である。それぞれ「平気な顔」「涼しい顔」「憂鬱な顔」が多い。これらは、用例の見られる語が[内容]ほど多くもなく、出現頻度も低いけれども、66語中38語に用例があることから、ある一定数見られるタイプであるということができる。

　[相対補充]は、66語中、「欲しい」「不安な」「大変な」「忙しい」の4語でしか用例が見られず、総用例数は8例である。[相対補充]は、感情形容詞の連体用法では非常に少ないと言える。

　[その他]は、全体では2.3％で、66語中58語に用例が見られた。[その他]

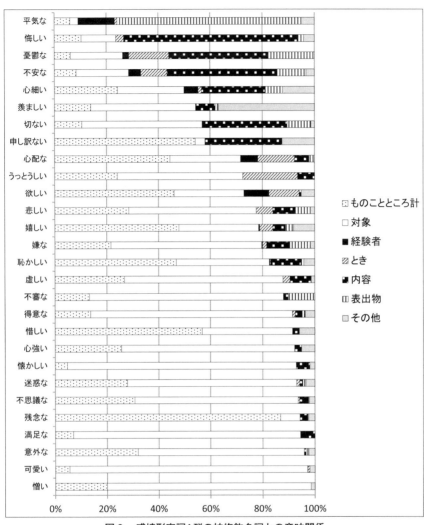

図2　感情形容詞A群の被修飾名詞との意味関係

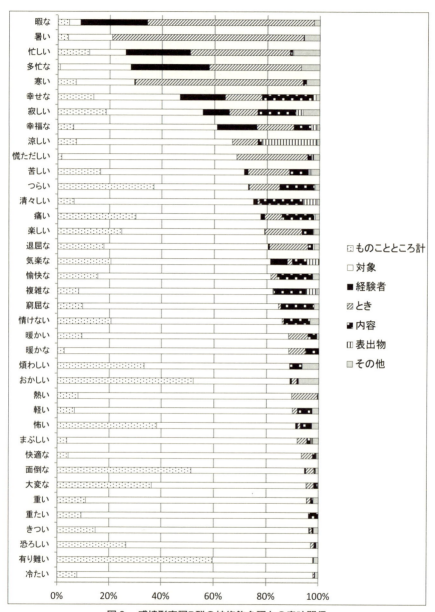

図3　感情形容詞B群の被修飾名詞との意味関係

が特に多かったのは、「羨ましい」の36.7％で、被修飾名詞は27例中25例が「限り」であった。［その他］は、「羨ましい」を除き1〜10％前後であり、感情形容詞の連体用法の中では少ないということができる。

　最後に、「もの」「こと」「ところ」について考えてみたい。表2の合計を見ると、「もの」7.1％、「こと」12.9％、「ところ」1.5％で、3つの合計は21.5％である。「申し訳ない」「恥ずかしい」「うれしい」「心配な」「残念な」「惜しい」「欲しい」「おかしい」「めんどうな」「ありがたい」の10語においては、「もの」「こと」「ところ」の合計の割合が4割を超えている。このうち「欲しい」は「もの」が38.0％と多く、それ以外は「こと」が多い。「残念な」では、「こと」が85.7％を占めている。これらのことから、「もの」「こと」と共起しやすい語があることがわかる。

　以上、表2、表3、表4のデータについて考察を行った。連体用法の感情形容詞は［対象］が約6割と多く、［経験者］は［対象］と比べて少ないこと、また［内容］と［表出物］も、出現頻度は高くないが、ある一定数用いられていることを見た。

7. まとめ

　連体修飾用法の感情形容詞について考察を行った。感情形容詞と被修飾名詞の意味的な関係を7つに分類した。7分類は次の表5の通りである。ただし、［その他］は、感情形容詞と被修飾名詞の意味関係ではなく、ソトの関係で被修飾名詞が形式名詞のものである。

　また、BCCWJのデータを用いて、各タイプの出現度数を調査した。調査対象とした34,165例のうち、被修飾名詞が「もの」の2,426例、「こと」の4,403例、「ところ」の525例、計7,354例を除く26,811例の出現度数も表に示す。

　西尾（1972）で、連体修飾用法の感情形容詞は、「属性表現になりやすい」と指摘されてきたが、それは、感情形容詞の7つのタイプで最も例が多い［対象］として解釈が可能な例について言えることであることを見た。［対象］は、感情形容詞が被修飾名詞の属性を表しているタイプである。

　7つのタイプの中で、［表出物］は従来の研究では見逃されていたタイプであり、「うれしい悲鳴」「悲しいふり」等、「被修飾名詞が、経験者が感情形容

表5　感情形容詞と被修飾名詞の意味的な関係（まとめ）

統語関係	感情形容詞と被修飾名詞の意味関係		例	被修飾名詞	用例数計 26,811
ウチ	対象	被修飾名詞が感情形容詞で表される感情を引き起こすもの・こと	うれしいプレゼント つらい体験 迷惑な男　懐かしい人	物・出来事・人間	20,570
ウチ	経験者	被修飾名詞が感情形容詞で表される感情の持ち主	（一人で過ごすのが）つらい人 （成人病が）心配な方 優秀な学生が欲しい企業	人間・組織	548
ウチ	とき	被修飾名詞が感情形容詞で表される感情が存在するとき	一人で過ごすのがつらい時 つらい日曜日　嫌な時代	時や期間を表す名詞	2,485
ソト	内容	修飾部（形容詞または形容詞節）が被修飾名詞の内容を表す	つらい気持ち　冷たい感覚 人に迷惑をかけるのが嫌な性分 人形柄がどこか懐かしい感じ	気持ち・感覚等性分・感じ等	1,826
ソト	表出物	被修飾名詞が、経験者が感情形容詞で表される感情を持っているときに、経験者から発せられるものである	つらい顔　つらい声 不安な面持ち　不安なまなざし	顔・声・様子等	579
ソト	相対補充	「感情形容詞（節）その被修飾名詞」という関係	彼女に会うのがつらい理由 忙しい合間	理由・合間等	8
ソト	その他	（被修飾名詞が形式名詞）	心配なはず つらい限り	はず・限り等の形式名詞	795

詞で表される感情を持っている時に、経験者から発せられるものである」という関係であることを述べた。

　そして、BCCWJのデータを用いた調査によって、連体用法の感情形容詞は、［対象］が多く、［対象］と比べて［経験者］が少ないことが明らかになった。また、［内容］や［表出物］も、一定数用いられていることをデータで示すことができた。そして［相対補充］は非常に少ないことが明らかになった。

本章では、分類の際に迷った例をどこに入れたかを示したうえでデータを示すという方法をとったが、迷った例については、更なる考察が必要である。この点は、今後の課題としていきたい。

【用例出典】
BCCWJ：国立国語研究所『現代日本語書き言葉均衡コーパス』
コーパス検索アプリケーション中納言による　https://chunagon.ninjal.ac.jp/login（最終閲覧日2014.08.30）

第6章

感情形容詞の副詞的用法

　第6章では、「(私は) 知らせを悲しく聞いた」「花が寂しく枯れている」のような感情形容詞の連用形が副詞句として用いられる副詞的用法について考察を行う。そして、「(私は) 知らせを悲しく聞いた」のような述語動詞が行われている時の動作主の感情を表すタイプと、「花が寂しく枯れている」のようなモノの外から見た様子を表すタイプに分類をし、考察を行う。前者は、先行研究において「動作主認識の副詞的成分」と呼ばれているものである (ドラガナ 2005)。本書では、前者について、「感情の対象 (感情を引き起こしたもの) は何か」を考察し、述語動詞が「見る」等の認識系の動詞の場合は、認識した内容が感情の対象であることを述べる。また、述語動詞が表す出来事は、感情の対象ではなく、出来事と副詞的成分と述語動詞の表す出来事とには、同時性があるだけであることを主張する。そして、「花が寂しく枯れている」タイプにも、述語動詞との同時性があることを述べる。ただし、この「感情形容詞の副詞的用法は、述語動詞と同時性を持つだけである」という主張は、存在するすべての実例に該当するといえるが、この条件を満たせば適格文になるというものではない。このことを認めたうえで、感情形容詞の副詞的用法の主体と形容詞の偏りについて記述を行う。

　なお、第6章では、『朝日新聞』『読売新聞』、小説からの例文を使用している。

1. 悲しく {聞く／枯れる／演じる} は、何が悲しいのか

　本章で考察を行うのは、次のような例である。

　(1) 国の「死活」に固執し、パレスチナ国家との隣接共存を拒否するブル

メンタール氏の議論を私は悲しく聞きました。

（『朝日新聞』1990.09.30）
（2）出品されているシーレの描いたひまわりは、彼の早すぎる死を暗示するように悲しく枯れている。　　　　　　　（『朝日新聞』2002.01.17）
（3）個性的な三人が、女たちの金銭欲や老いへの不安をコミカルに、そして、ちょっぴり悲しく演じる。　　　　　　　　（『読売新聞』1993.01.01）

　（1）-（3）は、誰が悲しいと思っているのだろうか。また、（1）の「悲しい」という感情を引き起こしたものは、何であろうか。本書では、（1）-（3）のように副詞句として働く感情形容詞の連用形を「副詞的成分」と呼び、考察を行う[1]。

2. 感情形容詞の副詞的用法をめぐる先行研究

　はじめに、副詞全体の中で感情形容詞の副詞的用法について言及した研究、それから、感情形容詞の副詞的用法について論じた研究を見て行く。それから、情態修飾成分の研究と結果構文についての研究を本書と直接かかわる範囲で見て行く。

2.1. 副詞全体の中で感情形容詞の副詞的用法について言及した研究

　新川（1979）は、「副詞と動詞のくみあわせ」として、副詞句と述語の関係を大きく「規定的なむすびつき」と「状況的なむすびつき」に分類し、下位分類を行っている。以下に、新川（1979）の分類の全体像を示す[2]。

---

[1] 本書で「連用形」と呼ぶのは、イ形容詞の「〜く（例：悲しく）」とナ形容詞の「〜に（例：憂鬱に）」という2つの形であり、ナ形容詞の「〜で（例：憂鬱で）」は考察の対象外である。
[2] 新川（1979）は、この一覧のほかに、「ものまね語」（擬音語・擬態語のこと）についても論じているが、「副詞と動詞とのくみあわせ」の全体のどこに位置付けるべきか不明であるとして、「1　質規定的なむすびつき」の前で別個に論じている。

I 規定的なむすびつき
  1 質規定的なむすびつき
    （1）人、いきもの、物に共通する変化の特徴づけ
        a はやさ
        b ゆれはば（振幅）
        c 力のつよさ
        d 声・音の質
        e はげしさ
        f 軌跡
        g 面のむき
    （2）とくに人の動作の特徴づけ
      1）生理的（肉体的）な側面
      2）心理的な側面
        a 感情・気分
        b 態度
          〔相手に対する態度〕
          〔行為に対する態度〕
    （3）現象・知覚の明瞭さ
    （4）質＝評価的な特徴づけ
    （5）動きや変化の進行のようす、存在のようす
        a 動きの進行のようす
        b 変化の進行のようす
        c 存在のようす
  2 結果規定的なむすびつき
    （1）客体の質、状態
    （2）主体の質、状態
  3 量規定的なむすびつき
    （1）程度
    （2）数量
    （3）空間的な量

　　　　a　位置変化の度合い
　　　　b　へだたりの量（とおさ、たかさ、ふかさ）
　　（4）時間的な量
　　（5）頻度
　4　方法規定的なむすびつき

Ⅱ　状況的なむすびつき
　1　空間的なむすびつき
　2　時間的なむすびつき
　3　原因のむすびつき
　4　目的のむすびつき　　　　　　　　　　　　　　　　　（新川1979）

　そして、新川（1979）では、「心理的な側面」の「感情・気分」の例の中に、感情形容詞の副詞的用法の例が挙げられている。

（4）貴様らなんだって人が<u>たのしくあそんでいる</u>のにじゃまをするんだい。
　　　（石坂洋二郎『青い山脈』）
（5）私は<u>ゆかいに口笛をふいて</u>しまっていよう。（林芙美子『放浪記』）
（6）<u>不きげんに倫や女中をしかる</u>声が、（円地文子『女坂』）
（7）いつまでもないている猫の声を<u>さびしくききながら</u>、（林芙美子『放浪記』）
（8）私は<u>心ぼそくかまぼこをかんでいた</u>。（林芙美子『放浪記』）
（9）昨夜は二人きりで、久しぶりで<u>のびのびとたのしんだ</u>というわけです
　　　……（石坂洋二郎『青い山脈』）
（10）<u>のどかにシガーのけむりをふいている</u>と、（二葉亭四迷『其面影』）
　　　　　　　　　　　　　　　　　　　　　　　　（（4）-(10)　新川1979）

　新川（1979）は、副詞句について記述したものであり、感情形容詞という切り口の論考ではないが、すでに1979年に、感情形容詞の副詞的用法は、ひとつの副詞のタイプとして取り上げられていたことが分かる。
　その後、加藤（2000）は、副詞的成分全体の分類のどこに感情形容詞の連用形が現れるかという考察を行っている。加藤（2000）は、「感情・感覚形容詞の

連用形の主な機能」として、「命題に対する価値判断」、「表現主体の心情・感覚表現」「動作や動き評価」を挙げている。(11)-(13)は、それぞれの例である。

(11) <u>かわいそうに</u>、あいつもせっかくの縁談をこれでふいにすることになるかもしれない。(三浦綾子『塩狩峠』)
(12) そういうわけで、私は長いこと不遇をかこってきた。「不遇」と「ひがみ」は同一線上にあるから、ときどき過ぎし日々のことを思い出して<u>苦々しく</u>舌打ちしたりする。(阿川佐和子・檀ふみ『往復エッセイ ああ言えばこう食う』)
(13) ますます空が<u>心細く</u>暗みを増し、桃子は足を急がした。(北杜夫『楡家の人々』)
((11)-(13) 加藤2000)

加藤 (2000) は、(11) のような例も包括的に扱っているという点で優れているが、(12) の例について、何が「苦々しい」という感情を引き起こしたかは、考察が行われていない。

2.2. 感情形容詞の副詞的用法の研究

細川 (1990) は、「感情形容詞の連用修飾用法」について考察を行っている。そして、動作主体がヒトかモノ・コトか、感情主体が特定か不特定か、述語動詞が何であるかという3つの観点から次のようにまとめている。表1に細川 (1990) の分類を引用し、それぞれの例を挙げる。

(14) 家へ来てくれたことを<u>嬉しく</u>思います。……A (庄野潤三『イタリア風』)
(15) 次の年のわたしは田舎に疎開していて、旧家の離れで生まれたばかりの香代子により添って庭の木の葉が散って行くのを<u>かなしく</u>眺めていた。……B (福永武彦『忘却の河』)
(16) 厚い檜皮ぶきの屋根が、重く暗い重量感で、<u>おそろしく</u>迫ってきた。……C' (川端康成『古都』)
(17) 「そんなに<u>楽しく</u>事が運ぶわけはないさ」……C (高井有一『夢の碑』)
((14)-(17) 細川1990)

表1　細川（1990）の連用修飾用法の分類

動作主体	動詞の種類 感情主体	「思う／感じる」類の動詞〈知覚動詞類−エル／−ラレルを含む〉	その他の動詞
ヒト	特定できる	A　思うことの内容に対する感情表示（感情主体の心の状態の表現）	B　叙述内容に関する感情反映
モノコト	特定できる	—	C'　BとCの中間的な用法
モノコト	特定できない	—	C　叙述内容に関する評価限定（対象の状態の表現）

　細川（1990）は、Aは、形容詞の連用形が「思うことの内容」であるが、Bは、「この連用修飾の用法は動詞の叙述内容に対して行われているものである」と同時に「感情主体の感情が反映されている」と述べている。つまり、細川（1990）は、述語動詞の表す出来事が感情を引き起こすと考えていると言える。この点については、5.1で考察を行う。

　また、細川（1990）の動作主体の分類では、次の（18）は、動作主体が人間のため、Bに入ってしまうと思われる。しかし、（18）は、細川（1990）の分類では、C'に入るべき例ではないだろうか。「個性的な三人」は、「感情主体」ではないからである。

（18）個性的な三人が、女たちの金銭欲や老いへの不安をコミカルに、そして、ちょっぴり悲しく演じる。　　　　　　　　　　　　　　　　　（＝（3））

　次に、ドラガナ（2005）を見てみよう。ドラガナ（2005）は、「感情・感覚や主観的評価を表す形容詞」が副詞的成分として働く例について考察を行っている。そして、次の（19）は、「述語動詞の行われ方を話者の評価を伴いながら記述して」おり、「主観的評価の主体が『話者』」であるのに対し、（20）は、「動作主が動作の実現中に思った・感じたこと」について述べており、「主観的評価の主体が『動作主』である」としている。

(19) 上田さんは何気ないことを無茶苦茶面白く話す。
(20) 田中さんは報告書を面白く読んだ。　　　　　　　　　（ドラガナ2005）

　そして、(20) を「動作主認識の副詞的成分」と呼び、「〈様態の副詞的成分〉などと区別する」と述べている。そして、動作主認識の副詞的成分がある文の主語は、述語動詞の動作を行う動作主と、経験者という2つの意味役割を持つと述べている。
　以上の先行研究をまとめると、感情形容詞の副詞的用法については、おおまかに言って、3つのタイプがあることが指摘されてきたといってよいであろう。1つめは、それぞれ、新川 (1979) の「心理的な側面」、細川 (1990) の「B 叙述内容に関する感情反映」、加藤 (2000) の「表現主体の心情・感覚表現」、ドラガナ (2005) の「動作主認識の副詞的成分」と呼ばれてきたタイプである。2つめは、細川 (1990) の「C叙述内容に関する評価限定」、加藤 (2000) で「動作や動き評価」と呼ばれたタイプである。そして、3つめは、加藤 (2000) が「命題に対する価値判断」と呼んだタイプである。
　3つめの加藤 (2000) の「命題に対する価値判断」については、「残念なことに」「うれしいことに」のように、「形容詞ことに」という形式がその中心であると考えられる。本書は、形容詞の連用形の副詞的用法を考察の対象とし、1つめのタイプと2つめのタイプについて考察を行う。

2.3. 情態修飾成分と結果構文の先行研究

　感情形容詞の副詞的用法の分析に入る前に、情態修飾成分の先行研究と、結果構文の先行研究について、本節の議論に直接関連する範囲に限定して見ていきたい。
　矢澤 (1983) は、形容詞の連用形を含む「情態修飾成分」を (21) の下線部のような「動作・作用の行われ方」を表す「様態相修飾成分」と、(22) (23) の下線部のような「動作・作用によって現れるモノのサマ」を表す「状態相修飾成分」に分類した。そして、更に後者を「動作・作用の最中に現れるモノのサマ」を示す「状況相修飾成分」(22) と「動作・作用の結果に現れるモノの

サマ」を示す「結果相修飾成分」(23) に分類している[3]。

(21) 非常灯ガ　急ニ　赤ク　点滅スル
(22) 夜明ケノ海ガ　白ク　輝ク
(23) 壁ヲ　白ク　塗ル　　　　　　　　　　　　　　　　（矢澤1983）

　矢澤（1983）の主張で本書にとって重要なのは、形容詞の連用形が、「動作・作用の行われ方」だけでなく、「動作・作用の最中に現れるモノのサマ」も表すという点である。
　次に、結果構文についての議論であるが、鷲尾（1996）、Washio（1997）を見てみる。

(24) 僕は靴の紐を固く結んだ。　　　　　　　　　　　　（鷲尾1996）

　鷲尾（1996）は、結果構文の多言語比較を行う中で、(24) の「固く」は、「靴紐を結ぶという行為の結果を表しているのではなく、むしろ「結び方」（様態）を修飾している」と述べ、"SPURIOUS　resultatives" と呼び、「厳密に言えば結果表現ではない」としている[4]。そして、Washio（1997）では、"SPURIOUS resultatives" の特徴のひとつとして次のように述べている。

> They involve an activity such that a particular manner of action directly leads to a particular state.　　　　　　　　　　（Washio 1997: 17）

3　矢澤（1983）は、様態相修飾成分も「生起相修飾成分」と「過程相修飾成分」に分類し、更に後者を「動作相修飾成分」「進行相修飾成分」に下位分類している。なお、(21)-(23) の下線は、筆者が手を加えており、矢澤（1983）とは異なる。
4　鷲尾（1996）では、その根拠として、(24) の「固く」は、英語では、副詞句に置き換えが可能であること、フランス語では、目的語と数の一致を示さず副詞的な資格を持つことを挙げている。

これは、(24) の例で言えば、「固く」は、動作の行われ方を表すものであるが、力を入れて靴紐を結べば結び目は固く、力を入れないで結べば結び目はゆるくなるというように、結果句で表される動作の行われ方が、ある状態に直結するという指摘である。

　その後、宮腰 (2009) は、結果構文を広く定義する立場をとり、Washio (1997) で"SPURIOUS resultatives"と呼ばれたタイプを「動詞の表す行為の結果新たに生み出されたモノの状態を描写する」「(副) 産物志向の結果句」と呼んだ。そして、「日本語形容（動）詞の連用修飾ク・ニ形が一般にプロセス志向」であり、「モノの結果状態だけではなくそこに至るプロセスも常にある程度表している」と述べた。(24) の「固く」は「(i) 産物である結び目の状態、(ⅱ) その出現過程、そして (ⅲ) 行為主の靴紐に対する働きかけ方の3つの意味」を表すと言う[5]。本書では、結果句かどうかという議論は行わないが、感情形容詞の副詞的用法にも、動作の行われ方を表しつつ、動作の結果生まれたモノの様子を表す例があることを指摘する。

3. 考察の対象
3.1. 感情形容詞

　本章では、第2章の形容詞分類で感情形容詞と認定される語を対象に考察を行う。また、副詞的成分と呼べる非必須成分の範囲も限定しなければならない。以下、動作主認識の副詞的成分となる形容詞の範囲と、非必須成分と考えられる範囲について見ていく。

　第2章の指標で感情形容詞と認定することができ、かつ、副詞的用法の実例を集められた形容詞は、次のA・Bの通りである。AとBは、第2章の形容詞分類のA群とB群であり、A群が「より経験者の状態を述べることを志向する語」で、B群が「対象の状態も表すことを志向する語」である。A群19語、B群28語、

---

[5] 宮腰 (2009) は、次の (イ) の下線部を「感情喚起物志向の結果句」と呼び、結果構文の一種として位置づけている。

　　(イ) a. 贈り物を<u>ありがたく</u>受け取った。
　　　　b. ご飯を<u>美味しく</u>食べた。
　　　　c. 論文を<u>興味深く</u>読んだ。　　　　（宮腰2009）

計47語の用例があった。

　A　愛しい　後ろめたい　うっとうしい　恨めしい　うらやましい　うれしい　悲しい　気まずい　くやしい　心細い　切ない　懐かしい　恥ずかしい　腹だたしい　誇らしい　空しい　もどかしい　やるせない　憂鬱な
　B　あたたかい（暖・温）　熱い　ありがたい　あわただしい　忙しい　おかしい（滑稽な）[6]　恐ろしい　重い　重たい　快適な　窮屈な　興味深い　気楽な　苦しい　幸福な　心地よい　怖い　寂しい　幸せな　すがすがしい　涼しい　退屈な　楽しい　つまらない　つらい　情けない　まぶしい　愉快な

　なお、ドラガナ（2005）で「主観的評価を表す形容詞」の動作主認識の例として挙げられている「面白く聞いた」の「面白い」は、本書の分類では、「うるさい」と同様に、C群の「属性形容詞であるものの副詞句としては感情形容詞と同様の振る舞いをする語」に分類される。動作主認識の副詞的成分になる形容詞は、A・Bの感情形容詞が中心であるが、Cの形容詞4語にも動作主認識の実例が見られた。

　C　おいしい　おもしろい　さわやかな　頼もしい

（25）「本格的な茶室でたいへんおいしくいただきました」
　　　　　　　　　　　　　　　　　　　　　　　　（『読売新聞』2012.04.27）
（26）入れ替わった二人が、それぞれ初めての体験に戸惑うようすを、おもしろく読みました。　　　　　　　　　　　（『読売新聞』2004.08.16）
（27）つまり、オルニチンを摂取すると、お酒を飲んだ翌日もさわやかに目覚められたり、美肌効果などが期待できたりするという。
　　　　　　　　　　　　　　　　　　　　　　　　（『読売新聞』2011.12.19）

6　第2章の形容詞分類では、「おかしい」は、「おかしい（滑稽な）」と「おかしい（変な）」を認めており、感情形容詞に分類されるのは、「おかしい（滑稽な）」のみである。

(28) 走者が出た時、マスクを取り、守備位置を細かく指示する息子をスタンドから頼もしく見守った。　　　　　　　　　　（『読売新聞』2003.08.01）

そして、属性形容詞である「ほほえましい」にも、動作主認識の副詞的用法と思われる例がある。

(29) 近くの公民館の軒下にツバメが巣をつくり、ヒナの声がするのをほほえましく見ていた。　　　　　　　　　　　　　（『読売新聞2008.05.28』）

このように、動作主認識になる形容詞の範囲については、課題が残っているが、本書で主張する動作主認識の副詞的成分と述語動詞の関係は、(25)-(29)にもあてはまることを述べておきたい。以下では、A・B群の形容詞の例をもとに考察を行う。

3.2. 副詞的成分とは

本章で考察の対象とする副詞的成分とは、次のような感情形容詞の連用形が非必須成分で、副詞句として働く例である。

(30) ギターを弾き学園祭のヒーローになる友人をうらやましく見つめていた。
　　　　　　　　　　　　　　　　　　　　　　（『読売新聞』2008.06.08）
(31)「あんな風に飛べたらなあ……」と、地上から切なく見上げたことは数知れない。　　　　　　　　　　　　　　　　（『読売新聞』2006.04.20）
(32)「今日はみなさんに楽しんでもらって、楽しく歌えた。ロサンゼルスでは『福島は元気です』と伝えたい」　　　　　　（『読売新聞』2012.07.23）

次のように、述語が「なる」「する」と「思う」「思える」「思われる」「感じる」「感じられる」と「見える」「聞こえる」の例は、必須成分として考察の対象から外す。

(33) たった1分の自己紹介ができなかったことで、今まで何をしてきたの

だろうと、悲しくなりました。　　　　　　　　　（『読売新聞』2010.03.08）
(34) 昨年秋には、経営難のＪＲ黒部駅前のホテルを運営する新会社の設立に向けて、地元企業に呼びかけた。街を寂しくしたくなかったからだ。
　　　　　　　　　　　　　　　　　　　　　　　（『読売新聞』2004.07.27）
(35) 「カードを使われたらどうしよう」などと悪用されるとばかり考えていた自分を恥ずかしく思いました。　　　　　　（『読売新聞』2008.11.01）
(36) 周囲約24キロの小さな島は南国の美しさをたたえているが、歴史を知ると、すべてが悲しく見えてくる。　　　　　（『読売新聞』2005.04.04）
(37) 「これ落としたんちゃう？」とおじさん。僕は昨春、関西から引っ越してきたので、久しぶりの関西弁がとても懐かしく聞こえました。
　　　　　　　　　　　　　　　　　　　　　　　（『読売新聞』2003.01.29）

　以下、非必須成分の副詞的成分について考察を行うが、必要に応じで必須成分についても言及する。

4. 感情形容詞の副詞的用法の2分類

　2節の先行研究で、感情形容詞の副詞的用法には、おおまかに3つのタイプがあると指摘されてきたことを見た。本書では、このうち、次の2つのタイプについて考察を行う。
　1つめは、次の(38)(39)のようなタイプである。(38)(39)は、述語動詞の動作主である話者が、「ボールを拾いに行く」「見つめる」という動作の最中に「恨めしい」「もどかしい」と感じたことを表している。このように、述語動詞が表す動作が行われているときの動作主の感情を表すものをドラガナ(2005)に倣い「動作主認識の副詞的成分」と呼ぶ。

(38) 休み時間は校庭でバレーボールをして遊び、勢い余ったボールが時々フェンスを乗り越え、がけ下の富士川に転がっていった。何度恨めしくボールを拾いに行ったことか。　　　　　　　（『読売新聞』2005.03.27）
(39) 仲間たちが対応に追われる姿をもどかしく見つめることしかできない。
　　　　　　　　　　　　　　　　　　　　　　　（『読売新聞』2007.10.31）

一方、次の (40) は、「草花」の感情とは考えられず、動作主認識の副詞的成分にはなり得ない。

(40) 春に咲いた多くの草花たちも麦秋と同様に<u>寂しく</u>枯れて、地上からそっと姿を消す。　　　　　　　　　　　　　（『読売新聞』2008.06.16）

また、次の (41) も、「歌う」の動作主である「志賀さん」が「切ない」と感じたという解釈はできず、動作主認識の副詞的成分ではない。

(41) 主婦時代に司法試験を受け続け、13回目で合格したという志賀さんは「人生は過ぎゆく」を<u>切なく</u>歌い、聴衆をうならせた。

（『読売新聞』2009.03.28）

　(40)(41) のように、述語動詞が表す出来事が話者に「寂しい」「切ない」と感じさせる様子であることを表す副詞的成分を「話者認識の副詞的成分」と呼ぶ[7]。なお、この「動作主認識の副詞的成分」と「話者認識の副詞的成分」とは、副詞的成分で表される感情が動作主の感情であるか否かという観点からの分類であり、本書で扱う例は、すべて、矢澤 (1983) でいう「情態修飾成分」に含まれるものと考えている。つまり、「うれしく聞いた」と「悲しく聞いた」では、「うれしく」と「悲しく」が「聞く」という動詞がどのような心理状態で行われたかという側面から、動詞が表す出来事を限定していると考えるということである。

5. 動作主認識の副詞的成分

　はじめに、動作主認識の副詞的成分と述語動詞の関係について考察を行い、

---

[7] ドラガナ (2005) は、動作主認識の副詞的成分でないものを「主観的評価の主体が話者」であり「その成分は話者の主観的評価を伴った〈様態〉を表す」と述べていることから、様態副詞であると考えていると思われる。そのため、特に名称を与えてはいない。

副詞的成分と述語動詞の表す出来事の間には因果関係がなく、同時性があるのみであることを指摘する。ただし、これは、「存在するすべての例の副詞的成分と述語動詞が同時性を持つ」というだけで、副詞的成分と述語動詞に同時性があれば適格文になるというものではない。この点を認めたうえで、収集した用例に基づいて、動作主認識の副詞的成分の主体と、形容詞の偏りについて記述を行う。

5.1. 動作主認識の副詞的成分と述語動詞の関係

　動作主認識の副詞的成分と述語動詞の関係について考察を行う。動作主認識の副詞的成分の述語動詞は、ドラガナ（2005）で、「おいしく」と「食べる」等の「飲食動詞」、それから、「見る」「聞く」「調べる」等の「人間の理解や知的活動を前提とする動作を表すもの」が多いことが指摘されている。本書で収集した用例にも、述語が「見る」「聞く」等の何かを認識することを表す動詞の例が多かった。以下では、認識系の動詞と認識系以外の動詞に分けて見ていく。

5.1.1. 認識系の動詞

　はじめに、述語が「見る」「聞く」等の認識系の動詞の例について見てみる。

(42) テレビ朝日系9月23日「永遠の名曲歌謡祭3」で昔の歌を<u>懐かしく</u>聞かせてもらったが、多くの歌手は以前とリズムを変えて歌っていて、違和感があった。　　　　　　　　　　　　　　（『読売新聞』2011.10.04）
(43) 住み込みの奉公先の店先を通る制服制帽姿の高校生を、<u>まぶしく</u>見つめていた。　　　　　　　　　　　　　　　　（『読売新聞』2008.12.21）
(44) 小学校のあのころを今も<u>悲しく</u>思い出します。　（『読売新聞』1997.01.28）

　(44) は、述語が「思い出す」であるが、「見る」や「聞く」が現実の情報を認識するのに対し、「思い出す」は「記憶」を認識する動詞である。「現実の情報」か「記憶」かという違いだけであり、「思い出す」も、認識系の動詞と考えることができる。これらの例の副詞的成分と述語動詞は、どのような意味関係にあるのだろうか。つまり、(44) の例では、何が悲しいのだろうか。

次の (45) について、細川 (1990) は、「この連用修飾の用法は動詞の叙述内容に対して行われているものである」と述べ、「眺めている」ことが「感情の対象」であるとしている。「庭の木の葉が散って行くの眺めている」ことが「かなしい」という感情を引き起こしたという解釈である。

(45) 次の年のわたしは田舎に疎開していて、旧家の離れで生まれたばかりの香代子により添って庭の木の葉が散って行くのを<u>かなしく</u>眺めていた。
(=(15))

確かに、(45) は、「庭の木の葉が散っていくのを眺めたこと」が「かなしい」という解釈が可能である。しかし、次の (46) では、「見上げた」ことが「うらめしい」わけではない。

(46) しかし、今年はソメイヨシノの開花が遅く、やっと咲いたと喜んだのもつかの間、雨であっという間に散ってしまい、どんどん緑が色濃くなっていく枝を<u>恨めしく</u>見上げたものでした。　　（『読売新聞』2005.04.25）

「見上げた」と「うらめしい」は、どういう関係なのだろうか。(46) では、「枝を見上げた」ことが、「恨めしい」という感情を引き起こしたわけではない。また、「恨めしい」という感情が「枝を見上げる」という動作を引き起こしたわけでもない。「恨めしい」が動作を引き起こした場合は、次の (47) のように述べなければならない。

(47) 恨めしくて、枝を見上げた。

(46) の例で、「恨めしい」のは、「見上げた」ことではなく、「どんどん緑が色濃くなっていく枝」である。つまり、認識系の動詞の場合、見たり聞いたりした内容が感情を引き起こしているのであり、「見上げた」は、「枝」を認識する動作を表しているだけなのである。そして、(46) の「枝を見上げた」と「恨めしい」の間には、「見上げた」ときに「恨めしい」と思っていたという同時

性が存在するだけである。(45)の例も、同様に「庭の木の葉が散っていく」ことが「かなしい」という解釈が可能である。

次の(48)も、「聞き流した」ことが「つらい」わけでも、「つらい」から「聞き流した」わけでもない。(49)も「思い出した」ことが「恥ずかしい」わけでも、「恥ずかしい」から思い出したわけでもない。それぞれ「聞き流した内容」、「思い出した内容」が感情の対象である。

(48)「私の人生って一体何だったのかしら」。つぶやく母に「あら。いい子供たちを育てたじゃないの」と冗談めかして言ってみるが、他の人格におんぶした自己表現の悲しさを、片棒をかついだ者として、<u>つらく</u>聞き流している。　　　　　　　　　　　　(『読売新聞』1991.10.29)

(49) 2歳の娘を抱いて混雑した電車に乗った時、近くの男性が「大変ですね」と娘を抱き取ってくれました。その時、「危険な人では」と勘ぐったことを<u>恥ずかしく</u>思い出します。　　　　　　　(『読売新聞』2009.04.01)

認識系の述語の例は、(45)のように、述語動詞の表す出来事が感情の対象であるという解釈が可能な例もあるが、すべての例が持っている副詞的成分と述語動詞の関係は、認識した内容が感情の対象であり、同時性を持っているということであると言える。

ところで、第4章の「Vテ、感情形容詞」の分析で、「娘が元気に頑張っているのを見て、うれしい」のような見聞きした内容が感情の対象である［対象認識］というタイプの存在を指摘した。この「Vテ、感情形容詞」の［対象認識］と、動作主認識の副詞的用法の認識系の述語の例は、認識した内容が感情の対象であるという点で共通すると言える。これは、言語で感情を表現する際に、「認識する」という行為がどのように言語化されるのかという興味深い課題を提起していると思われる。

5.1.2. 認識系以外の動詞

次に、述語が認識系ではない例を見てみよう。認識系以外の動詞でも、次の(50)(51)のように、述語動詞の表す出来事と副詞的成分の間に因果関係はな

く、同時性が存在するだけである。

(50)「序盤は負けるかと思ったが、開き直って気楽に指したのが良かった」
(『読売新聞』2011.08.24)
(51) 意識的に飲み逃げしたのではないが、ジングルベルの音楽鳴り響く師走の街を追いかけられている思いで、後ろめたく家路を急いだ。
(『読売新聞』1992.12.20)

(50) は、「気楽だから（将棋を）指した」や、「（将棋を）指したから気楽だ」という因果関係は持っておらず、「気楽な」と「指す」は、同時性を持っているだけである。(51) も同様である。
次の (52) は、「(賞を) 頂いた」ことが「ありがたい」という解釈も可能であるが、「頂いた」ときに「ありがたい」という感情を持っていたという解釈も可能である。

(52)「全員でもらった賞。ありがたく頂きます」 (『読売新聞』2011.08.01)

このように、認識系以外の動詞の場合も、(52) のように述語動詞の表す出来事が感情の対象であるという解釈が可能な例もあるが、すべての例が持っている副詞的成分と述語動詞の関係は、同時性であるということができる。
以上、動作主認識の副詞的成分の述語動詞を認識系とそれ以外に分けて見てきた。どちらにおいても、副詞的成分と述語動詞は、同時性を持っているだけであることを確認した。
しかし、感情形容詞の副詞的成分と述語動詞が同時性を持っているというのは、存在する例がそうであるだけで、この条件を満たせば適格文を産出できるというわけではない。たとえば、次の (53) は、「悲しい気持ちで泣いた」という解釈の文としては、不自然である。

(53) ?私は、悲しく泣いた。

（53）がなぜ不自然なのかは、現段階では明らかにできておらず、課題として残っている。ただし、実例を見ていると、次の（54）（55）のような「このような言い方をするのか」と感じるような例も、述語動詞と副詞的成分の間に因果関係はなく、同時性があるだけであるという原則を守っているということを述べておきたい。

(54) その後も一年間、朝練習を続けたが、「<u>苦しく</u>走ることしかできない」自分を見つけて驚いた。引退を決めた。　　　　　（『読売新聞』2002.01.07）
(55) 『天使？…。じゃあ、僕死ぬの？』『…』輝羅は目を細めて微笑むと、そっと彼の上に手を翳した。すると、その掌に柔らかな光が現れ、<u>愛しく</u>抱くように、達郎少年を包んでいった。　　　　　　　　　　（『アブナイ』）

5.2. 主体

　次に、動作主認識の副詞的成分の主体（動作主）について考えていきたい。動作主認識の副詞的成分は、動作主が副詞的成分で表される感情の持ち主であるから、主体は、人間でなければならない[8]。そして、動作主認識の副詞的成分の例には、主体が特定の例と不特定の例がある。以下、順に見ていく。

5.2.1. 主体が特定の例

　主体が特定の例は、主体に制限があり、それは、感情形容詞の非過去・言い切りの述語の「人称制限」と呼ばれる現象と同じであることを確認する。
　感情形容詞が非過去形・言い切りの述語として用いられた場合、「ふつうは、話し手自身の感情・感覚しか表さない」とされている（西尾（1972：26））。

(56) ＊あなたは　かなしい。
(57) ＊あの人は　うれしい。　　　　　　　　　　　　　　　　（西尾1972）

8　モノが主体でも、擬人化されている場合、動作主認識の副詞的成分になり得る。
　　（ロ）りんごは、仲間が捨てられていくのを<u>悲しく</u>見ていました。

そして、「書き手（話し手）が第三者の気持ちにはいり込んで、自分のことのように表現するばあい」は「この原則にあてはまらない、例外的なばあい」であると言う。

(58) 時雄は常に苛々して居た。書かなければならぬ原稿が幾種もある。書肆からも催促される。金も**欲しい**（以下略）。(田山花袋『蒲団』])

(西尾1972)

また、「述語が質問・推量・解説などの形をとっている時には、一人称以外の人を感情の主体とする文」が成立すると述べている。

(59) 「これが**いたいか**」相手はその手をとびかかるようにしてつかんで前へ引いた。(野間宏『真空地帯（上）』)
(60) 「大宮さんがいらつしてはあなた**お淋しいでせう**」(武者小路実篤『友情』)
(61) うちの親爺は、貴郎の親爺が余程**憎**いんだわ。(『宝石』1956年10月)

(西尾1972)

これらの感情形容詞が述語として使われた場合の人称の制限は、副詞的用法にもあてはまる。まず、主体が話者の文は、適格文となる。

(62) お便り、ありがとう。あやめさんは、時間の正体をちゃんとご存じなんだなと、うれしく読みました。　　　　　(『読売新聞』2011.07.17)
(63) これが判ったのは日本を出発する二日前だったので、辞退するわけにもいかず、なにをしたらいいのか分からない内科医として心細く参加したのだった。　　　　　　　　　　　　　　　　　(『冬物語』)
(64) 豊島係長は「ありがたく使わせてもらう」と話している。

(『読売新聞』2011.01.11)

(62)-(64)は、主体が「うれしい」等と感じた動作主認識の副詞的成分で、かつ、主体が話者、つまり第一人称である。

次は、主体が第三者の例であるが、このような文は、語りの文としてしか許容されない。これは、(58)の「(時雄は)金が欲しい」が語りの文としてのみ適格であるのと同じである。

(65)　花子は、太郎からの手紙を<u>うれしく</u>読んだ。
(66)　花子は、<u>恨めしく</u>空を見上げた。

　そして、次のような主体が聞き手の断定の文は、非文であると言ってよいだろう。

(67)　*あなたは、太郎からの手紙を<u>うれしく</u>読んだ。
(68)　*君は、<u>恨めしく</u>空を見上げた。

　主体が聞き手で適格文であるのは、次のような文である。

(69)　石垣正夫市長が「<u>楽しく</u>遊ぼうね」と園児に呼びかけ、保護者に「安心して子育てや仕事に励んで下さい」と話した。(『読売新聞』2010.05.09)
(70)　「うつ病は、他人の目を気にしない『マイペース』が大事。同好会のような会なので、いつでも<u>気楽に</u>参加してください」
　　　　　　　　　　　　　　　　　　　　　　　(『読売新聞』2003.01.29)
(71)　「<u>楽しく</u>飲んでる？」

　(69)で「楽しい」と感じるのは、「園児(または園児と市長)」であり、聞き手である。このように、主体が聞き手の文は、勧誘や依頼・質問の文であれば、適格文である。これは、感情形容詞が述語として用いられる場合、「述語が質問・推量・解説などの形」の場合は、主体が話者でなくとも適格文となるのと並行的であると言える。人称制限は、述語において見られる現象とされているが、副詞的用法にも見られるのである。

5.2.2. 主体が不特定の例

　次に、主体が不特定の例を見てみる。主体が不特定の例は、述語動詞が可能形である。

(72) 好奇心とチャレンジ精神がうまく組み合わさって、人間は一生を<u>楽しく</u>過ごせる。　　　　　　　　　　　　　　（『読売新聞』2011.01.17)
(73) ドーナツ形の枕の中央に頭を載せて抱きかかえるようにすると、姿勢が安定し、<u>心地よく</u>眠れるという。　　　　（『読売新聞』2011.04.27)

　(72)は、「人間」が主体で、好奇心とチャレンジ精神を持っていれば、誰でも「一生を楽しく過ごせる」ことを述べている。(73)は、「ドーナツ形の枕の中央に頭を載せて抱きかかえるようにする」と、誰でも「心地よく眠れる」ことを述べている。(72)(73)は、ある条件を満たせば、誰でも副詞的成分の感情・感覚を持って、述語動詞の動作が行えると述べているのである。
　ところで、寺村(1982：259)は、可能表現の中には次の(74)のように、「は」で取り立てられた名詞句が「動作を受けるもの」である「受動的可能」の存在を指摘している。これらは、「一般に、人々、我々、あなた(がた)にとって」いうことを表しているという。

(74) コノ茸ハ食ベラレナイ
(75) 〔人間ニ〕コノ茸ガ食ベラレル（コト）　　　　　　　　　　　（寺村1982)

　そして、(74)は、「コノ茸」が主題としてとりたてられ、「コノ茸」の属性を述べる文になっていると考えられる。次の(76)も、同様に、モノの属性を述べる文となっている。

(76) 将棋好きで知られる作家の団鬼六さんが米長名人を論じた「米長邦雄の運と謎」(山海堂、千三百円)を著した。団さんの体験談が中心で<u>楽しく</u>読める。　　　　　　　　　　　　　　　　　　（『読売新聞』1999.01.06)

(76) は、「米長邦雄の運と謎」という本は、誰にでも「楽しく読める」ということを述べることで、この本の属性を述べる文に移行していると考えられる。
　以上のように、主体が不特定の文は、述語動詞が「受動的可能」であり、「誰でも〜く〜できる」と述べる文、または、「誰でも〜く〜できる」と述べることによって、モノの属性を述べる文である。

5.3. 形容詞の偏り

　次に、動作主認識の副詞的成分の例の形容詞の偏りについて見ていく。述語動詞で表される出来事と副詞的成分で表される感情とが、実現したかどうかを感情形容詞A群とB群で比較を行い、A群は、未実現の文には表れにくいということを指摘する。なお、第三者が主体の文は、語りの文でしか許容されないので考察の対象から外す。
　次の (77)-(80) は、実現済みの文である。これらは、「読んだ」こと等、述語動詞が表す出来事は実現しているため、「うれしい」「切ない」等の感情・感覚も実現している。実現済みの例には、感情形容詞AとB、どちらも動作主認識の副詞的成分として現れる。(77)(78) はA、(79)(80) はBの例である。

(77) 宮城県塩釜漁港できのう、マグロの水揚げがあったという記事を<u>うれしく読んだ</u>。
　　　　　　　　　　　　　　　　　　　　　　　　（『読売新聞』2011.04.15）
(78) ２度目の病院では、呼吸困難があると伝えておいたにもかかわらず、カルテが届かないからと、またも待たされることに。医師たちのいる部屋から談笑する声が廊下に響き渡るのを<u>恨めしく聞く</u>しかなかった。
　　　　　　　　　　　　　　　　　　　　　　　　（『読売新聞』2005.09.07）
(79) 四日市には３か月前に赴任したばかりで、緊張や戸惑いの日々が、「おいしかった」「歌って楽しかった」と癒やされ、<u>心地よく眠り</u>につけた。
　　　　　　　　　　　　　　　　　　　　　　　　（『読売新聞』2009.08.06）
(80) フジテレビ系２日「衝撃！三世代比較ＴＶ」を<u>楽しく見た</u>。
　　　　　　　　　　　　　　　　　　　　　　　　（『読売新聞』2010.11.19）

　このように、実現済みの場合、(77)(78) のような「うれしい」「恨めしい」

といったAの「より経験者の状態を述べることを志向する語」に分類された感情形容詞も、(79)(80)のような「楽しい」「心地よい」のようなBの「対象の状態も表すことを志向する語」に分類された感情形容詞も現れる。

一方、次の(81)-(85)は、未実現の文である。(81)(82)は、述語動詞の表す「飲む」「頂戴する」という出来事はまだ実現しておらず、「楽しい」「ありがたい」も実現していない。また、(83)-(85)のように不特定多数を主体とする文も、未実現である。これらの未実現の文には、Bの形容詞は現れる。

(81) 「節約はしたいけど、たまには友人らと楽しく飲みたい
『読売新聞』2009.06.20)
(82) つべこべいわず、ありがたく頂戴しておけ。
(83) ドーナツ形の枕の中央に頭を載せて抱きかかえるようにすると、姿勢が安定し、心地よく眠れるという。　　　　　　　(=(73))
(84) 山岡さんは「漱石の作品は、現代人の心に通じるものが多く、100年たっても面白く読める。実際に手に取ることができる展示にした」と話した。
『読売新聞』2009.12.0)
(85) シャツは5300（税込み）。市商工労政課は「涼しく着られると思う。たくさんの人に着て欲しい」と話し、市民にも購入を呼びかけている。
『読売新聞』2005.06.25)

しかし、Aの感情形容詞では、未実現の文を作りにくいようである。Aの形容詞で未実現の例は、次のように不適格である。

(86) ＊せっかく妻が買ってくれたのだ。うれしく受け取っておこう。
(87) ？東北出身者が集まるあの店に行けば、方言を懐かしく聞くことができます。

このように、未実現の文には、Bの形容詞のみが現れる。本書で収集した(81)-(85)のような未実現の例の形容詞は、「ありがたく」「おもしろく」「楽しく」「暖かく」「快適に」「心地よく」「涼しく」がほとんどで、これらの形容詞は、

すべてBに分類される語である。述語動詞の表す出来事が実現したか否かと、形容詞A・Bによる文の適格性をまとめると、表2のようになる。

表2　述語動詞の表す出来事の実現未実現と形容詞の関係

動作＼形容詞	感情形容詞A群	感情形容詞B群
実現	懐かしく聞いた。	楽しく聞いた。
未実現	?懐かしく聞ける。	楽しく聞ける。

　以上、実現済みの例の副詞的成分には、AとBの感情形容詞が共に現れるが、未実現の例はBのみで、Aの形容詞は現れにくいということを確認した。
　第2章で、Aの形容詞、例えば「うらやましい」が「うらやましい話」は言えるのに、「*うらやましそうな話」と言えないことについて、話者が、ある話を「うらやましい」と思って初めて「うらやましい話」なのであり、「話の属性と捉えることはできない」ためであることを見た。そして、動作主認識の副詞的用法においても、Aの形容詞は実現済み、つまり、その感情が実際に起きた文でしか使えない。「*方言を懐かしく聞ける」が言えないのは、「懐かしい」がある方言が持っている属性と捉えることは難しいからであり、あくまでも話者が方言を聞いて「懐かしい」と思ってはじめて、「懐かしく聞いた」と言えるのであろう。これは、「*うらやましそうな話」が言えないのと同様に、Aの感情形容詞の「より経験者の状態を述べることを志向する」性質によるものであると考えられる。

6. 話者認識の副詞的成分

　次に話者認識の副詞的成分の例を見てみよう。話者認識の副詞的成分とは、話者がモノや第三者の外側から見た様子を述べる副詞的成分である。話者認識の副詞的成分と述語動詞の関係と、副詞的成分の主体について考察する。

6.1. 副詞的成分と述語動詞の関係

　話者認識の副詞的成分と述語動詞の関係を見てみると、動作主認識と同様に、

同時性を持つと言うことができる。

(88) 間近に迫る山々のシルエットを浮かび上がらせる夕やけに、スズムシの音が寂しく響いた。　　　　　　　　　　　（『読売新聞』2004.10.06）
(89) 氏神さまの分霊を翌年の世話役に引き渡す伝統行事「今岳権現つうわたし」14日、伊万里市大坪町古賀地区で行われ、顔に墨を塗りたくった一行が愉快に家々を巡った。　　　　　　（『読売新聞』2009.12.15）

　(88) は、「スズムシの音」の様子であるが、「スズムシの音」が「響いている」ときに、「寂しい」と思わせるような様子なのであり、同時性がある。(89) も、「一行が家々を巡った」ときに「愉快だ」と思わせるような様子なのである。このように、話者認識の副詞的成分は、副詞句と述語動詞に同時性があるという点で、動作主認識の副詞的成分と共通する。
　ところで、話者認識の副詞的成分の例を集めていると、述語動詞が「踊る」「演じる」「描く」等の芝居・絵画等を作り出す動詞の例がある。

(90) クララと王子は夢の国を旅するうちに、愛し合うが、いつしか夢は覚める。そこで最後に「別れのパ・ド・ドゥ」を切なく踊る。
　　　　　　　　　　　　　　　　　　　　　　　　（『読売新聞』2009.11.06）
(91) 個性的な三人が、女たちの金銭欲や老いへの不安をコミカルに、そして、ちょっぴり悲しく演じる。　　　　　　　　　　　　　　　（=(3)）

　確認しておくが、(90) は、主体である「クララと王子」が「切ない」と思ったわけではない。「クララと王子」について外側から述べる話者認識の副詞的成分である。(91) は、「踊り方」が「切ない」と感じさせるような踊り方であることを述べつつ、出来上がった作品としての踊りが「切ない」ということを述べていると思われる。出来上がった作品の様子をも述べるのは、述語動詞が何らかの作品を生み出す作成系の動詞であることによると思われる。ここで、感情形容詞以外の副詞的成分を見てみよう。

(92) a. 花子は、ゆっくり踊った。
　　 b. 花子は、力強く踊った。
(93) a. 花子は、ゆっくり歩いた。
　　 b. 花子は、力強く歩いた。

　(92)は、「踊り方」が「ゆっくり」「力強い」ことを表しているが、ゆっくり踊れば、作品としての踊りも「ゆっくり」したものに、「力強い」踊り方で踊れば、作品も「力強い」ものとなり、出来上がった作品の様子をも表していると言える。一方、(93)の「歩く」は何も作り出さないので、「歩き方」が「ゆっくり」「力強い」という動作の行われ方を表す解釈しかない。そうすると、先に見た(90)(91)は、述語動詞が作成系であるために、動作の行われ方を述べつつ、歌や演技といったできあがった作品の様子を述べていると考えることができる。述語動詞が作成系の例は、できあがった作品の様子をも述べているという点が他の例と異なるが、動作の行われ方をも述べていると考えられるので、同時性は持っていると言えるだろう。
　ところで、述語が作成系の例には、受動文も存在する。

(94) ふつうの家庭と変わらない愛が心地良く描かれた小説でした。
　　　　　　　　　　　　　　　　　　　　　　　（『読売新聞』2010.05.08）
(95) ロボットが同級生、という大きなウソが物語の中心に据えられているが、それを受け止める平太たちの心情は繊細に、切なく描かれている。
　　　　　　　　　　　　　　　　　　　　　　　（『読売新聞』2010.10.10）

　(94)(95)は、受動文になり、「描く」という行為の動作主が見えなくなっているため、「描く」という行為と「心地よい」「切ない」の同時性はない。しかし、これは、受動文になり「描かれたもの」が主体となった文であり、(94)は、「ふつうの家庭と変わらない愛」の様子が「心地よい」、(95)は、「それを受け止める平太たちの心情」が「切ない」のであり、主体の様子を述べている文である。つまり、(94)(95)は、「花が寂しく枯れている」と同じタイプであると見ることができる。

以上、話者認識の副詞的成分は、モノや第三者の外側から見た様子を述べる成分であり、副詞的成分と述語動詞の間には同時性があることを確認した。また、述語動詞が何らかの作品を作り出す作成系の能動文の例は、動作の行われ方を表しつつ出来上がった作品の様子を述べる文であることを見た。

6.2. 主体

　話者認識の副詞的成分の主体は、(96) のようにモノか、(97)(98) のように第三者である。そして、話者認識の副詞的成分は、主体の感情を表す成分ではない。

(96) 商店街はシャッターが下りて自動販売機だけが<u>寂しく</u>立っている。
　　　　　　　　　　　　　　　　　　　　　　　　（『朝日新聞』2009.08.19）
(97) 「若い人たちの飲み方、好みの曲が変わってしまって……」と女将さんは<u>寂しく</u>笑った。　　　　　　　　　　　（『読売新聞』2000.07.23）
(98) 事件記者出身のミシェル・ビアネイ監督が、権力をバックにした構造犯罪を不気味に、<u>恐ろしく</u>描く。　　　　　（『読売新聞』1987.03.10）

　(96) は、主体がモノであり、「自動販売機」の感情とは考えられない。(97) の例については後述するが、「女将さん」が「寂しい」と思ったわけではない。(98) は、「ミシェル・ビアネイ監督」が、「恐ろしい」と思いながら「描いた」わけではない。これらは、述語動詞の主体の感情・感覚を表すものではないという点で共通している。以下では、動作主認識の副詞的成分と話者認識の副詞的成分との比較を通して、話者認識の副詞的成分の例が感情の対象の側から出来事を描いている文であることを確認する。
　はじめに、主体がモノの例から見ていく。次の (99) は、話者認識の副詞的成分の例だが、(100) のように動作主認識の副詞的成分の文でも、同様の出来事を描くことができる。

(99) はがきを見つめていたら、将来が見通せない若い日の不安が、ちょっと<u>懐かしく</u>よみがえった。　　　　　　　　　（『読売新聞』2011.08.28）

(100) はがきを見つめていたら、将来が見通せない若い日の不安を、<u>懐かしく</u>思い出した。

　感情形容詞が描く出来事には、多くの場合、経験者である人間と、感情の対象であるモノがあるわけであるが、話者認識の副詞的成分は、感情の対象であるモノの側から述べた文であると考えることができる。次の（101）も、（102）のように述べることもできる。

(101) 風穴の中は5度程度の涼風が<u>心地よく</u>そよいでいる。
　　　　　　　　　　　　　　　　　　　　　　　（『読売新聞』2009.07.06）
(102) 風穴の中で5度程度の涼風を<u>心地よく</u>感じた。

　（101）は、モノの側から述べた文である。（102）は、述語動詞が「感じる」であり、必須成分か非必須成分かの判断が難しい例であるが、人間の側から描いていると言えるだろう。無論、これらの文が全く同じであると主張しているわけではない。ここで主張したいことは、（100）の動作主認識の副詞的成分や（102）が、経験者である人間の側から出来事を描いているのに対し、（99）（101）の話者認識の副詞的成分は、感情を引き起こすモノの側から描いているということである。このような考えのもとで、もうひとつ例を見てみる。

(103) 澤田さんの「私は花束を作り続けてきた、道の傍らに<u>寂しく</u>咲いていた花、誰かがそっと置いていった花を集めて」という言葉が心に響く。
　　　　　　　　　　　　　　　　　　　　　　　（『読売新聞』2009.03.11）

　（103）も、咲いている花が「寂しい」という感情を引き起こすような様子であることを述べており、感情を引き起こすモノの側から描いている話者認識の副詞的成分である。
　次に、主体が人間の例を見ていこう。次の（104）は、人間が主体であるが、「女将さん」が寂しいと感じたということではなく、女将さんの笑う様子が「寂しい」と述べているのである。

(104)「若い人たちの飲み方、好みの曲が変わってしまって……」と女将(おかみ)さんは寂しく笑った。　　　　　　　　　　　　　　　（＝(97)）

(104) は、「女将さん」が「寂しい」と思っていることを表しているわけではない。女将さんの感情を述べるには、次のように「ソウダ」を用いて、「女将さんは寂しいと思っているように見える」と表現しなければならない。

(105) 女将さんは、寂しそうに笑った。

(104) の「女将さんは寂しく笑った」は、「花が寂しく咲く」と同様に、外側から見た「笑った女将さん」の様子が「寂しい」と述べていると考えられる。これらの話者認識の副詞的成分は、属性形容詞と同じように、モノや第三者の外側から見た様子を述べているのである。そう考えることにより、次の (106) と (107) の副詞的成分と述語の関係が同じであることが説明できる。(106) は感情形容詞、(107) は属性形容詞であるが、どちらも「花」と「花子」の外側から見た様子を述べているのである。

(106) a. 花が、寂しく咲いている。
　　　b. 花子は、寂しく笑った。
(107) a. 花が、かわいく咲いている。
　　　b. 花子は、かわいく笑った。

以上、話者認識の副詞的成分の例は、主体がモノや第三者であり、モノや第三者の外側から見た様子を述べている成分であり、感情形容詞がモノの属性を表していると言えるということを述べた。

7. まとめ
感情形容詞の副詞的用法をまとめると、次の表3のようになる。そして、以下のことを述べた。

表3　感情形容詞の副詞的用法の分類

分類	述語動詞の主体		例	副詞的成分
動作主認識の副詞的成分	特定の人間	話者	知らせを悲しく聞いた。 友人をうらやましく見ていた。 ありがたくもらっておこう。	主体（動作主）の感情を表す
		聞き手	みんなで楽しく遊びましょう。	
		第三者 （語りの文のみ）	太郎は、雨雲を恨めしく見上げた。	
	不特定の人間		この枕を使えば心地よく眠れる。 この本は、楽しく読める。	
話者認識の副詞的成分	モノ 第三者		鐘が悲しく響いた。 花が寂しく枯れている。 花子は寂しく笑った。 花子の苦しみが切なく描かれている。	主体の外から見た様子を表す
			花子はジュリエットを切なく演じた。	主体の外から見た様子と、できた作品の様子を表す

【1】感情形容詞の副詞的用法は、「動作主が動作の実現中に思った・感じたこと」を表す「動作主認識の副詞的成分」と、話者がモノや第三者の外から見た様子を表す「話者認識の副詞的成分」に分類できる。

【2】動作主認識の副詞的成分の主体は、小説の地の文等の語りの文を除き、人間で、主体は第一人称でなければならない。動作主認識の副詞的成分と述語動詞には、因果関係はなく、同時性が存在するだけである。

【3】話者認識の副詞的成分の主体は、モノか第三者である。話者認識の副詞的成分の述語動詞と副詞的成分の間にも同時性が存在する。

　本章では、感情形容詞の副詞的用法について考察を行った。動作主認識の副詞的成分は、述語動詞と同時性があるだけであることを述べた。しかし、これは、存在する例がそうであるだけで、この条件を満たせば適格文を産出できるというわけではないという点が課題として残っている。同時性がある以外に、どのような条件を満たせば適格文になるのかは、今後も考えていきたい。

【用例出典】
『朝日新聞』聞蔵Ⅱビジュアルによる　http://database.asahi.com/library2/（最終閲覧日2014.08.30）
『読売新聞』ヨミダス文書館による　http://www.yomiuri.co.jp/bunshokan/（最終閲覧日2014.08.30）
『アブナイ天使』藤田一輝（2005）文芸社
『冬物語』「タオルと銃弾」南木佳士（1997）文芸春秋

第 7 章

日本語教育への応用に向けて

　第 7 章では、本書の成果をどのように日本語教育に応用し得るか、本書の出発点でもある「動詞のテ形、感情形容詞」という文型を例に考えてみたい。はじめに、問題の所在を確認し、第 4 章で見た「動詞のテ形、感情形容詞」が適格文となる条件を日本語教育への応用という観点から確認する。そして、前件が<u>無標のテ形</u>（例：着て）か、<u>可能テ形</u>（例：着られて）かが問題となることを確認する。次に、「動詞のテ形、<u>感情動詞</u>」（以下、「Vテ、感情動詞」）と「動詞のテ形、<u>感情形容詞</u>」（以下、「Vテ、感情形容詞」）との違いを見る。これは、初級の日本語の教科書では、「Vテ、感情形容詞」と「Vテ、感情動詞」は同じ文型として扱われているからである。そして、この 2 つは初級の日本語教育においては、同じ文型として扱うことが可能であることを述べる。次に、可能形と「Vテ、感情形容詞／動詞」（以下、「Vテ、感情」）という文型が初級の日本語の教科書でどのように扱われているかを確認し、問題点を指摘する。最後に、「Vテ、感情」を産出するための学習者向けのルールと、日本語教師向けの文法解説をまとめる。

　なお、第 7 章の例文は、作例が中心であるが、3.2 で国立国語研究所の『現代日本語書き言葉均衡コーパス（Balanced Corpus of Contemporary Written Japanese、略称BCCWJ）』を使用している[1]。

---

[1] 第 7 章のBCCWJの用例は、サブコーパス、コア・非コアデータ、固定長・可変長の指定を行わず、全データを対象に短単位検索を行い収集したものである。BCCWJについては序章の 5 節を参照されたい。

1. 初級の日本語の教科書で「Vテ、感情形容詞」をどう扱えばよいか

　初級の日本語クラスで、文型を導入し使用場面を理解させたのちに、例文を考えさせると、不自然な文ができる文型がある。そのひとつが第4章で考察を行った「Vテ、感情」という文型である。

（1）＊友達に会わなくて、寂しかったです。
（2）＊みんなと会って、うれしいです。

　（1）（2）は、前件を「会えなくて」「会えて」と可能テ形にすれば適格文になるが、いつも可能テ形であるわけではない。次の（3）（4）のように、前件が無標のテ形で適格の文もある。

（3）大学に合格して、うれしかったです。
（4）地震のニュースを聞いて、びっくりしました。

　（1）（2）のような誤用をなくすには、前件がどんな場合に無標のテ形で、どんな場合に可能テ形なのかを示さなければならないのである。なお、この文型を教えた後に例文を作らせると不自然な文ができると考えているのは、筆者のみではない。『初級日本語』(東京外国語大学留学生日本語教育センター編)の教師用指導書である『直接法で教える日本語』の「文型導入〈Vて、Result〉」の個所には、「あなたに会えて、うれしいです。」「あなたに会えなくて、ざんねんです。」等の例文の下に、次のような記述がある (p.392)。

　　留意点2：「Vて」が理由を表す例文は、ここに提示されたものにとどめておく方がよい。

　なぜ「例文は、ここに提示されたものにとどめておく方がよい」のかは言及されていないが、不自然な文ができてしまうことによると思われる。本章では、初級の日本語の教科書で「Vテ、感情」をどう扱えばよいのかを考察する。

2. 「Vテ、感情形容詞」が適格文となる条件（日本語教育への応用に向けて）

　第4章で見た「Vテ、感情形容詞」が適格文となる条件を日本語教育への応用という観点から、前件の形に注目して確認する。第4章では、「Vテ、感情形容詞」は、［対象事態］と［対象認識］という2つのタイプに分類できるということを述べた。第4章で［対象事態］の分析にあたり、前件と後件の主体（ガ格名詞句）によるA・B・Cという分類と、前件のガ格名詞句の意味役割（前件の動作主が後件の主体と同一であるか否か）による分類の2つの分類を用いたが、本節は、主に後者で議論を進める。意味役割による分類が、日本語教育への応用には役に立つと考えるからである。そして、「Vテ、感情形容詞」の前件は、無標のテ形の場合と可能テ形の場合、それ以外にも受身と受益表現のテ形があり、この点が日本語教育においては問題となることを確認する。

　第4章の「Vテ、感情形容詞」が適格文になる条件を日本語教育への応用ということを踏まえてまとめると、次の表1のようになる。無標のテ形は「テ形」、可能テ形は「可能テ形」、受身のテ形は「受身」、受益表現のテ形は「受益表現」と記す。なお、表1の番号は、4.2.3において、初級の日本語の教科書でどのタイプの例文が取り上げられているかを調査する際に用いる番号である。

　ところで、第4章で、「Vテ、感情形容詞」の［対象事態］Aの前件が肯定で好ましく後件が過去形の場合は、次の（5）のように、前件に自己制御性があっても適格文となることを見た。

（5）着物を着て、うれしかったです。

　しかし、（5）は、「着物を着られて」に言いかえが可能で、かつ、第4章で述べたように、実例では「着られて」のように可能テ形が多いことから、初級の日本語教育では取り上げなくてもよいものと思われる。よって、以下の議論では、（5）のような例は除外し、表1にも掲載しない。

　表1の例について、ひとつずつ確認していこう。まず、①の［対象認識］の前件はテ形である。そして、［対象認識］は、前件が「見る」「聞く」「知る」等の認識系の動詞に限られ、次の（7）のような前件が否定の文はないと思われる。なぜならば、感情の対象を認識する段階の動作が否定では、何も認識し

表1 「Ｖテ、感情形容詞」の前件の形

タイプ	前件の主体	前件の動作主	前件の条件			番号	例文	前件の形
対象認識	ヒト	同一主体	後件の主体	肯定		①	知らせを聞いて、うれしいです。	テ形
				否定				
対象事態	ヒト	A 同一主体	後件の主体	否定		②	旅行に行けなくて、残念です。	可能テ形
				肯定		③	着物を着られて、うれしいです。	
						④	合格して、うれしいです。	テ形
						⑤	親に嘘をついて、苦しいです。	
			他者	関与する	好ましくない	⑥	太郎にだまされて、悔しいです。	受身テ形
		B 異主体					太郎にほめられて、うれしいです。	
					好ましい	⑦	あこがれの選手に野球を教えてもらって、うれしいです。	受益表現
				関与しない	好ましくない	迷惑だ	⑧	山田に新記録を出されて、悔しいです。	受身テ形
						迷惑でない	⑨	大勢の人が亡くなって、悲しいです。	テ形
					好ましい	結びつき分かりにくい	⑩	隣の娘さんが帰ってきてくれて、うれしいです。	受益表現
						結びつき分かりやすい	⑪	娘が帰ってきて、うれしいです。	テ形
	モノ	C 異主体		肯定		⑫	シュートがきまって、うれしいです。	テ形
				否定			シュートがきまらなくて、残念です。	

ていないのに感情が動いたことになり、論理的におかしいからである。

（６）知らせを聞いて、うれしいです。　　　　　　　　　……①
（７）＊知らせを聞かなくて、残念です。

　次に、[対象事態]の前件は、原則として後件の主体にとって自己制御性のない出来事でなければならない。まず、前件の動作主と後件の主体が同一で前

件が否定の場合、後件は必ず、②のように可能テ形である。

（８）旅行に行けなくて、残念です。　　　　　　　　　……②

　前件の動作主と後件の主体が同一で、前件が肯定の場合は、③のように可能テ形が基本である。ただし、④の「合格する」のように自己制御性のない動詞と、⑤のように前件が好ましくない出来事の場合は、無標のテ形である。

（９）着物を着られて、嬉しいです。　　　　　　　　　……③
（10）合格して、うれしいです。　　　　　　　　　　　……④
（11）親に嘘をついて、苦しいです。　　　　　　　　　……⑤

　前件の動作主と後件の主体が異なる場合、前件は、⑥⑧のような受身か、⑦⑩のような受益表現か、⑨⑪のような無標のテ形のいずれかである。これらの使い分けについては、第４章を参照されたい。

（12）太郎にだまされて、悔しいです。　　　　　　　　……⑥
（13）太郎にほめられて、嬉しいです。　　　　　　　　……⑥
（14）山田に新記録を出されて、悔しいです。　　　　　……⑧
（15）あこがれの選手に野球を教えてもらって、うれしいです。……⑦
（16）隣の娘さんが帰ってきてくれて、うれしいです。　……⑩
（17）大勢の人が亡くなって、悲しいです。　　　　　　……⑨
（18）娘が帰ってきて、うれしいです。　　　　　　　　……⑪

前件の主体がモノの場合は、無標のテ形である。

（19）シュートがきまって、うれしいです。　　　　　　……⑫
（20）シュートがきまらなくて、残念です。　　　　　　……⑫

　以上のように「Ｖテ、感情形容詞」の前件は、無標のテ形、可能テ形、受身

のテ形、受益表現のテ形がある。特に、前件の動作主が後件の主体と同一の場合は、可能テ形の場合と無標のテ形の場合があり、1節の問題の所在で見たように、この2つの使い分けが日本語学習者が「Vテ、感情」を産出する際に問題となるのである。

3.「Vテ、感情動詞」と「Vテ、感情形容詞」の比較

　3節では、「ニュースを聞いて、びっくりした」のような「Vテ、感情動詞」と「Vテ、感情形容詞」を比較する。初級の日本語の教科書では、「Vテ、感情形容詞」と「Vテ、感情動詞」は同じ文型として扱われているからである。
　はじめに、「Vテ、感情動詞」も［対象認識］と［対象事態］に分類できることを述べる。そして、「Vテ、感情動詞」の［対象認識］には、前件が認識系の動詞に限られるという制約がないことを指摘する。しかし、実例を見ると、認識系の動詞が多いため、「Vテ、感情形容詞」と「Vテ、感情動詞」は、初級の日本語教育においては、同じ文型として扱うことが可能であることを述べる。

3.1.［対象認識］の前件の制限

　「Vテ、感情動詞」も、［対象事態］と［対象認識］に分けることができる。

(21) 面接に落ちて、がっかりしました。　　　　……［対象事態］
(22) 面接の結果を聞いて、がっかりしました　　……［対象認識］

　(21) は、「(私が) 面接に落ちた」ことが「がっかりする」という感情を引き起こしている［対象事態］である。一方、(22) は、「がっかりする」という感情を引き起こしたのは「面接の結果」であり、「聞く」は感情の対象を認識する段階の動作を表しているだけである。このように、「Vテ、感情動詞」も［対象事態］と［対象認識］に分類できる。
　しかし、「Vテ、感情形容詞」の［対象認識］の動詞が「見る」「聞く」といった認識系の動詞に限られるのに対し、「Vテ、感情動詞」は、認識系以外の動詞も可能である。

(23) そうしたら、公衆便所の辺りで、大勢の野次馬が集まってて、何か騒いでた。俺も見にいって驚いたよ。全身血まみれの男がふらふら歩いてたんだ。　　　　　　　　　　　　　　　（BCCWJ『蛍降る惑星』）
(24) これまでの船旅の思い出というと、クイーンエリザベス２が横浜に寄港したとき、チャータークルーズに参加して感動しました。それまで経験したことのない、すごい世界があると思いました。日本人にも、いずれはこんな豪華な船旅がより身近になると、その時は感じたものです。また、船旅の楽しみ方も肌で感じました。　　（BCCWJ『船の旅』）

　(23)(24)の前件の動詞は、「いく」「参加する」であり、認識系の動詞ではない。(23)は、「全身血まみれの男がふらふら歩いていた」ことに驚いたのであり、「いった」は、感情の対象ではなく、感情の対象を認識する段階の動作である。(24)も、豪華な船旅に感動したのであり、「参加した」は感情の対象を認識する段階の動作である。このように「Ｖテ、感情動詞」の［対象認識］は、認識系以外の動詞も可能である。
　そして、「Ｖテ、感情動詞」は、前件の自己制御性の有無により、［対象事態］か［対象認識］かが決まる。次の(25)は［対象事態］、(26)は［対象認識］の例である。

(25) 洞窟に入れて、びっくりしました。　　　　……［対象事態］
(26) 洞窟に入って、びっくりしました。　　　　……［対象認識］

　(25)の前件は、自己制御性がなく、「（入れるとは思っていなかった）洞窟に入れたこと」にびっくりしたのである。一方の(26)の前件は、自己制御性があり「洞窟に入った」ことは感情の対象ではない。そして、何にびっくりしたのかは不明である。このように、「Ｖテ、感情動詞」では、前件に自己制御性がなければ［対象事態］であり、自己制御性があれば［対象認識］となる。
　以上、「Ｖテ、感情動詞」も［対象認識］と［対象事態］に分類できることを見た。そして、「Ｖテ、感情動詞」は、前件の動詞が認識系の動詞に限定さ

れず、前件に自己制御性がなければ［対象事態］、自己制御性があれば［対象認識］となることを確認した。

3.2.「Vテ、感情動詞」の［対象認識］の前件の動詞

次に、「Vテ、感情動詞」の［対象認識］の前件には、認識系の動詞が多いのか、それ以外の動詞が多いのかを調査し、認識系の動詞が多いということを指摘する。

BCCWJのデータを用いて「Vテ、感情動詞」の前件の動詞を調査した。吉永（2008）で「感情的心理動詞」として挙げられている139語のうち、『日本語能力試験出題基準（改訂版）』で旧2級の語彙として挙げられている以下の39語について検索をかけ、後件の主体が第一人称の例を取り出した。

　　愛する　あがる　あきらめる　飽きる　あきれる　憧れる　安心する
　　嫌になる　イライラする　恨む　おそれる　落ち着く　驚く
　　がっかりする　悲しむ　感激する　感謝する　感心する　感動する
　　緊張する　悔やむ　苦しむ　困る　こらえる　実感する　失望する
　　心配する　尊敬する　退屈する　楽しむ　ためらう　悩む　慣れる　憎む
　　のんびりする　びっくりする　まよう　満足する　喜ぶ

その結果、「Vテ、感情動詞」の用例が20例以上あった次の6語を対象とし、［対象認識］と［対象事態］に分類をした[2]。

　　驚く　困る　びっくりする　安心する　悩む　感動する

そして［対象認識］の前件の動詞を「見る」「聞く」等の認識系と、「入る」等の認識系以外に分類し、異なり語数と延べ語数を出した。その結果を表2に

---

2 「楽しむ」も20例以上用例があったが「楽しむ」は、前件と後件の関係が他と異なるため、ここでは除外する。ここで扱う「Vテ、感情動詞」は、「部屋に入って、驚いた」のように、前件の後で後件の感情が発生すると考えられる。一方、「パンを焼いて楽しんだ」は、前件と後件が同時であると考えられる。

示す。

表2を見ると、「困る」は、[対象事態]が延べ語数で98.1%であり、[対象事態]が圧倒的に多い。「困る」以外は、[対象事態]の延べ語数が20-60％代で

表2 「Vテ、感情動詞」の前件の動詞（BCCWJ）

		[対象認識] 認識系の動詞（見る等）	[対象認識] 認識系以外の動詞（入る等）	[対象事態]	計
驚く	延べ語数	80 49.4%	44 27.2%	38 23.4%	162 100%
	異なり語数	8 12.5%	27 42.2%	29 45.3%	64 100%
困る	延べ語数	1 0.6%	2 1.3%	154 98.1%	157 100%
	異なり語数	1 0.9%	2 1.9%	103 97.2%	106 100%
びっくりする	延べ語数	55 39.6%	12 8.6%	72 51.8%	139 100%
	異なり語数	8 11.9%	11 16.4%	48 71.7%	67 100%
安心する	延べ語数	26 60.5%	1 2.3%	16 37.2%	43 100%
	異なり語数	8 34.8%	1 4.3%	14 60.9%	23 100%
悩む	延べ語数	7 29.2%	1 4.2%	16 66.6%	24 100%
	異なり語数	6 31.6%	1 5.3%	12 63.1%	19 100%
感動する	延べ語数	13 56.5%	2 8.7%	8 34.8%	23 100%
	異なり語数	5 38.5%	2 15.4%	6 46.1%	13 100%
計	延べ語数	182 33.2%	62 11.3%	304 55.5%	548 100%
	異なり語数	17 7.3%	37 15.9%	179 76.8%	233 100%

ある。このように、［対象事態］と［対象認識］の割合は、語によって異なる。
　ここでは［対象認識］の前件の動詞を見たいので、表２の「困る」を除く５語を見てみよう。［対象認識］の延べ語数を見てみると、５語すべてにおいて、認識系の動詞が認識系以外の動詞より多い。そして、認識系の動詞の異なり語数は、延べ語数より少ない。以上のことから、「Ｖテ、感情動詞」の［対象認識］においては、認識系の動詞が多く、かつ、限られた語が何度も使用されているということがわかる。
　なお、「困る」をも含んだ６語の［対象認識］の認識系の動詞182例の異なり語は、次の17語（句）である。括弧の数字は、当該の語の延べ語数を示し、数字がないものは延べ語数が１であることを示す。

　　見る（73）　聞く（54）　知る（23）　思う（8）　気付く（4）　読む（4）
　　気が付く（3）　考える（2）　感じる（2）　気がする（2）　伺う
　　感じがする　尋ねる　覗く　判断する　見返す　わかる

　以上のデータより、「Ｖテ、感情動詞」の［対象認識］においては「見て、驚いた」「聞いて、安心した」「知って、感心する」のような組み合わせが多く使われると言える。
　また、認識系以外の動詞の異なり語37語のうち、２例以上例があったものは、次の８語である[3]。「入って、びっくりした」「行って、驚いた」「来て、感動した」のような組み合わせが多い。そして、「会う」「入れる」「調べる」以外は、移動を表す動詞である。

　　入る（8）　行く（7）　来る（5）　会う（3）　調べる（3）　入れる（2）
　　訪れる（2）　着く（2）

　なお、「入れる」は、２例とも次のような「口に入れる」である。

---

[3] なお、「驚く」「びっくりする」については、「調べてみて、驚いた」のように「～てみる」の付いた例が17例あったが、これらは本動詞の「調べる」で集計した。また尊敬語「お会いして、安心しました」は「会う」で集計した。

(27) 田村さんが絞めた鶏肉は、さばいて切り分け塩を軽く振って焼き、柚子を絞って食べた。「あれ、硬いんですね」私は鶏肉を口に入れて驚いた。すごく弾力があるのだ。　　　　　　　　（BCCWJ『天国はまだ遠く』）

　以上、「Vテ、感情動詞」の前件の動詞にについて見てきた。「Vテ、感情動詞」は、前件の動詞に制約はないものの、認識系の動詞が多いことを確認した。よって、初級の日本語教育においては、前件が認識系の動詞に限られる「Vテ、感情形容詞」と同じ文型として扱って差し支えがないと思われる[4]。また、認識系以外の動詞では「行く」等の移動を表す動詞が多いことも確認した。

4. 初級の日本語の教科書の分析

　初級の日本語の教科書（以下「初級の教科書」）の可能形と「Vテ、感情」の取り扱い方を見ていき、それぞれの問題点を指摘する。具体的には、過去の可能形については、「食べた」と「食べられた」、「食べなかった」と「食べられなかった」の違いが明示的に取り上げられていないものがあることを確認し、文型として扱うべきであるということを主張する。また、「Vテ、感情」については、「Vテ、感情」が「原因・理由のテ」として扱われているために、前件が自己制御性のない出来事でなければならないという説明がなく、いつ可能テ形でいつ無標のテ形かが明示的に示されていないということを指摘する。

　調査対象は、現在、市販されている初級の教科書のうち、ある特定の職業の学習者と短期の滞在者を対象としたものでない教科書16種である（本章末の【調

---

[4]　なお、感情動詞は、「迷うなあ」のように、非過去形でも現在を表すことがあることが指摘されている（堀川（1992）、髙橋（1994）、三原（2000）、山岡（2000）等）。そして、Vテ、感情動詞においても、次のように、後件がル形の文もないわけではない。
　　（イ）くすみ・しみ・クマで悩んでます。サプリメントを飲もうと思ってるんですが色々あって迷います。　　　　　　　　　（BCCWJ　Yahoo!知恵袋）
しかし、日本語教育においては、感情動詞がル形で現在を表すという現象は、「Vテ、感情動詞」とは別に扱うべきものである。よって、ここでは、上記の（イ）のような例は議論の対象外とする。

査対象とした日本語の教科書】参照)。なお、以下での議論は、初級中級上級と学習を進める学習者を想定している。

4.1. 可能形の取り扱い

本章の冒頭に挙げた日本語学習者の次の「Vテ、感情」の誤用は、「会えて」「会えなくて」と可能形を使用するべきところで使用していないという可能形の問題であるとも言える。初級の教科書で、可能形はどのように扱われているのだろうか。

(28) ＊友達に会わなくて、寂しかったです。　　　　　　　　　　　(=(1))
(29) ＊みんなと会って、うれしいです。　　　　　　　　　　　　　(=(2))

4.1.1. 日本語の可能表現の2分類

ここで、初級の教科書の可能形の取り扱いについて論じる前提として、日本語の可能表現の2分類を見ていく。日本語の可能表現は、渋谷(1993：14)で「動作の実現(非実現)を含意しない『潜在系（potential）の可能』」と「動作の実現(非実現)を含意する『実現系（actual）の可能』」に分類されている。以下では、それぞれ「実現可能」「潜在可能」と呼ぶ。(30)が潜在可能、(31)が実現可能の例である。

(30) a. 私は、500m泳げる／泳げない。
　　　b. 私は、小学1年生の時、500m泳げた／泳げなかった。
(31) a. 昨日、私は、やっと500m泳げた。
　　　b. 昨日、私は、がんばったけれども500m泳げなかった。
(32) ＊私は、500m泳げている。
(33) ア、ちゃんと泳げている。　　　　　　　　　　　　　　　　(井島1991)

(30a)は、現在「500m泳ぐ」という能力を有していること、(30b)は、「小学1年生の時」という過去の時点において「500m泳ぐ」能力を有していたことを述べる文であり、どちらも潜在的な能力を述べる文である。また、(30a)は、

「泳ぐ」というル形で現在を表す状態性述語であるため、(32)のようにテイルをつけることはできない。一方の(31a)は、「昨日」という過去の一時点において「500m泳ぐ」という出来事が実現したこと、(31b)は実現しなかったことを述べている。そして、実現可能は、状態性の述語ではないため、(33)のように、「テイル」が付くことが指摘されている（小矢野（1979）、井島（1991）、渋谷（1993））。

ただし、渋谷（1993：24）は、テンスが未来の場合は、ル形の潜在可能が未来の動作実現を含意するため、潜在可能と実現可能の区別は中和されるとし、次の例を挙げている。

(34) ぼくは明日までに絵が画ける(ママ)。　　　　　　　　　　（渋谷1993）

(34)は、絵を描く能力を持っているという潜在可能と、実際に絵を描く前提でいつまでに描けるかを問題にする実現可能の2つの解釈が可能であるとしている。このように、未来時においては、潜在可能と実現可能の区別が見えにくくなるが、能力の有無を述べるのか、出来事の実現または非実現を表すのかという意味的な違い、テイルを付けることができるかというアスペクト的な違いから、日本語の可能表現は2分されているのである。なお、以下では過去の実現可能を扱い、未来時の実現可能とも解釈が可能な例は、実現可能とは扱わない。

4.1.2. 出来事の成立と動作主の意図の関係

第4章で、無標のタ形と可能タ形（実現可能）がどのように使い分けられるのかを見た。もう一度、第4章の表を再掲する[5]。

表3と表4からわかるように、肯定の場合は、出来事が成立したことを、無標のタ形でも実現可能でも表すことができる。そして、肯定の場合、無標のタ

5　表3は、「食べる」のような多くの意志動詞の場合で、表4は「会う」のように、何の意図を持っていなくて向こうから人が歩いてきて「会う」という動作が成立することがある動詞の場合である。この2つ違いは、表の太線で囲った部分であるが、この点については、第4章の3.2.4を参照されたい。

表3　出来事の成立と動作主の意図の関係（食べる）

	意図有		意図無
	「～しよう」	「～しまい」	
成立（肯定）	食べた 食べられた	———	———
不成立（否定）	*食べなかった 食べられなかった	食べなかった *食べられなかった	———

表4　出来事の成立と動作主の意図の関係（会う）

	意図有		意図無
	「～しよう」	「～しまい」	
成立（肯定）	会った 会えた	会った（会ってしまった） *会えた	会った 会えた
不成立（否定）	*会わなかった 会えなかった	会わなかった *会えなかった	———

形と実現可能には違いがないかというと、実現可能は、出来事が「好ましく、かつ得難い」場合に用いられることが林（2007）によって指摘されている。

　一方の否定の場合は、意図のあり方によって、無標のタ形と実現可能を使い分ける必要がある。「食べよう」という意図有の場合は「食べられなかった」、「食べまい」という意図有の場合は「食べなかった」を用いるのである。これらを日本語学習者が実現可能の文を産出する際に必要な知識としてまとめると次のようになる。

　　ア．否定では、「～よう」という意図を持っていた場合は実現可能、「～まい」という意図をもっていた場合は無標の動詞を用いる。
　　イ．肯定では、無標の動詞と実現可能が同じ出来事の成立を表せるが、出来事が主体にとって好ましく、かつ、動作の実現が確実でなかった場合には、実現可能が適切である。

　ただし、イに関しては、表3、表4で見たように、肯定の実現可能は、同じ

出来事を無標の動詞でも言えるため、初級の日本語教育では扱いにくいのも事実である。しかし、適切な文脈で実現可能を初級から提示していくことが必要ではないだろうか。ここで、先に見た誤用例をもう一度見てみよう。

(35) 友達に会わなくて、寂しかったです。　　　　　　　　　　(=(28))
(36) *みんなと会って、うれしいです。　　　　　　　　　　　　(=(29))

(35)は、アの「会おう」という意図をもっていたが出来事が実現しなかった場合は、実現可能を使用するというルールによって、(36)は、イの好ましく実現が確実でなかった場合は実現可能を使用するというルールによって、実現可能が使用されているのである。つまり、上記のア・イは、「Ⅴテ、感情」の誤用をなくすのに役に立つ知識であるということができる。以下では、初級の教科書で実現可能が文型として扱われているか、つまり、ア・イが明示的に示されているかを見ていく。

4.1.3. 初級の日本語の教科書の可能形の取り扱いの有無と取り扱い方

次に、初級の教科書の可能形の取り扱い方を見てみよう。調査対象は、次の16種である（詳細は、本章末の【調査対象とした日本語の教科書】参照）。

1．『JAPANESE FOR BUSY PEOPLE』Ⅰ／Ⅱ／Ⅲ（以下、『JFBP』と表記する。）
2．『SITUATIONAL FUNCTIONAL JAPANESE: NOTES』1／2／3（以下、『SFJ』と表記する。）
3．『みんなの日本語初級』Ⅰ／Ⅱ
4．『初級日本語げんき』Ⅰ／Ⅱ
5．『にほんご90日』1／2／3
6．『初級語学留学生のための日本語』Ⅰ／Ⅱ
7．『学ぼう! にほんご初級』1／2
8．『はじめよう日本語初級』1／2
9．『J. Bridge for Beginners』1／2
10．『日本語初級大地』1／2

11.『初級日本語』上／下
12.『日本語5つのとびら初級編』1／2
13.『NEJ：A New Approach to Elementary Japanese』1／2（以下、『NEJ』と表記する。）
14.『初級日本語 あゆみ』1／2
15.『できる日本語』初級／初中級
16.『文化初級日本語』Ⅰ／Ⅱ

　初級の教科書を見てみると、多くの教科書が潜在可能に重点を置いており、実現可能と無標の動詞の違いを明示的に扱っているものが少ない[6]。調査対象の16種の教科書すべてで潜在可能は文型として扱われている。次のような例文が典型である[7]。

　(37) a. マリーさんは漢字がかけます。
　　　 b. 図書館で本がかりられます。　　　　　　　　(『日本語初級大地2』24課)

　初級の教科書の実現可能の扱われ方を見てみると、次の4つに分けられる。4分類の結果を表5に示す。

①実現可能を可能形の課、または他の課で文型として取り上げているもの。
②文型としては取り上げていないが、可能形の課に実現可能の例文があるもの。
③可能形の課では、活用表を提示し、それ以後の課で実現可能の例が出てくるもの。

6　当然であるが、教科書に実現可能がないからといって「教えられていない」と断言することはできない。実際の授業が完全に教科書に沿って行われているとも限らないし、教科書にないものを扱っていないとは限らないからである。しかし、個々の実際の授業について論じることは難しいため、ここでは教科書の取り扱いについて論じる。

7　(37a)のようなある特定の主体の能力の有無を示す文はすべての教科書で扱われているが、(37b)のような主体が不特定多数の文は、扱っていない教科書もある。ここでの関心は、実現可能にあるので、これ以上は立ち入らない。

表5　初級の日本語の教科書の実現可能の取り扱い

#	教科書名	刊行年	可能形	①文型有	②例文有	③活用表	④他課に例文有
1	JFBP　Ⅰ／Ⅱ／Ⅲ（第3版）	2006 2007 2007	Ⅱ-10課	● (Ⅲ-8課)			
2	SFJ　Ⅰ／Ⅱ／Ⅲ（第2版）	1995 1994 1994	Ⅱ-14課			●	
3	みんなの日本語初級Ⅰ／Ⅱ（第2版）	2012 2013	2-27課		●		
4	初級日本語げんきⅠ／Ⅱ（第2版）	2011	Ⅱ-13課	● (Ⅱ-13課)			
5	にほんご90日1/2/3	2000	Ⅱ-46課				●
6	初級語学留学生のための日本語 Ⅰ／Ⅱ	2002	Ⅰ-19課				●
7	学ぼう！にほんご　初級1/初級2（第4版／第3版）	2014 2013	2-22課				●
8	はじめよう日本語初級1/2（改訂版）	2013	2-14課		●		
9	J.Bridge for Beginners　1/2（第2版／初版）	2009 2008	Ⅰ-21課				●
10	日本語初級大地　1/2	2008 2009	2-24課	● (2-30課)			
11	初級日本語　上／下（新装改訂版）	2010	下-16課	● (下-16課)			
12	日本語5つのとびら初級編　1/2	2009 2010	2-11課			●	
13	NEJ　1/2	2012	2-16課				●
14	初級日本語 あゆみ 1/2	2012 2013	1-10課		●		
15	できる日本語　初級／初中級	2011 2012	初中級-1課	● (初中級-5課)			
16	文化初級日本語　Ⅰ／Ⅱ	2013	2-17課	● (2-17課)			

④可能形の課では潜在可能のみを取り扱い、それ以降の課に実現可能の例が出てくるもの。

Ⅰ. 実現可能を文型として取り上げている教科書

『JFBP』、『初級日本語げんき』、『日本語初級大地』、『初級日本語』、『できる日本語』、『文化初級日本語』の6種では、否定の実現可能が文型として取り上げられている。このうち、『初級日本語げんき』、『初級日本語』、『文化初級日本語』の3種では、可能形の課で実現可能が文型として取り上げられている。他の3種は、可能形とは異なる課で実現可能を文型として取り上げている。以下、初級の教科書を引用し、実現可能を網掛けで示す（表6）。なお、教科書のルビと下線等は一部省略した。

『JFBP』は、可能形の課では潜在可能を提出し、別の課で「～う／ようとしましたが」という表現といっしょに、「にもつをはこぼうとしましたが、おもくてはこべませんでした」のような文を提示している。『日本語初級大地』でも、可能形の課で潜在可能を扱い、意向形の課で実現可能を扱っている。この2種の教科書は、意向形と実現可能を一緒に扱うことによって、実現可能の否定が「やろうと思った、または、やりたかったが叶わなかった」ことを表すことを教えられるようになっている。

『初級日本語げんき』では、可能形と同じ課で潜在可能の後で、「～すぎる」という表現といっしょに実現可能を取り上げている（練習Ⅰ-F）。

『初級日本語』では、可能形の課の「ぶんけい」に実現可能の例文が挙げられている。ただし、練習は潜在可能のみである。

『できる日本語』は、可能形の課では潜在可能のみを扱い、別の課の「原因・理由のテ」のところで実現可能の例が出てくる。表6に引用した練習1は、「原因・理由のテ」の変形練習で、1例実現可能がある。そして、練習2は、後件が可能形の否定の文型で、実現可能は2例のみであるが、無標の否定と可能形の否定の違いを取り上げられる例文であると言えるだろう。

『文化初級日本語』では、「状態性述語のテ形、可能形否定」という文型の中に実現可能の例がある。実現可能の例は1例であるが、可能形の否定に焦点を当てており、実現可能を文型として扱っていると見ることができるだろう。

以上の6種の教科書では、取り上げ方は様々であるが、否定の実現可能が文型として取り上げられていることを見た。

表6　実現可能を文型として取り上げている教科書

『JFBP』Ⅱ／Ⅲ
Ⅱ-10　ASKING FOR TIME OFF GRAMMAR & PATTERN PRACTICE 　Ⅱ Expressing Potentiality　(p.154) 　Examples 　あした　9時に　来られる　人は　だれですか。　　*Who can come tomorrow at nine?* 　かんじが　読めないとき、どうしますか。　　*What do you do when you can't read a kanji?*
Ⅲ-8　MY PASSPORT WAS STOLEN GRAMMAR & PATTERN PRACTICE 　Ⅱ　Expressing Intention (2)　(p.144) 　ねむろうとしましたが、ねむれませんでした。　　*I tried to sleep, but couldn't.* 　2　Complete the sentences using 〜う／ようとしましたが。 　　1）にもつをはこぶ→＿＿＿＿＿、おもくてはこべませんでした。 　　2）勉強する→＿＿＿＿＿＿＿、おとうとにじゃまされて、できませんでした。
『日本語初級大地』2
24課　この動物園は夜でも入れます (p.8) 　2．マリーさんは漢字が　　［かけます。／よめます。］　　図書館で本が　　［かりられます。／よやくできます。］
30課　お菓子の専門学校に入ろうと思っています 2-4　(p.48) 　A：Bさん、旅行に行きましたか。 　B：いいえ、行こうと思っていたんですが、行けませんでした。 　A：そうですか。残念でしたね。 　例）旅行に行く 　1）カメラを持って来る　2）彼／彼女にプレゼントを渡す　3）スピーチを覚える 　4）日本語で発表する　　5）彼／彼女に告白する

第7章　日本語教育への応用に向けて

『初級日本語げんき』Ⅱ　13課　アルバイト探し

13課　アルバイト探し
文法
1. Potential Verbs （p.30-31）

私は日本語が話せます。　　　　　　　　I can speak Japanese.
私は泳げないんです。　　　　　　　　　(The truth is) I cannot swim.
雨が降ったので、海に行けませんでした。　We could not go to the beach, because it rained.

練習Ⅰ-F　（p.39）
Answer the questions using the potential verb in the negative.
Example　Q：着物を買いましたか。（too expensive）
　　　　　　A：いいえ。高すぎて買えませんでした。
1.スリランカ（Sri Lanka）のカレーを食べましたか。（too spicy）
2.宿題をしましたか。（too difficult）
3.温泉に入りましたか。（too hot）
4.きのう出かけましたか。（too busy）
5.漢字を全部覚えましたか。（too many）
6.海で泳ぎましたか。（too cold）

『初級日本語』下

16課　民宿
ぶんけい　（p.5）
1. Vdic.ことができます　V（Potential Form）

留学生はこのりょうに入ることができます。
留学生はこのりょうに入れます。
わたしは今朝五時に起きることができませんでした。
わたしは今朝五時に起きられませんでした。
もう一度日本へ来ることができますか。
もう一度日本へ来られますか。

NをVdic.ことができます　NがV（Potential Form）

試験の時、答えを思い出すことができませんでした。
試験の時、答えを思い出せませんでした。
アリさんはさしみを食べることができますか。
アリさんはさしみが食べられますか。

『できる日本語』初中級

第1課-1　アルバイトを探す
言ってみよう　（p.20）
5　例）　A：Bさんは料理が作れますか。
　　　　B：はい、作れます。　　　　B：いいえ、作れません。
　　　　A：そうですか。　　　　　　A：そうですか。

第5課-2　駅で
『言ってみよう別冊』5課　（p.19）
練習1
　例1）　道に迷いました・大変でした　⇒　道に迷って、大変でした。
　例2）　行き方がわかりませんでした・困りました　⇒　行き方がわからなくて、困りました。
　①　電車が急にとまりました・びっくりしました
　②　すぐに財布が見つかりました・よかったです
　③　電車にかばんを忘れました・困りました
　④　鍵をなくしました・困っています
　⑤　長い時間立っていました・疲れました
　⑥　終点まで行ってしまいました・困りました
　⑦　すぐに電車が動きました・安心しました
　⑧　パーティーに行けません・残念です
　⑩　長い時間座れませんでした・大変でした
練習2
　例）　財布をなくしました・何も買えませんでした　⇒　財布をなくして、何も買えませんでした。
　①　道に迷いました・4時までに渋谷駅に行くことができません
　②　携帯電話をなくしました・連絡することができません
　③　電車が動きません・学校に行くことができません
　④　約束の時間に間に合いませんでした・映画が見られませんでした

『文化初級日本語』Ⅰ

17課　アルバイト
文型1　ピアノが弾けます。（p.194）
文型4　学校が忙しくてあまり行けません。（p.200）
　1)　人が多くて乗れません。
　2)　（レストランで）
　　　A：そのスパゲッティ、おいしくないんですか。
　　　B：いいえ、おいしいんですが、量が多くて食べられないんです。
　3)　荷物がたくさんあって持てません。
　4)　A：テストはどうでしたか。
　　　B：難しくてぜんぜんできませんでした。

II. 可能形の課に実現可能の例文がある教科書

『みんなの日本語』、『はじめよう日本語』、『初級あゆみ』の3種は、可能形の課に実現可能の例がある。ただし、いずれも実現可能に焦点を当てたものではない（表7）。

表7　可能形の課に実現可能の例文がある教科書

『みんなの日本語』II
27課　練習A　(p.12) 　2.　わたしは　はしが　つかえます。　　わたしは　さしみが　食べられます。 **練習B-6**　(p.14) 　例　近くに　小さい　スーパーが　あります・不便です。 　　　→近くに　小さい　スーパーしか　ありませんから、不便です。 　1）簡単な　料理が　作れます・料理を　習いに　行きます→ 　2）朝　ジュースを　飲みました・おなかが　すきました→ 　3）日曜日　休めます・なかなか　旅行に行けません→ 　4）ことしは　雪が　少し　降りました・<mark>スキーができませんでした</mark>→ 　5）4時間　寝ました・眠いです→ 　6）100円　あります・コーヒーが買えません→

『はじめよう日本語初級』2
14課　面接を受ける 1.　あした、来られますか　(p.25) 　　**練習1**　都合を聞きましょう。／都合を言いましょう。 　　　例　A：あした、面接に　来られますか。 　　　　　B：はい、行けます。／　午前中は　ちょっと　行けないんです。学校が　ありますので。 2.　簡単な　ことなら　理解できます　(p.30) 　　**練習1**　できるかどうか言いましょう。 　　　例　漢字が　読めます。 **14課のまとめ**　(p.41) （アパートの　入口で） 　山田：王さん、どうですか、日本語の　勉強は。うまく　いっていますか。 　　王：うーん。そうですねぇ。勉強は　おもしろいですけど、どうも　会話が　なかなか　うまく　ならないんです。 　山田：そうですか。 　　王：このあいだ、アルバイトの　面接に　行ったんですけど、うまく　<mark>答えられませんでした</mark>。 （以下略）

```
『初級日本語あゆみ』Ⅰ
第10課　だれかピアノがひけますか。
例文1　（p.374）
1.　だれかピアノがひけますか。
　　はい、カモンさんが弾けます。
問題3　（p.397）
例　日本は家賃が高いですから、広い部屋には住めません。
①　電車の中では携帯電話は_____。
②　リーさんは毎日練習しましたから、昨日の弁論大会で優勝_____。
　　わたしはあまり熱心に練習しませんでしたから、弁論大会で上手に_____。
```

　『みんなの日本語』では、潜在可能の練習のあとに、練習B-6の4）に実現可能の例文がある。しかし、ここでの学習項目は「しか」であり、実現可能に主眼を置いたものではない。

　『はじめよう日本語』は、話題・場面シラバスの教科書で、14課は「面接を受ける」という課である。そこで初めに「面接に行ける日を言う」という練習がある。その後の可能形の練習は潜在可能のみであるが、課の最後のまとめの読み物に表7に挙げた実現可能の文が出てくる。

　『初級日本語あゆみ』も潜在可能のみを扱っているが、問題3の「わたしはあまり熱心に練習しませんでしたから、弁論大会で上手に」の続きは実現可能であると考えられる。

　以上の3種の教科書は、可能形の課に実現可能の例が挙げられてはいるが、実現可能を文型として扱っているとは言えないであろう。

Ⅲ．可能形の課で活用表を提示し他の課に実現可能の例文が出てくる教科書

　『SFJ』と『日本語5つのとびら』では、可能形の課に活用表があり、過去と非過去それぞれの肯定と否定の4つの形が提示されている。そして、可能形の課では、潜在可能のみを扱い、それ以降の課で実現可能の例文が出てくる。『SFJ』を例に挙げる（表8）。

　『SFJ』では、このように可能形の課では、活用表を提示し、例文では潜在可能のみを扱い、後の課で実現可能の例文を提出している。第21課は、「原因・理由のテ」の個所であるが、後件は実現可能に限ったものではなく様々である。

なお、『SFJ』では、表8に引用した21課以降にも実現可能の例がある。

表8　可能形の課で活用表を提示し他の課に実現可能の例文が出てくる教科書

『SITUATIONAL FUNCTIONAL JAPANESE』Ⅱ・Ⅲ					
Ⅱ-第14課　忘れ物の問い合わせ Grammar Notes　(p.160) I. Potential verbs Examples ①　私は日本語が話せます。　　　*I can speak Japanese.* ②　日本人の名前がおぼえられません。　*I can't remember Japanese names.* ③　図書館で本が借りられます。　*One／you can borrow books from／at the library.* ④　この水は飲めませんよ。　　　*This water is not drinkable. (= You can't drink this water.)*					
		Potential verbs			
Ordinary verbs	Non-past pos.	Non-past neg.	Past pos.	Past neg.	
Group Ⅰ	-u → eru				
kaku　to write 書く	kakeru 書ける	kakenai 書けない	kaketa 書けた	kakenakatta 書けなかった	
hanasu　to speak 話す	hanaseru 話せる	hanasenai 話せない	hanaseta 話せた	hanasenakatta 話せなかった	
motsu　to carry 持つ	moteru 持てる	motenai 持てない	moteta 持てた	motenakatta 持てなかった	
Group Ⅱ	-ru → rareru				
taberu　to eat 食べる	taberareru 食べられる	taberarenai 食べられない	taberareta 食べられた	taberarenakatta 食べられなかった	
miru　to see 見る	mirareru 見られる	mirarenai 見られない	mirareta 見られた	mirarenakatta 見られなかった	
Group Ⅲ				
kuru　to come 来る	korareru 来られる	korarenai 来られない	korareta 来られた	korarenakatta 来られなかった	
suru　to do する	dekiru できる	dekinai できない	dekita できた	dekinakatta できなかった	

Ⅲ-第17課　友達を誘う
Grammar Notes　(p.12-14)
Ⅳ．Passive sentences
2.　Indirect passive
　　4.（私は）ゆうべ友達に来られて、勉強できませんでした。
　　　　　　　　　　　　　　　　　　　　　　　　　A friend came last night, so I couldn't study.

Ⅲ-まとめ5　(p.114)
Ⅱ．Verbs with many meanings
　　The following verbs have several meanings.
　　1.　できる
　　1) can
　　1.　日本語を話すことができます。　　　　　　*I can speak Japanese.*
　　2.　図書館で本を借りることができますか。　　*Can I borrow books from the library?*
　　3.　A：試験はできましたか。　　　　　　　　*Did you do well in the exam?*
　　　　B：いえ、あまりできませんでした。　　　*No, not too well.*

Ⅲ-第21課　苦情
Report　(p.134)
　　山下さんはきのうの晩レポートを書いていたが、隣の部屋のパーティーがうるさくてなかなか書けなかった。(以下略)

Grammar Notes　(p.137)
Ⅰ．〜て〈3〉：　because 〜
Example
①　山田さんは病気で来られなかった。　　*Yamada-san was unable to come because he was ill.*
②　この本は難しくてわからない。　　　　*This book is too difficult; I cannot understand it.*
③　ここは静かでよく勉強できます。　　　*It's quiet here, so I can study well.*
④　遅くなってすみません。　　　　　　　*Sorry to be late.　(lit. Sorry because I'm late.)*

Ⅳ．可能形の課に実現可能の例文がないが他の課で実現可能が出てくる教科書

　『にほんご90日』、『初級語学留学生のための日本語』、『学ぼう!にほんご初級』、『J.Bridge for beginners』、『NEJ』の5種は、可能形の課では潜在可能のみを扱い、その後の課で実現可能が例文に出てくる。『にほんご90日』、『語学留学生のための日本語』を例に見てみる。可能形の課、実現可能の例が出てくる課の順に引用する（表9）。

第7章　日本語教育への応用に向けて　　245

表9　可能形の課に実現可能の例文がないが他の課で実現可能が出てくる教科書

『にほんご90日』Ⅱ／Ⅲ

Ⅱ-46課　文の形　(p.102)
1.　～は、　　　　～が　　　　可能形
　　ヤンさんは　　まんがが　　かけます。
　　私は　　　　　ワープロが　使えます。
2.　～は、　　　　‥‥‥　　　可能形
　　ブラウンさんは　パーティーへ　行けます。
　　私は　　　　　来週　　　　　来られません。

Ⅱ-50課　読み物　(p.129)
　(前略)「銀行にも、すぐに電話をしたほうがいいです。」と言って、おまわりさんは銀行に電話をかけてくれた。お金が1円もなかったので、そのおまわりさんに1000円貸してもらった。7時ころ、やっと家に帰った。早く寝ようと思ったが、心配で寝られなかった。(以下略)

Ⅲ-79課　形の練習　(p.121)
　例　かぜをひきましたから　→　かぜをひいたために
　　　15.　7時の新幹線に乗れませんでしたから　→ ＿＿＿＿＿＿＿＿＿

『初級語学留学生のための日本語』Ⅰ・Ⅱ

Ⅰ-19課　日本語が　話せます
B文型練習　(p.123)
　Ⅰ　～は　V可能形。
　　　例）わたしは　あした　来られます。
　Ⅱ　～は　Nが　V可能形。
　　　1.　例）わたしは　日本語が　話せます。
　　　2.　例）タンさんは　15歳です。まだ　車が　運転できません。
　Ⅲ　Nが　できます。
　　　例）日本語が　できます。
　Ⅳ　V辞書形ことが　できます。
　　　例）お酒を　飲む　ことが　できません。

Ⅱ-25課　きれいなので　買いました
B文型練習　(p.28)
　Ⅳ　Vて／Aくて／NAで／Nで、～
　　　1.　例）彼と　結婚できて、幸せです。
　　　2.　例）この町は　安全で、住みやすいです。
　　　3.　例）地震で　うちが　こわれました。
　　　　　　3）雪で　歩けませんでした。

```
Ⅱ-35課　新聞に　よると　あしたは　雨だそうです
D会話練習　(p.97)
　1.　A：＿＿＿＿＿＿＿＿＿＿＿＿＿＿＿そうですね。どう　したんですか。
　　　B：＿＿＿＿＿＿＿＿＿＿＿＿＿＿＿んです。
　　　A：それは　大変でしたね。
　　　　①３日間　休みました　　　　　②テストを　受けませんでした
　　　　　家族の　者が　入院しました　　熱が　高くて、学校へ　来られませんでした。
```

　『にほんご90日』では、可能形の46課では潜在可能のみを扱っている。そして、「〜てしまう」の50課の読み物に「寝られなかった」と実現可能が出てくる。「〜ために（目的／原因）」の79課でも、練習に「乗れなかった」が出てくる。なお、79課以降にも実現可能の例は出てくる。

　『初級語学留学生のための日本語』も、可能形の19課では潜在可能のみを扱っている。その後、25課の「原因・理由のテ」を扱うところと、35課の伝聞の「〜そうです」を扱うところに実現可能の例が１例ずつ出てくる。

　このように、調査対象とした16種の教科書のうち５種が実現可能を可能形の課では取り上げずに、後の課で例文に入れるという扱いをしている。

　以上、初級の教科書の実現可能の取り扱い方を見てきた。今回調査対象とした教科書のうち、実現可能を文型として扱う教科書は６種のみであることを見た。実現可能をどう扱うかは教科書の編集方針によるものであり、何が良い等と一概に言うことはできない。例えば、可能形の課で活用表を掲載するにとどめ実現可能を扱わないのは、可能形の作り方を教える日に実現可能も教えるのは学習者の負担が大きいといった配慮であろうことが推察できるからである。

　しかし、「Ｖテ、感情」という文型の誤用をなくすためには、実現可能を文型として扱うのがよいであろう。どんなときに実現可能を使うかを理解することが、「Ｖテ、感情」の産出には必要だからである。なお、このような主張に対しては、何でもかんでも初級で詰め込もうとするのはよくないという批判があることも承知している。実現可能をいつ教えるのかは議論の余地はあるだろうが、潜在可能を扱っただけで実現可能も既習の項目として扱うべきではなく、実現可能を文型として扱うべきであるという主張は、賛同を得られるものと考えている。

4.2.「Vテ、感情」の取り扱い

　初級の教科書の「Vテ、感情」の取り扱いの有無と、取り扱われ方を見ていく。そして、「Vテ、感情」は、「原因・理由のテ」として扱われていることを確認する。また、日本語の教科書の例文を分析し、［対象認識］と［対象事態］の例が混在している教科書があることと、前件がいつ可能テ形で、いつ無標のテ形なのかが示されていないという2つの問題点があることを指摘する。

4.2.1.「Vテ、感情」の取り扱いの有無

　教科書16種を調査した結果、「Vテ、感情」を文型として扱っているのは13種、扱っていないものが3種であった。初級の教科書の「Vテ、感情」の扱い方は、次の2つに分類できる。「原因・理由のテ形」として扱うものと、「受身のテ形、感情」という文型として扱うものである。それぞれ「原因・理由のテ」「受身テ、感情」と呼ぶが、「受身テ、感情」は「原因・理由のテ」の前件を受身に制限したものであるので、「Vテ、感情」は、初級の教科書では、「原因・理由のテ」として扱われていると言ってよいだろう。初級の教科書の「Vテ、感情」の取り扱いの有無と扱われ方を表10に示す。

4.2.2.「Vテ、感情」の取り扱い方
Ⅰ.「原因・理由のテ」として扱う教科書

　「Vテ、感情」を「原因・理由のテ」として扱う教科書は9種である。表11に『JFBP』、『みんなの日本語』、『日本語5つのとびら』の例文と文法解説を挙げる。

表10　初級の日本語の教科書の「Ｖテ、感情」の取り扱いの有無と取り扱われ方

	教科書	刊行年	原因・理由のテ	受身テ、感情	扱い無	課
1	JFBP　Ⅰ／Ⅱ／Ⅲ（第3版）	2006 2007 2007	●			Ⅱ-11課
2	SFJ　Ⅰ／Ⅱ／Ⅲ（第2版）	1995 1994 1994	●			Ⅲ-21課
3	みんなの日本語初級Ⅰ／Ⅱ（第2版）	2012 2013	●			Ⅱ-39課
4	初級日本語げんきⅠ／Ⅱ（第2版）	2011			○	
5	にほんご90日 1／2／3	2000	●			2-38課
6	初級語学留学生のための日本語Ⅰ／Ⅱ	2002	●			Ⅱ-25課
7	学ぼう！にほんご　初級1／初級2（第4版／第3版）	2014 2013		●		2-30課
8	はじめよう日本語初級1／2（改訂版）	2013		●		2-21課
9	J.Bridge for Beginners　1／2（第2版／初版）	2009 2008			○	
10	日本語初級大地　1／2	2008 2009		●		2-36課
11	初級日本語　上／下（新装改訂版）	2010	●			下―24課
12	日本語5つのとびら初級編　1／2	2009 2010	●			2-13課
13	NEJ　1／2	2012			○	
14	初級日本語 あゆみ 1／2	2012 2013		●		2-13課
15	できる日本語　初級／初中級	2011 2012	●			初中級-5課
16	文化初級日本語　Ⅰ／Ⅱ	2013	●			Ⅱ-29課

表11 「原因・理由のテ」として扱う教科書1

『JFBP』Ⅱ

LESSON11 SELECTING A VACATION PLAN
GRAMMAR & PATTERN PRACTICE
Ⅱ Giving a Reason (2)　(p.168)

The -te form can indicate a reason for or cause of what the main sentence expresses. Used in this way, it is usually followed by an explanation of the speaker's feelings or circumstances and is virtually interchangeable with ので.

行きたい ところが 多くて、まよっているんです。	There are so many places I want to go, I'm at a loss.
この部屋は しずかで、気に入っています。	This room is quiet and I'm pleased with it.
時間が なくて、本が 読めません。	I don't have time, so I can't read the book.

If the main sentence expresses a result you have control over, you cannot use the -te form. Instead you have to use からorので. Compare the following sentences.

お金が なくて、新しい くるまが 買えません。	I have no money, so I can't buy a new car.
お金が ないので、新しい くるまを 買いません。	I have no money, so I won't buy a new car.

A noun followed by the particle でcan also express a reason or cause.

じこで みちが こんでいます。	The road is crowded because of an accident.
びょうきで 会社を 休みました。	I was absent from work due to illness.

『みんなの日本語初級』Ⅱ

文法解説は『みんなの日本語初級 第2版 Ⅱ翻訳・文法解説 英語版』による

39課　練習A　(p.114)

1. メールをよんで、安心しました。
　 電話をもらって、安心しました。
　 家族にあえなくて、寂しいです。
　 友達がいなくて、寂しいです。
　 問題がむずかしくて、わかりません。
　 使い方がふくざつで、わかりません。

2. じしんで人が大勢死にました。
　 つなみで人が大勢死にました。

250

IV Grammar Notes (p.90)
1. 〜て（で）、〜

The sentence pattern 〜て（で）、〜 was introduced in Lesson16 and 34, but the present lesson introduces the usage in which the first part of the sentence (i.e. the 〜て（で） part) indicates a cause or reason for the result indicated in the second part. The second part of the sentence can only be a non-volitional expression or expression of state.

1) Vて-form
   Vない-formなくて
   い-adj（〜い）→〜くて
   な-adj［な］→で
   　　　　　　　　　　 ／、〜

The second part of the sentence usually consists of an expression of the following type:
(1) Verbs and adjectives expressing emotions:
びっくりします，あんしんします，こまります，さびしい，うれしい，ざんねん［な］, etc:
① ニュースを 聞いて、びっくりしました。　*I was surprised to hear the news.*
② 家族に 会えなくて、寂しいです。　*I'm sad at being unable to see my family.*

(2) Verbs and expressions expressing potential or state:
③ 土曜日は 都合が 悪くて、行けません。　*Saturday's no good for me; I can't go.*
④ 話が 複雑で、よく わかりませんでした。　*What was been talked about was complicated; I could't really follow it.*
⑤ 事故が あって、バスが 遅れてしまいました。　*There was an accident, and the bus was late.*
⑥ 授業に 遅れて、先生に しかられました。　*I was late to the lesson, and the teacher told me off.*

［Note］ When second part of the sentence consists of an expression embodying intention (an intention, order, invitation or request), 〜から is used.
⑦ 危ないですから、機械に 触らないで ください。　*Please don't touch the machine; it's dangerous.*
　　×危なくて、機械に 触らないで ください。

> 『日本語5つのとびら初級編』2
>
> トピック13　ようこそ
> **文法の説明と練習**　(p.42)
> 1. て／で (reason)
> When you give reasons, you can use the て-form of the verbs or adjectives or nouns ＋で. But this expression has many constraints. The following are examples of when it can be used.
> ①With verbs and adjectives which express feelings such as: びっくりする，困る，さびしい，うれしい，ざんねんな，すみません, etc.
> 　1) テレビのニュースを聞いて、びっくりしました。　*I was surprised to hear the TV news.*
> ②When expressing a state before negative potential verbs:
> 　2) このコーヒーはあつくて、飲めません。　*I cannot drink this coffee because it is too hot.*
> ③With nouns or verbs which indicate a natural phenomena, happenings, events, etc.:
> 　3) Verbs：事故があって、電車が遅れました。　*The train was delayed because there was an accident.*
> 　4) Nouns：雪で授業は休みです。　*The class was canceled because of the snow.*

　以上のように、上記の教科書では、「Vテ、感情」は、動詞・形容詞のテ形の用法のひとつである「原因・理由のテ」として扱われている。「～テ」は、後件に自己制御性がない場合に原因理由を表すと説明され、「Vテ、感情」は、その中に収まるものとして扱われているのである。そして、「原因・理由のテ」は、後件には制約があると説明がなされているが、前件については、後件の原因または理由であるということしか言及されていない。これは、「原因・理由のテ」の説明としては妥当であるが、「Vテ、感情」の説明としては、十分ではない。「Vテ、感情」は、前件が自己制御性のないことでなければならないからである。

　次の表12は、「原因・理由のテ」でも、後件を感情に限定して扱っている『文化初級日本語』である。教科書の例文と教師用の解説を挙げる[8]。

表12 「原因・理由のテ」として扱う教科書2

『文化初級日本語』Ⅱ

29課　お見舞い　(p.119)
文型2　入院したと聞いて心配しました。
　　　　最近、夜寝られなくて困っています。
1) 昨日、東京スカイツリーで偶然クラスメートに会ってびっくりしました。
2)（ワンさんの日記）
　 今日は誕生日だった。マリーさんとリーさんにネックレスをもらってとてもうれしかった。
3) チン：この前の日曜日、幸子さんに会ったそうですね。
　 マリー：ええ。久しぶりにいろいろな話ができて楽しかったです。
4) A：隣の部屋がうるさくて困っているんです。
　 B：そうですか。それは大変ですね。
5)（メールで）
　 今日、「消えたダイヤ」を見に行ったよ。とってもおもしろかったよ。いっしょに行けなくて残念だったね。今度はいっしょに行こうね。良子
6) A：天気予報では雨だと言っていたけど、いい天気になったね。
　 B：本当だね。花火大会が中止にならなくてよかったね。

『文化初級日本語Ⅰ・Ⅱ改訂版教師用指導例集』
～て（理由・原因）(p.65)
●理由を表す「～て」1　[初級Ⅰ第17課-4]　●理由を表す「～て」2　[初級Ⅱ第29課-2]
　学校が忙しくてあまり行けません。　　　 　入院したと聞いて心配しました。
　　　　　　　　　　　　　　　　　　　　　最近、夜寝られなくて困っています。

　『文化初級日本語Ⅰ・Ⅱ改訂版教師用指導例集』の記述より、『文化初級日本語改訂版』では、「原因・理由のテ」を2つに分け、後件が感情であるものをひとつの文型として扱っていることがわかる。

　以上のように、調査対象の16種の教科書のうち、9種の教科書では「Vテ、感情」を、このような「原因・理由のテ」として扱っている。

---

8 『文化初級日本語』Ⅱの例文6）の「花火大会が中止にならなくてよかったね。」の「いい」は本書では感情形容詞とは考えていない。そして、「～て、よかった」という文型は、「Vテ、感情形容詞」とは異なり、前件が自己制御性のないことでなければならないという制約はない。例えば、「この製品を選んで、よかったです。」といった前件に自己制御性がある文が適格文となる。よって、日本語教育においては、「Vテ、感情」と同一に扱うべきではないと思われる。

II.「受身テ、感情」として扱う教科書

「Vテ、感情」を「受身テ、感情」という文型として扱う教科書は、4種ある。『まなぼう！にほんご』、『はじめよう日本語初級』、『初級日本語大地』、『初級日本語あゆみ』である。表13でそれぞれの例文と、文法解説があるものは文法解説も挙げる。

表13 「受身テ、感情」として扱う教科書

『まなぼう！にほんご』初級2
30課　～れます／られます　受け身（2）　（p.87） 《基本文》わたしは　犬に　手を　かまれました。 練習3　例：犬が　わたしの手を　かんだ。わたしは　大声で　泣いた。 　　　　　→わたしは　犬に　手を　かまれて　大声で　泣いた。 　　　（1）弟が　わたしの時計を　壊しました。わたしは　悲しくなりました。 　　　（2）妹が　わたしのおやつを　食べました。わたしは　一つも　食べられなかった。 　　　（3）弟が　わたしの日記を　読みました。わたしは　とても　怒った。 　　　（4）みんなが　わたしの失敗を　笑いました。わたしは　少し　はずかしかった。 　　　（5）誰かが　わたしの肩を　たたきました。わたしは　びっくりした。 　　　（6）先生が　わたしの発音を　ほめました。わたしは　とても　うれしかった。 　　　（7）友達が　わたしの秘密を　知った。わたしは　とても　あわてた。
『はじめよう日本語初級』2
21課　されたこと・困ったこと 3　やめてほしいですね　（p.177） 練習1　不快だったこと、困ったことを言いましょう。 　①　例　となりの　人に　たばこを　すわれて、いやでした。 　②　例　いっしょに　バイトをしている　人に　急に　休まれて、たいへんでした。 　［いやなこと］レストランのとなりの席の人がたばこをすった 　　　　　　　　となりの人がうちの前にごみを置いた 　　　　　　　　アルバイトの面接で外国人はだめだって言った 　［たいへんなこと］いっしょにバイトしている人が急に休んだ 　　　　　　　　　道でけいさつかんがいろいろきいた
『初級日本語大地』2
36課　いろいろな国の言葉に翻訳されています 3-2　（p.86） 　A：どうしたんですか。 　B：ゆうべ酔っ払いに騒がれて、大変だったんです。 　A：そうですか。（酔っ払いは嫌ですね）。 　例）酔っ払いが騒ぐ　1）蚊が刺す　2）友達が急に来る　3）雨が降る　4）子供が泣く

```
『初級日本語あゆみ』2
```

13課　わたしは昨日友達に運動会に誘われて、迷いました。　(p.93)
例文1　(わたしは)昨日友達に運動会に誘われて、迷いました。
説明(1)　(p.93-94)
話す人が外で起こったことを受けて、不安や不満を感じたり、困ったり、迷ったり、疑問に思ったりしたとき、「受身」の表現を使います。「受身」の表現は、行為を受けた人・動物が主格の文です。
カプルさんはわたしを運動会に誘いました。
　　　↓
わたしはカプルさんに運動会に誘われました。
「受身」の表現の動詞「て」の形＋て　の後に、状態・気持ちの表現が続きます。

寮長：わたしの妻はわたしを「よっちゃん」と呼びます。2歳の孫もわたしを「よっちゃん」と呼びます。わたしは孫に「よっちゃん」と呼ばれて、困っています。
キム：放課後、わたしは教室で歌を歌っていました。そのとき吉田先生が教室へ来ました。「キムさんは上手に歌いますね。」とわたしを褒めました。わたしは先生に褒められて、恥ずかしかったです。だれも聞いていないと思っていましたから。

見てね　(p.96)
「て(で)」を使って、2つの文をつないだ文は、まえの動作、状態のあとに、自分が思ったことを言いたいときに使います。これは、話す人の個人的な意見ですから、理由を客観的、論理的に言うときには使いません。

名詞	わたしは初級の学生です。わたしは日本語のニュースがわかりません。
	わたしは初級の学生で、日本語のニュースがわかりません。
な形容詞	この部屋はきれいです。この部屋が好きです。
	この部屋はきれいで、好きです。
い形容詞	この果物は甘いです。この果物はおいしいです。
	この果物は甘くて、おいしいです。
動詞(状態)	わたしは昨日熱がありました。わたしは学校へ行けませんでした。
	わたしは昨日熱があって、わたしは学校へ行けませんでした。
動詞(動作)	わたしは友達の家の火事のニュースを見ました。わたしはびっくりしました。
	わたしは友達の家の火事のニュースを見て、びっくりしました。
動詞(受け身)	わたしは友達に運動会に誘われました。わたしは今不安です。
	わたしは友達に運動会に誘われて、不安です。

　『まなぼう！にほんご』は、受身の課で「受身テ、感情」を扱っている。『はじめよう日本語初級』は、「不快だったこと、困ったことを言いましょう」という練習の個所で「受身テ、感情」が出てくる。後件は、「いやな」と「たいへんな」に制限している。『初級日本語大地』では、受身の課の会話練習で、

後件を「大変な」に制限して「Vテ、感情」を扱っている。『初級日本語あゆみ』は、受身の13課で「Vテ、感情」を扱っている。外部で起きた出来事を受け感情が動いたときに受身を使うという提示の仕方をしているため、練習は「受身テ、感情」が中心である。「～テ」については、「見てね」というコーナーに解説がある。これらの4種が「Vテ、感情」を「受身テ、感情」として扱う教科書である。

以上、初級の教科書の多くは、「Vテ、感情形容詞」を「原因・理由のテ」として扱っていること、また、前件を受身に限定し「受身テ、感情」として扱う教科書もあることを見た。そして、「原因・理由のテ」について、「～テ」が原因・理由を表すのは、後件に自己制御性がないからであるという説明で、「Vテ、感情」の前件の制約については、何も言及されていないことを確認した。

4.2.3. 「Vテ、感情」の例文の分析

初級の教科書の例文を分析する。考察の対象としたのは、「Vテ、感情」の例が5例以上ある『みんなの日本語』、『JFBP』、『文化初級日本語』『できる日本語』の4種である。この4種の教科書の例文について、2節の表1のどのタイプの例文か番号と前件の形を示す（表14～17）。また、以下の表では、[対象認識]の例を網掛けにする。そして、3種の教科書では[対象認識]と[対象事態]が分けられていないこと、4種の教科書で「無標のVテ、感情」と「V可能テ、感情」の違いが説明されていないことを指摘する。

Ⅰ.『みんなの日本語』

はじめに、『みんなの日本語』の例を見てみる。例文は、p.114の練習A-1とp.115の練習B-1、B-2より抜粋した[9]。

表14の練習A-1、B-1を見ると、『みんなの日本語』では、[対象認識]と[対象事態]の例が混在していることがわかる。網掛けにした例文「メールを読んで安心しました」「母の元気な声を聞いて、安心しました」「地震のニュースを見て、びっくりしました」は、[対象認識]であり、それ以外の例文は、[対象

---

9 『みんなの日本語』の練習Bは、変形練習であるが、変形後の例文を載せる。

表14 『みんなの日本語』Ⅱの例文の分析

```
39課　練習 A-1　(p.114)
　メールをよんで、安心しました。　　　　……①無標テ形
　電話をもらって、安心しました。　　　　……④無標テ形（肯定）
　家族にあえなくて、寂しいです。　　　　……②可能テ形（否定）
　友達がいなくて、寂しいです。　　　　　……⑪無標テ形（否定）
　問題がむずかしくて、わかりません
　使い方がふくざつで、わかりません。

39課　練習 B-1　(p.115)
　例　母の元気な声を聞いて、安心しました。　……①無標テ形
　1) 地震のニュースを見て、びっくりしました。　……①無標テ形
　2) 旅行中に財布をとられて、困りました。　　……⑥受身（肯定）
　3) 試験に合格して、うれしかったです。　　　……④無標テ形（肯定）
　4) ペットの犬が死んで、悲しかったです。　　……⑫無標テ形（肯定）

39課　練習 B-2　(p.115)
　例　旅行に行けなくて、残念です　　　　　　……②可能テ形（否定）
　1) 家族に会えなくて、寂しいです。　　　　　……②可能テ形（否定）
　2) スピーチが上手にできなくて、恥ずかしかったです。……②可能テ形（否定）
　3) 息子から連絡がなくて、心配です。　　　　……⑫テ形（否定）
　4) パーティーに彼女が来なくて、がっかりしました。……⑪テ形（否定）
```

事態］である。

　［対象事態］の例文は、②、④、⑪、⑫、それから、前件が受身の⑥の例が提示されている。それぞれがどのタイプか確認しておこう。②④は、前後の動作主と後件の主体が同一、⑪は前件の動作主と後件の主体が異なるタイプである[10]。⑫は、前件が人間以外のタイプである。

(38) 旅行に行けなくて、残念です。　　　　　……②可能テ形（否定）
(39) 試験に合格して、うれしかったです。　　……④無標テ形（肯定）
(40) パーティーに彼女が来なくて、がっかりしました。
　　　　　　　　　　　　　　　　　　　　　……⑪無標テ形（否定）

10　(40)の例は、好ましいことの不成立である。

第7章　日本語教育への応用に向けて　257

(41) 息子から連絡がなくて、心配です。　　……⑫無標テ形（否定）
(42) 旅行中に財布をとられて、困りました。　……⑥受身

((38)-(42)『みんなの日本語』39課)

　扱われている例文を見てみると、無標のテ形は肯定と否定の例があるのに対し、可能テ形は否定の例しか挙げられていない。つまり、表1の③の次のような前件が肯定の可能テ形の例がないということである。

(43) 着物を着られて、うれしいです。　　　　……③可能テ形（肯定）

　そして、［対象事態］の例文は、「試験に合格する」「旅行に行けない」等、すべて自己制御性のないことである。しかし、4.2.2で見たように、『みんなの日本語』の文法解説では、前件の自己制御性に関する制約は、説明されていないのである。自己制御性に関する説明と可能テ形の肯定の例がないことは、「*会って、うれしいです」のような誤用の一因となるものと考えられる。なぜならば、可能テ形の肯定の例がないため、提示された例文からは、前件が肯定の場合は無標のテ形にするというルールが帰納できるからである。前件の自己制御性に関する説明がなく、肯定の可能テ形の例が示されていないということは、いつ可能テ形で、いつ無標のテ形なのかが示されていないと言えるだろう。以上、『みんなの日本語』では、［対象認識］と［対象事態］の例が混在し、「無標のVテ、感情」と「可能Vテ、感情」の違いが説明されていないことを見た。

Ⅱ.『JAPANESE FOR BUSY PEOPLE』

　次に『JFBP』Ⅱを見てみよう（表15）。例文は、p.169とp.173より抜粋した[11]。
　表15を見てみると、『JFBP』でも、［対象認識］と［対象事態］の例が混在していることがわかる。『JFBP』で提示されている［対象事態］の例文は、②、⑤、⑫の3種である。⑤は、次のように、前件の動作主と後件の主体が同一で、前件が好ましくないことのため無標のテ形で適格文になるタイプである。

11　『JFBP』のp.169は、変形練習の個所であるが、表15には変形後の文を掲載した。

表15 『JAPANESE FOR BUSY PEOPLE』IIの例文の分析

```
LESSON11 II Giving a Reason (2) 1 (p.169)
例) このかばんは かるくて、気に 入っています。
 1) この もんだいは むずかしくて、よく わかりません。
 2) きのうは あめで、テニスが できませんでした。
 3) そとが うるさくて、先生の こえが 聞こえません。
 4) じしんの ニュースを 聞いて、しんぱいに なりました。 ……①無標テ形
 5) 友だちに 会えなくて、残念でした。            ……②可能テ形(否定)
 6) 日本に 来た とき、かんじが 読めなくて、こまりました。……②可能テ形(否定)

LESSON11 SPEAKING PRACTICE (p.173)
 店に たいせつな かみぶくろを わすれて、たいへんでした。……⑤無標テ形(肯定)
 アイスホッケーの しあいに まけて、くやしかったです。  ……⑤無標テ形(肯定)
 前 すんでいた まちが かわっていて、びっくりしました。 ……⑫無標テ形(肯定)
 スピーチで 日本語を まちがえて、はずかしかったです   ……⑤無標テ形(肯定)
```

(44) スピーチで 日本語を まちがえて、はずかしかったです。

……⑤無標テ形(否定)

(『JFBP』lesson11)

　『JFBP』の例文は、②、⑤、⑫の3種で、かつ、後件が過去形に統一されている。後件が過去形の場合は、前件の自己制御性に関する制約は肯定に関してはなくなるので、『JFBP』の提示の仕方も、ひとつの方法であると思われる。しかし、本書では、5節で「みんなと会えて、嬉しいです」という後件が非過去形の例文も産出できるようになるルールを提案する。

III. 『文化初級日本語』

　次に、『文化初級日本語』の例文を見てみよう(表16)。例文は、p.119-120より抜粋した[12]。

---

12 『文化初級日本語』p.120 練習aは、代入練習であるが、代入後の例文を掲載する。

表16 『文化初級日本語』の例文の分析

第29課　お見舞い
文型2　（p.119）
入院したと聞いて心配しました。　　　　　　　　　　　……①無標テ形
最近、夜寝られなくて困っています。
1）昨日、東京スカイツリーで偶然クラスメートに会ってびっくりしました。
　　　　　　　　　　　　　　　　　　　　　　　　　……④無標テ形（肯定）
2）（ワンさんの日記）
　　今日は誕生日だった。マリーさんとリーさんにネックレスをもらってとてもうれしかった。
　　　　　　　　　　　　　　　　　　　　　　　　　……④無標テ形（肯定）
3）チン：この前の日曜日、幸子さんに会ったそうですね。
　　マリー：ええ。久しぶりにいろいろな話ができて楽しかったです。
　　　　　　　　　　　　　　　　　　　　　　　　　……③可能テ形（肯定）
4）A：隣の部屋がうるさくて困っているんです。
　　B：そうですか。それは大変ですね。
5）メールで）
　　今日、「消えたダイヤ」を見に行ったよ。とってもおもしろかったよ。いっしょに行けなくて残念だったね。今度はいっしょに行こうね。良子　　……②可能テ形（否定）
6）A：天気予報では雨だと言っていたけど、いい天気になったね。
　　B：本当だね。花火大会が中止にならなくてよかったね。[13]

練習a（p.120）
例）パーティ／いろいろな人とたくさん話ができる／楽しい
　　A：パーティーはどうでしたか。
　　B：いろいろな人とたくさん話ができて楽しかったです。　……③可能テ形（肯定）
　　A：そうですか。
1）A：京都はどうでしたか。
　　B：おいしい日本料理が食べられてよかったです。　　　　……③可能テ形（肯定）
2）A：ホームステイはどうでしたか。
　　B：いろいろなところに連れて行ってもらって楽しかったです。
　　　　　　　　　　　　　　　　　　　　　　　　　……④無標テ形（肯定）
3）A：ディズニーランドはどうでしたか。
　　B：偶然国の友達に会ってびっくりしました。　　　　　　……④無標テ形（肯定）
4）A：フランスはどうでしたか。
　　B：言葉がぜんぜんわからなくて困りました。　　　　　　……⑫無標テ形（否定）

　表16を見ると、『文化初級日本語』でも、［対象認識］と［対象事態］の例が混在していることがわかる。

---

[13] なお、脚注8で述べたように、「中止にならなくてよかったね」の「いい」は、本書では感情形容詞とは考えていない。脚注8を参照されたい。

また、『文化初級日本語』では、②、③、④、⑫の例が提示されている。②③④は、前件の動作主と後件の主体が同一のタイプである。③の肯定の可能テ形の例がある点が、先に見た２つの教科書とは異なる。しかし、③の例文が挙げられていても、いつ無標のテ形でいつ可能テ形なのかが明示されてはいない。②と③の例を挙げるだけではなく、いつ無標のテ形でいつ可能テ形なのかを明示する必要があるだろう。

Ⅳ．『できる日本語』

次に『できる日本語』の例文を見てみる（表17）。例文は、『言ってみよう別冊』p.19練習１より引用した[14]。

表17　『できる日本語』例文の分析

例1）道に迷って、大変でした。	……⑤無標テ形（肯定）
例2）行き方がわからなくて、困りました。	……⑫無標テ形（否定）
1）電車が急に止まって、びっくりしました。	……⑫無標テ形（肯定）
2）すぐに財布が見つかって、よかったです。	……⑫無標テ形（肯定）
3）電車にかばんを忘れて、困りました。	……⑤無標テ形（肯定）
4）鍵をなくして、困っています。	……⑤無標テ形（肯定）
5）長い時間立っていて、疲れました。	……⑤無標テ形（肯定）
6）終点まで行ってしまって、困りました。	……⑤無標テ形（肯定）
7）すぐに電車が動いて、安心しました。	……⑫無標テ形（肯定）
8）パーティーに行けなくて、残念です。	……②可能テ形（否定）
9）長い時間座れなくて、大変でした。	……②可能テ形（否定）

『できる日本語』の例文は、すべて［対象事態］に統一されており、［対象認識］の例との混在は見られない。この点は、先の３種とは異なる。

そして、②、⑤、⑫の例文が提示されている。②⑤は、前件の動作主と後件の主体が同一の例、⑫は前件が人間以外の例である。『できる日本語』では、②の否定の可能テ形の例はあるが、③の「みんなに会えて、嬉しいです」のような肯定の可能テ形の例はない。例文は②、⑤、⑫にきれいに統一されている

14　『できる日本語』は、単文レベルの変形等の練習が別冊になっている。『言ってみよう別冊』p.19 練習１は、変形練習の個所であるが、変形後の文を掲載する。また、例文の番号を①、②……から１）、２）……に改めた。

が、③がないと、前件が肯定の場合はテ形というルールが帰納できてしまい、「みんなに会って、うれしいです」という誤用につながる可能性を否定できない。

4.3. 初級の日本語の教科書の問題点

4.2.2では「Vテ、感情」が「原因・理由のテ」として扱われているために、前件が自己制御性がないことでなければならないという制約が示されていないことを見た。そして、4.2.3では、初級の教科書の例文を分析し、［対象認識］と［対象事態］の例が混在している教科書があることと、前件が肯定で可能テ形の例がない教科書があることを確認した。以上のことから、初級の教科書の問題点として、次の2点が挙げられる。

　　ア．「Vテ、感情」の例文に、［対象認識］と［対象事態］の例が混在している教科書がある。
　　イ．「Vテ、感情」の前件について、前件の制約（自己制御性の有無）についての説明がない、または、前件が肯定で可能テ形の例が挙げられていないため、いつ無標のテ形で、いつ可能テ形かがわからない。

以上、初級の教科書を分析し、「Vテ、感情」の誤用の原因を2点指摘した。

5.「Vテ、感情形容詞」の産出に向けて

これまでの議論をふまえ、初級の日本語教育において「Vテ、感情」をどのように扱えばよいのかを考察し、「Vテ、感情」の産出に向けた学習者向けのルールを提案する。そして、学生向けのルールよりも広い範囲を日本語教師が参照する文法解説という形でまとめる。ある文型のルールをシンプルで分かりやすくすれば、そのルールでカバーできる範囲が狭まるという問題がある。この問題については、学習者に提示するシンプルなルールと、より広い範囲をカバーできる文法解説を日本語教師向けとして整備していくのがよいのではないかと考えている。学習者に提示するルールが学習者向けのルールであり、例外があることを日本語教師が知っておくべきであることは、間違いがないであろう。

5.1. 学習者に提示するルール

　学習者に提示するルールの前提として、まず、［対象事態］と［対象認識］は、別々に扱うべきである。［対象認識］は、前件がテ形でよいので、これまで通り「原因・理由のテ」として扱うことが可能であると思われる。前件が認識系の動詞の「見て、びっくりした」「聞いて、安心した」といった組み合わせで提示していくのがよいであろう。

　一方の［対象事態］は、「原因・理由のテ」から取り出すべきである。前件に自己制御性がなければならないという制約があるからである。取り出したうえで、次の表18のように前件のガ格名詞に注目させ、「私」の場合は可能テ形、「私以外・モノ」の場合は無標のテ形を使うというルールで提示するのがよいのではないだろうか。これは、表1の②③と⑪と⑫を提示する案である。このルールは、「Vテ、感情」の前件が自己制御性のないことであることを示すことを優先したルールである。表18の例文の「私が」を括弧に入れたのは、「私が」は、言語化しないのが自然であると思われるからである。

表18　学習者向けのルール（無標のテ形か可能テ形か）

文型	例文
（私が）可能Vテ、感情。 （私が）可能Vナクテ、感情。	（私が）友達に会えて、うれしいです。 （私が）友達に会えなくて、残念です。
私以外・モノがVテ、感情。 私以外・モノがVナクテ、感情。	太郎が結婚して、うれしいです。 家族からメールが来て、うれしいです。 太郎が参加しなくて、残念です。 家族からメールが来なくて、心配です。

　そして、④の「合格して、うれしいです。」のように自己制御性がないことは無標のテ形でもよいこと、⑤の「親に嘘をついて、苦しいです」のように好ましくないことは無標のテ形であることは、日本語教師が参照する文法解説に入れておくこととする。つまり、表1の④⑤は、教師用の文法解説にだけ入れておくということである。実際の現場では、学習者にはシンプルなルールを提示し、学習者が言いたいことに提示されていないルールが必要な場合には、必要に応じて提示していくということになるであろう。

また、次の表19の文型も受身や受益表現の後、もしくは中級ででも提示をしていきたい。これは、表1の⑥⑦を提示するということである。

表19　学習者向けのルール（受益表現と受身）

文型	例文
私以外がVテクレテ、感情。 （私は）**私以外に**、Vラレテ、感情。	太郎が手伝ってくれて、嬉しいです。 先生にしかられて、恥ずかしいです。

　以上、「Vテ、感情」の学習者向けのルールとして、ガ格名詞句ごとに前件の形式を示すルールを提案した。

5.2. 日本語教師向け文法解説

　日本語教師向けの「Vテ、感情」の文法解説を表20にまとめておきたい。日本語教師が表20をすべて覚えるべきであるということではなく、「Vテ、感情」について、日本語教師が「なぜ、この文は不自然なのか」といった疑問を持った際に参照するものとして作成をしている。なお、表20も表1を網羅したものではなく、重要であると思われる部分のみを記載したものである。

表20　日本語教師向けの文法解説

「Vテ、感情」には、**[対象事態]** というタイプと **[対象認識]** という2つのタイプがある。
[対象事態] タイプ 　この文型は、前件の出来事が起きたことと、その出来事に対する話者の感情を表す。 　前件の出来事は、（ア）（イ）のように、話者がコントロールできないことである。 　前件の動作主が「私」である場合は、（ウ）（エ）のように、可能形を用いるのが原則である。前件を可能形にすることによって、前件の出来事は、話者がコントロールできないことであることが示される。ただし、ガ格名詞句が「私」であっても、次の3つの場合は、可能形ではない。①（オ）のように、「試験に合格する」「試合に勝つ」といった話者がコントロールできないことであれば、可能形にしなくてもよい。②（カ）のように、前件が好ましくないことは可能形にできないので、テ形を用いる。③（キ）のように、後件が過去形の場合も、テ形でよい（ただし、実例は可能テ形が多い）。 　前件の動作主が「私」以外の場合は、（ク）のようにテ形か、（ケ）のように「〜テクレル」「〜テモラウ」等の受益表現か、（コ）のような受身が使われる。受身と受益表現は、後件の主体（「私」）が前件の出来事に関与している場合に使われる。

文型	例文
モノがVテ、感情 モノがVナクテ、感情	（ア）メールが来て、うれしいです。 （イ）メールが来なくて、心配です。
（私が）可能Vテ、感情 （私が）可能Vナクテ、感情	（ウ）みんなと会えて、うれしいです。 （エ）友達に会えなくて、さびしいです。 ※（オ）合格して、うれしいです。 ※（カ）失敗して、恥ずかしいです。 ※（キ）みんなに会って、うれしかったです
（私以外）がVテ、感情 （私以外）がVテクレテ、感情 （私以外）にVラレテ、感情	（ク）阪神が優勝して、うれしいです （ケ）友達が手伝ってくれて、うれしいです。 （コ）友達にだまされて、悔しいです。

[対象認識] タイプ
　この文型は、前件の出来事が起きて、引き続き、後件の感情が生まれたことを表す。前件は、テ形である。（サ）は、ニュースの内容に驚いたことを、（シ）は、結果がうれしかったことを述べている。この文型の前件は、「見る」「聞く」「知る」といった動詞が多い。ただし、（ス）のような文も可能である。（ス）は、部屋に入って、それから驚いたことを述べているだけであり、何に驚いたのかは不明である。部屋の中ががらりとかわっていたのか、誰かがいたのか、この文では示されていない。

文型	例文
（私が）Vテ、感情	（サ）ニュースを聞いて、驚きました （シ）結果を見て、うれしかったです。 ※（ス）部屋に入って、驚きました。

6. まとめ

　本章では、本書の成果をどのように日本語教育に応用できるかという観点で、「Vテ、感情」という文型を取り上げた。そして、初級の教科書の可能形と「Vテ、感情」の取り扱い方を見てきた。初級の教科書について、実現可能が文型として扱われていないものが多いということと、次の2点を問題点として指摘した。

　　ア.「Vテ、感情」に、[対象認識]と[対象事態]が混在している。
　　イ.「Vテ、感情」の前件について、前件の制約（自己制御性の有無）につい

ての説明がない、または、前件が肯定で可能テ形の例が挙げられていないため、いつ無標のテ形で、いつ可能テ形かがわからない。

　以上の点を踏まえ、初級の教科書で「Vテ、感情」を提出する際には、［対象認識］と［対象事態］を異なる文型として取り扱うべきであるということを主張し、［対象事態］についての学習者向けのルールと、「Vテ、感情」の日本語教師向けの文法解説を示した。

　教科書というものは、全体の項目、順序をもって初めて完成するものであり、一部をこのような形で取り出した案は、あまり説得力をもたないかもしれない。しかしながら、こういった積み重ねが必要であると考えている。

【調査対象とした日本語の教科書】
教科書名の次の数字は、巻数を示す（1／2は、第1巻と第2巻である）。刊行年は、初版と2014年8月末日時点の最新版を示す。調査に用いたのは、最新版である。なお、『初級日本語』（新装改訂版）と『文化初級日本語』（改訂版）は、奥付に改定前の第1版の刊行年の記載がないため、ここにも記載していない。

『JAPANESE FOR BUSY PEOPLE』I／II／III（初版1984、第3版2006／初版1990、第3版2007／初版1990、第3版2007）　ALALT　Kodansha International
『SITUATIONAL FUNCTIONAL JAPANESE: NOTES』1／2／3（初版1991年、第2版1995年／初版1992年、第2版1994年／初版1992年、第2版1994年）筑波ランゲージグループ　凡人社
『みんなの日本語初級本冊』I／II（初版1998、第2版2012／初版1998、第2版2013）スリーエーネットワーク編　スリーエーネットワーク
『初級日本語げんき』I／II（初版1999、第2版2011）坂野永理他　The Japan Times
『にほんご90日』1／2／3（2000）ヒューマン・アカデミー教材開発室　ユニコム
『初級語学留学生のための日本語』I／II（2002）凡人社教科書委員会監修 岡本輝彦他　凡人社
『学ぼう！にほんご』初級1／初級2（初版2005、第4版2014／初版2005、第3版2013）　日本語教育教材開発委員会　専門教育出版
『はじめよう日本語初級メインテキスト』1／2（初版2006、改訂版2013）TIJ東京日本語研修所　スリーエーネットワーク

『J.Bridge for Beginners 』1／2（初版2007、第2版2009／初版2008）小山悟　凡人社

『日本語初級大地メインテキスト』1／2（2008／2009）山﨑佳子他　スリーエーネットワーク

『初級日本語』上／下（新装改訂版）(2010)東京外国語大学留学生日本語教育センター　凡人社

『日本語5つのとびら初級編』1／2（2009／2010）立命館アジア太平洋大学「日本語5つのとびら」編集委員会　凡人社

『NEJ：A New Approach to Elementary Japanese──テーマで学ぶ基礎日本語──』1／2（2012）西口光一　くろしお出版

『初級日本語　あゆみ』1／2（2012／2013）関西外語専門学校教材作成スタッフ　学校法人天王寺学館関西外語専門学校日本語教育部

『できる日本語』初級本冊／初中級本冊（2011／2012）嶋田和子監修　できる日本語教材開発プロジェクト著　アルク

『文化初級日本語』（改訂版）Ⅰ／Ⅱ（2013）文化外国語専門学校日本語科　文化外国語専門学校

【調査に使用した日本語の教科書の文法解説書等】

『初級日本語文法解説〔英語版〕』（2001）東京外国語大学留学生日本語教育センター　凡人社

『直接法で教える日本語』（2009）東京外国語大学留学生日本語教育センター指導書研究会　東京外国語大学出版会

『文化初級日本語Ⅰ・Ⅱ改訂版教師用指導例集』（2013）文化外国語専門学校日本語科　文化外国語専門学校

『みんなの日本語初級Ⅱ　翻訳・文法解説　英語版』第2版（2013）スリーエーネットワーク編　スリーエーネットワーク

『日本語能力試験出題基準〔改訂版〕』（2002）国際交流基金・日本国際教育支援協会　凡人社

【用例出典】

BCCWJ：国立国語研究所『現代日本語書き言葉均衡コーパス』
コーパス検索アプリケーション中納言による　https://chunagon.ninjal.ac.jp/login（最終閲覧日2014.08.30）

終章

まとめと今後の課題

　本書では、現代日本語の形容詞のうち、「感情形容詞」と呼び得るものの範囲を定め、感情形容詞が、複文の述語、連体修飾用法、副詞的用法として用いられた場合の振る舞いを記述した。最後に、各章のまとめを行い、今後の課題を述べる。

1. 感情形容詞の分類

　第2章では、感情形容詞を「感情・感覚を表し得る形容詞」と定義し、感情形容詞2群、属性形容詞2群の計4群に分類した。分類の指標には、様態の「～ソウダ」を用いた。「～ソウダ」は、前接する形容詞によって、経験者の感情や感覚が外見に現れた様子を述べる［内部ソウダ］と、対象がある属性を持っているような様子であることを述べる［外部ソウダ］になる。次の（1）は［内部ソウダ］、（2）は［外部ソウダ］の例である。

（1）花子は、さみしそうだ。　　……［内部ソウダ］
（2）花子は、やさしそうだ。　　……［外部ソウダ］

そして、以下の3つの指標を用いて、分類を行った。指標3は、指標1、2を満たすものを対象としてテストを行った。

　指標1：終止用法
　　　　「花子は、～そうだ（だった）」が［内部ソウダ］として適格文になる。

指標2：副詞用法
「花子は、～そうに～する（した）」が［内部ソウダ］として適格文になる。
指標3：連体用法
「～そうな名詞」が［内部ソウダ］にしかならず、［外部ソウダ］にはならない。

分類の結果と例を、次の表1に示す。A群が典型的な感情形容詞、D群が典型的な属性形容詞である。上記の分類の指標は、従来の「私は、～い。」という形で心の様子を表すことができるかという感情形容詞の分類の指標を別の角度から見たもので、まったく新しいものというわけではない。しかし、従来の指標は、「私は、暑い」「私は、難しい」といった対比的な文脈でしか「私は」が現れない文の文法性判断が難しいという問題を抱えていた。本書の分類の指標は、その点を克服した指標であると言える。

表1　形容詞の分類と各群の語数

	指標1 終止用法で［内部ソウダ］になる	指標2 副詞用法で［内部ソウダ］になる	指標3 連体用法で［内部ソウダ］にしかならない	語例	形容詞分類		語数計 642
A	○	○	○	悲しい 残念な	感情形容詞	典型的な感情形容詞より経験者の状態を述べることを志向する	39
B	○	○	×	寒い 快適な		対象の状態を述べることをも志向する	49
C	×	○		うるさい 気の毒な	属性形容詞	副詞句としてある限定された時間における動きの行われ方を表すことにより感情を表す	24
D	×	×		明るい 静かな		典型的な属性形容詞	530

2. イ形容詞の使用実態——感情形容詞と属性形容詞の比較——

　第3章では、『現代日本語書き言葉均衡コーパス』の生産実態サブコーパスのコアデータの形容詞8,274例（語幹以外7,662例）を用いて、イ形容詞が実際にどのように使われているのか、感情形容詞と属性形容詞の使われ方に違いがあるのか、調査を行った。調査にあたっては、下記のように文の成分としてタグ付けを行った。図1のように分類することで、例えば「連用形」が動詞とともに述部となるのか、副詞句として働くのか等、活用形による分類では見えないことを見ることができるということを述べた。

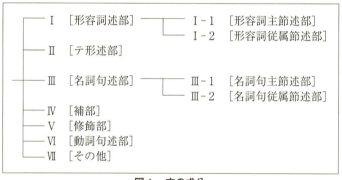

図1　文の成分

　調査の結果は、表2の通りである。表3と表4は、χ^2検定と残差分析の結果である。

　表2より、形容詞全体では、形容詞述部、テ形述部、名詞句述部の合計が約5割で、形容詞の約半数は述部で用いられることが分かった。

　感情形容詞と属性形容詞の使われ方の違いについては、修飾部、動詞句述部、形容詞述部、補部に有意差が見られた。このうち、修飾部については、AとCが少なく、Dが多かった。この点については、AとCの形容詞には、修飾部になりにくい語が多いためであると考察した。動詞句述部については、Bが多く、Dが少ないという結果であった。この点からは、形容詞には「寒い」のように変化として捉えられ「〜くなる」と共起しやすい語と、そうではない語があるのではないかという示唆を得たが、結論を導くには至らなかった。形容詞述部

表2 文の成分別出現割合

	形容詞述部	テ形述部	名詞句述部	補部	修飾部	動詞句述部	その他	計
感情形容詞A	73 40.5%	13 7.2%	12 6.7%	50 27.8%	12 6.7%	14 7.8%	6 3.3%	180 100.0%
感情形容詞B	129 26.6%	42 8.7%	36 7.4%	165 34.0%	57 11.8%	50 10.3%	6 1.2%	485 100%
属性形容詞C	97 45.9%	16 7.5%	13 6.1%	59 27.8%	17 8.0%	8 3.8%	2 0.9%	212 100%
属性形容詞D	2,393 35.2%	529 7.8%	405 6.0%	2,027 29.9%	1,038 15.3%	305 4.5%	88 1.3%	6,785 100.0%
計	2,692 35.2%	600 7.8%	466 6.1%	2,301 30.0%	1,124 14.7%	377 4.9%	102 1.3%	7,662 100%

表3 形容詞群別の形容詞の使われ方 χ2検定

	形容詞述部	テ形述部	名詞句述部	補部	修飾部	動詞句述部	その他
感情形容詞A	73(63)	13(14)	12(11)	50(54)	12(26)	14(9)	6(2)
感情形容詞B	129(170)	42(38)	36(29)	165(146)	57(71)	50(24)	6(6)
属性形容詞C	97(74)	16(17)	13(13)	59(64)	17(31)	8(10)	2(3)
属性形容詞D	2,393(2,384)	528(531)	405(413)	2,027(2,038)	1,038(995)	305(334)	88(90)

※カッコ内は期待度数

表4 形容詞群別の形容詞の使われ方 残差分析

	形容詞述部	テ形述部	名詞句述部	補部	修飾部	動詞句述部	その他
感情形容詞A	1.54	−0.31	0.33	−0.67	−3.07**	1.79	2.37*
感情形容詞B	−4.07**	0.70	1.28	1.98*	−1.88	5.67**	−0.19
属性形容詞C	3.28**	−0.16	0.03	−0.71	−2.78**	−0.78	−0.5
属性形容詞D	0.69	−0.31	−1.15	−0.83	4.33**	−4.79**	−0.73

**p<.01 *p<.05

については、Bが少なく、Cが多いという結果であった。Bの形容詞述部が少ないことについては、Bは動詞句述部が多いために、形容詞述部が少なくなるのではないかと考察をした。Cの形容詞述部が多い理由と、Bの補部が多い理由は、明らかにはできなかった。

今回の調査は、このように課題が残るものではあるが、データを結果だけではなく中身がわかる形で示すことができたこと、形容詞の分析に当たり、どのような文の成分をたてるかというひとつの案を示せたという点で、今後の研究につながるものであると考えている。

3. 感情形容詞が述語となる複文

第4章では、「動詞のテ形、感情形容詞（Vテ、感情形容詞）」という文型について考察を行った。そして、次の4点を明らかにした。

【1】「Vテ、感情形容詞」は、原則として、前件の出来事が後件の主体にとって、自己制御性のないことでなければならない。

（3）友達に ｛*会って／会えて｝、うれしいです。
（4）友達に ｛*会わなくて／会えなくて｝、さびしいです。

【2】「Vテ、感情形容詞」は、前件が感情の対象である［対象事態］タイプと、感情の対象を認識する段階の動作を言語として顕在化した［対象認識］タイプに分類することができる。［対象認識］は、一見、「Vテ、感情形容詞」の前件は自己制御性のない出来事でなければならないという制約の例外に見える。しかし、前件の感情の対象を認識するには、感情の対象となる出来事が成立しなければならない。そして、その感情の対象となる出来事には自己制御性がない。よって、［対象認識］の前件も、自己制御性がないと言える。

（5）娘が元気に頑張っていて、うれしい。　……［対象事態］
（6）娘が元気に頑張っているのを見て、うれしい。　……［対象認識］

【3】「Ｖテ、感情形容詞」の［対象事態］タイプは、図２のように分類することができる。「Ｖテ、感情形容詞」の前件に自己制御性があっても適格文となるのは、表５の網掛けの部分で、次の２つの場合である。
  ・Ａの前件が肯定で好ましいことで後件が過去形の場合
  ・Ａの前件が肯定で好ましくないことの場合

図２　［対象事態］タイプの分類

表５　「Ｖテ、感情形容詞」の前件の自己制御性の有無

	前件		例文
対象事態	A 肯定	好ましい 後件非過去	着物を ｛*着て／着られて｝、うれしい。 先生にほめられて、うれしい。 先生にほめてもらって、うれしい。 試合に勝って、うれしい。
		好ましい 後件過去	着物を ｛着て／着られて｝ うれしかった。 先生にほめられて、うれしい。 先生にほめてもらって、うれしかった。 試合に勝って、うれしい。
		好ましくない	太郎にだまされて、悔しい／悔しかった。 親に隠し事をして、苦しい／苦しかった。
	否定		本当のことを ｛*言わなくて／言えなくて｝ つらい／つらかった。
	B	肯定	太郎が来て、うれしい／うれしかった。
		否定	太郎が来なくて、残念だ／残念だった。
	C	肯定	本が完成して、うれしい／うれしかった。
		否定	シュートが決まらなくて、残念だ／残念だった。
対象認識	肯定		（私が）合格したと聞いて、うれしい／うれしかった。 会うたびに元気になっている姿を見て、うれしい／うれしかった。 母校が部員不足と聞いて、寂しい／寂しかった。
	否定		

【4】「Vテ、感情形容詞」で、前件が他者の行為の場合は、受身と受益表現の使用の有無が問題となる。いつ、受身と受益表現を使うかをまとめると、次の表6のようになる。

表6　受身と受益表現の使用

前件			前件の制約
関与する			受身または受益表現が必須 ｛*友人が私を騙して／友達に騙されて｝、悲しい／悲しかった。 多くの人が（私の）歌を｛*聞いて／聞いてくれて｝、うれしい／うれしかった。
関与しない	好ましい	結びつきが分かりにくい	受益表現が必須 子供たちが動物を｛*かわいがって／かわいがってくれて｝、うれしい／うれしかった。
		結びつきが分かりやすい	受益表現がなくてもよい 森島選手が｛活躍して／活躍してくれて｝、うれしい／うれしかった。
	好ましくない	迷惑だ	任意で受身使用可 ｛弟に家業を継がれて／弟が家業を継いで｝、悔しい／悔しかった。
		迷惑でない	受身使用不可 ｛多くの人が亡くなって／#多くの人に亡くなられて｝、悲しい／悲しかった。

そして、「～カラ、感情形容詞」「～ノデ、感情形容詞」は、次の（7）のような後件の感情が発生した状況を条件的な理由として示す［条件的理由］を表すことを見た。「Vテ、感情形容詞」では、［条件的理由］を示すことはできない。

（7）<u>負けるとは思っていなかったので</u>、負けて、悔しいです。

以上のような感情形容詞が複文の述語となる文の研究は、これまで十分に行われてはおらず、本書によって、一端が明らかにされたものと言える。

4. 感情形容詞の連体修飾用法

　第5章では、感情形容詞の連体修飾用法について、感情形容詞と被修飾名詞の意味的な関係から［対象］［経験者］［とき］［内容］［表出物］［相対補充］［その他］の7つに分類ができることを述べた。この7つの中で、［表出物］は従来の研究では見逃されていたタイプであり、「うれしい悲鳴」「悲しいふり」等、「被修飾名詞が、経験者が感情形容詞で表される感情を持っている時に、経験者から発せられるものである」という関係であることを述べた。また、西尾(1972)で、連体修飾用法の感情形容詞は、「属性表現になりやすい」と指摘されてきたが、それは、［対象］として解釈が可能な例について言えることであることを見た。

　そして、BCCWJのデータを用い、各タイプの出現度数を調査した。感情形容詞の連体修飾用法34,165例のうち、被修飾名詞が「もの」の2,426例、「こと」の4,403例、「ところ」の525例、計7,354例を除く26,811例を7分類した。その結果、感情形容詞は［対象］で多く用いられ、［対象］と比較し［経験者］が少ないということをデータで示すことができた。また、［内容］や［表出物］も一定数用いられていることを確認した。以上のまとめを表7に示す。

　感情形容詞の連体修飾用法については、これまで、一部の例がとりあげられ考察の対象とされてきたが、このように全体像が示されてはいなかった。本書は、全体像を示したという点で感情形容詞の連体修飾用法の研究を一歩前進させたものである。

5. 感情形容詞の副詞的用法

　第6章では、感情形容詞の副詞的用法について、動作主が動作の実現中に思った・感じたことを表す「動作主認識の副詞的成分」と、話者が第三者やモノの外から見た様子を述べる「話者認識の副詞的成分」に分類し、考察を行った。

　動作主認識の副詞的成分は、述語動詞の表す出来事との因果関係を表すものではなく、同時性があるだけであるということを確認した。そして、話者認識の副詞的成分も、述語動詞の表す出来事と同時性があるということを述べた。しかし、この同時性があるということは、存在する例がそうであるというだけで、同時性があればすべて適格文になるわけではないという大きな課題が残っ

表7 感情形容詞の連体修飾用法

統語関係	感情形容詞と被修飾名詞の意味関係		例	被修飾名詞	用例数計 26,811
ウチ	対象	被修飾名詞が感情形容詞で表される感情を引き起こすもの・こと	うれしいプレゼント つらい体験 迷惑な男　懐かしい人	物・出来事・人間	20,570
	経験者	被修飾名詞が感情形容詞で表される感情の持ち主	（一人で過ごすのが）つらい人 （成人病が）心配な方 優秀な学生が欲しい企業	人間・組織	548
	とき	被修飾名詞が感情形容詞で表される感情が存在するとき	一人で過ごすのがつらい時 つらい日曜日　嫌な時代	時や期間を表す名詞	2,485
ソト	内容	修飾部（形容詞または形容詞節）が被修飾名詞の内容を表す	つらい気持ち　冷たい感覚 人に迷惑をかけるのが嫌な性分 人形柄がどこか懐かしい感じ	気持ち・感覚等 性分・感じ等	1,826
	表出物	被修飾名詞が、経験者が感情形容詞で表される感情を持っているときに、経験者から発せられるもの	つらい顔　つらい声 不安な面持ち　不安なまなざし	顔・声・様子等	579
	相対補充	「感情形容詞（節）その被修飾名詞」という関係	彼女に会うのがつらい理由 大変な理由	理由・合間等	8
	その他	（被修飾名詞が形式名詞）	心配なはず　つらい限り	はず・限り等の形式名詞	795

ている。そのことを認めたうえで、収集した用例をもとに、2つの副詞的用法の主体の特徴と、副詞的成分が何を表しているかを記述した。表8は、感情形容詞の副詞的用法をまとめたものである。

表8　感情形容詞の副詞的用法

分類	述語動詞の主体		例	副詞的成分
動作主認識の副詞的成分	特定の人間	話者	知らせを悲しく聞いた。 友人をうらやましく見ていた。 ありがたくもらっておこう。	主体（動作主）の感情を表す
		聞き手	みんなで楽しく遊びましょう。	
		第三者 （語りの文のみ）	太郎は、雨雲を恨めしく見上げた。	
	不特定の人間		この枕を使えば心地よく眠れる。 この本は、楽しく読める。	
話者認識の副詞的成分	モノ 第三者		鐘が悲しく響いた。 花が寂しく枯れている。 花子は寂しく笑った。 花子の苦しみが切なく描かれている。	主体の外から見た様子を表す
			花子はジュリエットを切なく演じた。	主体の外から見た様子と、できた作品の様子を表す

6. 日本語教育に向けて

　第7章では、本書の成果を日本語教育にどのように応用できるか、「Vテ、感情形容詞／感情動詞（以下、「Vテ、感情」）」を例に考察を行った。初級の教科書の「Vテ、感情」の取り扱い方を調査し、以下の問題点を指摘した。

　　ア．「Vテ、感情」の例文に、［対象認識］と［対象事態］の例が混在している教科書がある。
　　イ．「Vテ、感情」の前件について、前件の制約（自己制御性の有無）についての説明がない、または、前件が肯定で可能テ形の例が挙げられていないため、いつ無標のテ形で、いつ可能テ形かがわからない。

　そして、「Vテ、感情」の前に、「Vテ、感情」を理解する前提となる実現可能を文型としてとりあげる必要があることを述べた。そして、［対象認識］と［対

象事態]を別々に扱い、[対象事態]については、前件のガ格名詞に注目させ、「私」の場合は可能テ形、「私以外・モノ」の場合は無標のテ形を使うという学習者向けのルールを提案した。併せて、「Vテ、感情」についての日本語教師向けの文法解説もまとめた。

この「Vテ、感情」という文型は、筆者が感情形容詞に関心を持つきっかけとなった文型である。本書の締めくくりとして、日本語の研究をどう日本語教育へ活かすことができるのかという提案をすることができた。

7. 感情形容詞の3つの用法

最後に、終止用法・連体修飾用法・副詞的用法という感情形容詞の3つの用法をまとめる。感情形容詞は、「感情・感覚を表し得る形容詞」であり、モノの属性を表すこともある。そして、本書を通じて、表9のように、終止用法・連体修飾用法・副詞的用法の3つの用法において、感情を表すこともあれば、モノの属性を表すこともあることが明らかになった。

表9　感情形容詞が感情を表す時と属性を表す時

	感情を表す	モノの属性を表す
終止用法	（ア）母の優しさがつらい。 （イ）知らせを聞いて、悲しかった。	（ウ）早起きは、つらい。 （エ）あの映画は、悲しい。
連体修飾用法	（オ）（朝早く起きるのが）つらい人 （カ）残念な気持ち （キ）うれしい様子	（ク）悲しい映画 （ケ）残念な結果 （コ）うれしい知らせ
副詞的用法	（サ）散っていく桜を悲しく見上げた。 （シ）夫の懺悔を切なく聞いた。	（ス）桜が悲しく枯れている （セ）花子はジュリエットを切なく演じた。

終止用法においては、先行研究で指摘されている通り、（ウ）（エ）のように感情の対象を「は」で取り立てることによって、感情形容詞はモノの属性を表す。連体修飾用法においては、（オ）-（キ）のように形容詞と被修飾名詞が［経験者］［内容］［表出物］という関係である場合、感情を表すと言えるだろう。そして、（ク）-（コ）のように形容詞と被修飾名詞が［対象］という関係の場合

は、被修飾名詞の属性を述べると言える。副詞的用法においては、（サ）（シ）のような動作主認識の副詞的成分は感情を表すものであり、（ス）（セ）のような話者認識の副詞的成分は、モノの属性を表すものであると言える。

以上、本書では、感情形容詞の終止用法、連体修飾用法、副詞的用法という３つの用法を詳細に検討し、感情形容詞の全体像を明らかにした。

8. 今後の課題

最後に、今後の課題について述べておきたい。

本書で、最も多くの課題が残ったのは、第３章のイ形容詞の使用実態である。まず、分類に使用する「文の成分」を決めることが非常に困難であった。ひとつの品詞がどのように使われているかを見るには、活用形による分類では不十分であることはすでに述べた。しかし、本書で使用した「文の成分」が完全なものであるとも考えていない。第３章でできたのは、「このような文の成分に分類をして、このような結果が出た」というところまでである。よりよい分類を考えていくことが今後の課題である。文の成分として何を立てるかというテーマは、文節や文の成分とは何かといった議論が盛んに行われていた1970年代と異なり、現代はあまり議論が行われていないように思われるが、分析に使用できる文の成分を考えていくことが必要であろう。

そして、同じく第３章で、４つの形容詞群の使用に有意な差が見られたところで、それがその群全体の特徴であるということが非常に困難だったという問題がある。ある群のいくつかの語が全体に影響を与えていることも大いに考えられるからである。今後は、今回の結果をふまえて、ひとつひとつの形容詞を丁寧に見ていく必要があると考えている。

第４章では、「Vテ、感情形容詞」と「～カラ、感情形容詞」「～ノデ、感情形容詞」という３つの複文を扱ったが、「～ト」や「～ナンテ」等、他にも述部に感情形容詞が現れる複文がある。これらについても、今後、考察を行っていきたい。

第６章の副詞的用法についても、存在する用例については、副詞句と述語動詞に同時性があるということしか言うことができず、感情形容詞の副詞的用法は、どういった条件で適格文となるのか、という大きな課題が残されている。

最後に、本書を通して、「見る」「聞く」といった認識をするという行為と、言語の関係に関心を抱くようになった。まず、「Ｖテ、感情形容詞」においては、「娘ががんばっている姿を見て、うれしい」のような［対象認識］という話者の「見る」という対象を認識する段階の動作を言語として顕在化したタイプがあることを指摘した。また、副詞的用法においては、「桜が散っていくのを恨めしく見ていた」のように、述語動詞が認識系の例が多く、認識した内容が感情の対象であるということを述べた。「桜が散っていくのを恨めしく見ていた」は、「桜が散っていくのが恨めしかった」と意味的には非常に近い。言語は、すべて話者の認識という行為を経たものであり、「見る」等の話者の「認識するという行為」がどのように言語化されるのかは、非常に興味深い問題である。この点も今後の課題としていきたい。

参考文献

浅山佳郎（1999）「感情動詞の補足語の格と感情形容詞」『神奈川大学言語研究』22　神奈川大学　p.57-72
東弘子（1992）「感情形容詞述語文における感情主の人称制限―叙述の立場から―」『日本語論究3 現代日本語の研究』和泉書院　p.45-68
―――（1999）「感情表出文」『自然言語処理』6-4　言語処理学会　p.45-65
荒正子（1989）「形容詞の意味的なタイプ」『ことばの科学』3　言語学研究会編　むぎ書房　p.147-162
井島正博（1991）「可能文の多層的分析」『日本語のヴォイスと多動性』仁田義雄編　くろしお出版　p.149-189
井本亮（2009）「形容詞連用形による副詞的修飾関係―モノのサマの修飾関係を中心に」『国文学解釈と鑑賞』74-7　至文堂　p.52-60
王安（2005）「接尾辞「〜がる」の機能の再考」『研究論集』5　北海道大学大学院文学研究科　p.241-261
大島資生（2010）『日本語連体修飾節構造の研究』ひつじ書房
大曽美恵子（2001）「感情を表わす動詞・形容詞に関する一考察」『言語文化論集』22-2　名古屋大学言語文化部・国際言語文化研究所　p.21-30
奥田靖雄（1986）「実現・可能・必然（上）」『ことばの科学』1　言語学研究会編　むぎ書房　p.181-212
奥津敬一郎（1974）『生成日本文法論』大修館書店
―――（2007）『連体即連用？―日本語の基本構造と諸相』ひつじ書房
尾上圭介（1998）「文法を考える5 出来文（1）」『日本語学』17-7　明治書院　p.76-83
―――（1998）「文法を考える6 出来文（2）」『日本語学』17-10　明治書院　p.90-97
―――（1999）「文法を考える7 出来文（3）」『日本語学』18-1　明治書院　p.86-93
小野尚之編（2009）『結果構文のタイポロジー』ひつじ書房
小野尚之（2009）「日本語連体修飾節への語彙意味論的アプローチ」『語彙の意味と文法』由本陽子・岸本秀樹編　くろしお出版　p.253-272
小山敦子（1966）「「の」「が」「は」の使い分けについて―展成文法理論の日本語への適用―」『国語学』66　国語学会　p.61-84
柿元悦子（1993）「使役と受身―「〜シテモラウ」文の分析に基づいて―」『九州産

業大学教養部紀要』29-4　九州産業大学　p.51-57
影山太郎編（2009）『日英対照形容詞・副詞の意味と構文』大修館書店
影山太郎編（2012）『属性叙述の世界』くろしお出版
加藤由紀子（2001）「感情表現における動詞とその周辺」『岐阜大学留学生センター紀要』　岐阜大学留学生センター　p.47-59
加藤庸子（2000）「感情・感覚形容詞の連用用法について」『日本語・日本文化研究』10　大阪外国語大学日本語学科　p.71-81
川端善明（1983）「文の構造と種類―形容詞文―」『日本語学』2-5　明治書院　p.128-134
北原保雄（1991）「表現主体の主観と動作主の主観」『国語学』165　国語学会　p.15-25
――――（2010）『日本語の形容詞』大修館書店
木下りか（2001）「事態の隣接関係と様態のソウダ」『日本語文法』1-1　日本語文法学会　p.137-158
金水敏（1989）「「報告」についての覚書」『日本語のモダリティ』仁田義雄・益岡隆志編　くろしお出版　p.121-129
草薙裕（1977）「日本語形容表現の意味―情報提供という観点からの考察―」『文藝言語研究　言語編』　筑波大学文芸・言語学系　p.89-110
工藤浩（1997）「評価成分をめぐって」『日本語文法　体系と方法』川端善明・仁田義雄編　ひつじ書房　p.55-72
工藤真由美（2002）「日本語の文の成分」『現代日本語講座　文法』5　飛田良文・佐藤武義編　明治書院　p.101-119
――――（2014）『現代日本語ムード・テンス・アスペクト論』ひつじ書房
久野暲（1973）『日本文法研究』大修館書店
久野暲・ジョンソン由紀（2005）「日本語の「非規範二重主語構文」について　目的語表示の「が」」『言語学と日本語教育』Ⅳ　南雅彦編　くろしお出版　p.13-24
黒田成幸（1965）「ガ、ヲ及びニについて」『国語学』63　国語学会　p.75-85
ケキゼ・タチアナ（2000）「「（〜し）そうだ」の意味分析」『日本語教育』107　日本語教育学会　p.7-15
――――（2002）「「〜げ」の意味分析」『日本語文法』2-1　日本語文法学会　p.3-21
郡博子（1993）「感情形容詞についての考察」『日本語・日本文化』第19号　大阪外国語大学留学生日本語教育センター　p.25-39
小竹直子（2007）「日本語の感情表現における動詞と形容詞の対立―形態的に対応す

　　　　　　　る動詞と形容詞の比較に焦点を当てて―」『電子情報通信学会技術
　　　　　　　研究報告．TL, 思考と言語』107-138　電子情報通信学会　p.35-40
―――（2010）「条件文の帰結部分における形容詞終止形と形容詞＋ナルの交替」『広
　　　　　　　島大学大学院教育学研究科紀要第二部』59　広島大学　p.249-258
小竹直子・酒井弘（2012）「「こころの動き」を言語はどのように捉えるか　心理形
　　　　　　　容詞と心理動詞の使い分けを通して」『日中理論言語学の
　　　　　　　新展望③語彙と品詞』影山太郎・沈力編　くろしお出版
　　　　　　　p.145-167
小針浩樹（1994）「文類型の中での形容詞文の位置づけについて」『国語学研究』33
　　　　　　　東北大学文学部　左p.53-61
小矢野哲夫（1979）「現代日本語可能表現の意味と用法（Ⅰ）」『大阪外国語大学学報』
　　　　　　　45　大阪外国語大学　p.83-98
小矢野哲夫（1985）「形容詞のとる格」『日本語学』4-3　明治書院　p.21-28
定延利之（2002）「「インタラクションの文法」に向けて―現代日本語の疑似エビデ
　　　　　　　ンシャル―」『京都大学言語学研究』21　京都大学大学院文学研究
　　　　　　　科言語学研究室　p.147-185
篠原俊吾（2008）「相互作用と形容詞」『ことばのダイナミズム』　くろしお出版
　　　　　　　p.89-104
柴谷方良（1978）『日本語の分析』大修館書店
―――（2001）「日本語の非規範的構文について」『言語学と日本語教育』Ⅱ　南
　　　　　　　雅彦・アラム佐々木幸子編　くろしお出版　p.1-37
渋谷勝己（1993）「日本語可能表現の諸相と発展」『大阪大学文学部紀要』33-1　大
　　　　　　　阪大学
―――（1995）「可能動詞とスルコトガデキル―可能の表現―」『日本語類義表現
　　　　　　　の文法（上）単文編』宮島達夫・仁田義雄編　くろしお出版
　　　　　　　p.111-120
―――（2005）「日本語可能表現にみる文法化の諸相」『日本語の研究』1-3　日
　　　　　　　本語学会　p.32-45
新川忠（1979）「「副詞と動詞のくみあわせ」試論」『言語の研究』言語学研究会編
　　　　　　　むぎ書房　p.173-202
―――（1996）「副詞の意味と機能―結果副詞をめぐって―」『ことばの科学』7　言
　　　　　　　語学研究会編　むぎ書房　p.61-80
新屋映子（1989）「"文末名詞"について」『国語学』159　国語学会　左p.1-14
―――（1995）「「彼女を好きだ」という言い方―感情形容詞の他動性について―」『桜

　　　　　　　美林論集　一般教育篇』22　桜美林大学　p.93-103
─── (2009)「形容詞述語と名詞述語　その近くて遠い関係」『国文学解釈と鑑賞』
　　　　　　　7月号　p.30-40
鈴木一彦・林巨樹編 (1984)『研究資料日本文法第3巻用言編2形容詞・形容動詞』
　　　　　　　明治書院
鈴木重幸 (1972a)『日本語文法・形態論』麦書房
─── (1972b)『文法と文法指導』麦書房
高橋太郎 (1994)「スルともシタともいえるとき」『動詞の研究―動詞らしさの発展
　　　　　　　と消失―』むぎ書房　p.166-187
─── (1998)「動詞からみた形容詞」『月刊言語』27-3　大修館書店　p.36-43
陳崗・吉田則夫 (2009)「形態からみた日本語心情語彙の史的展開―語構成と品詞の
　　　　　　　観点から―」『研究集録』142　岡山大学大学院教育学研究
　　　　　　　科　p.1-8
角田三枝 (1999)「感情表現の連体修飾におけるボイス的対立」『アジア・アフリカ
　　　　　　　文法研究』28　東京外国語大学アジア・アフリカ言語文化研究所
　　　　　　　p.55-82
─── (2000)「いわゆる所有文型の中の感情、感覚などの表現―「車のある人」
　　　　　　　と「恨みのある人」―」『人間文化論叢』3　お茶の水女子大学大
　　　　　　　学院人間文化研究科　p.283-292
寺村秀夫 (1971)「'タ'の意味と機能―アスペクト・テンス・ムードの構文的位置
　　　　　　　づけ」『言語学と日本語問題』くろしお出版　(寺村秀夫 (1984)『日
　　　　　　　本語のシンタクス』Ⅱくろしお出版に採録　p.313-358)
─── (1973)「感情表現のシンタクス―「高次の文」による分析の一例―」『月
　　　　　　　刊言語』2-2　大修館書店　p.18-26
─── (1975)「連体修飾のシンタクスと意味―その1―」『日本語・日本文化』
　　　　　　　4号　大阪外国語大学留学生別科（寺村秀夫 (1992)『寺村秀夫論
　　　　　　　文集』Ⅰ　くろしお出版に再掲　p.157-207）
─── (1977)「連体修飾のシンタクスと意味―その2―」『日本語・日本文化』
　　　　　　　5号　大阪外国語大学留学生別科（寺村秀夫 (1992)『寺村秀夫論
　　　　　　　文集』Ⅰ　くろしお出版に再掲　p.209-260）
─── (1977)「連体修飾のシンタクスと意味―その3―」『日本語・日本文化』
　　　　　　　6号　大阪外国語大学留学生別科（寺村秀夫 (1992)『寺村秀夫論
　　　　　　　文集』Ⅰ　くろしお出版に再掲　p.261-296）
─── (1978)「連体修飾のシンタクスと意味―その4―」『日本語・日本文化』

　　　　　　　　　　7号　大阪外国語大学留学生別科（寺村秀夫（1992）『寺村秀夫論文集』Ⅰ　くろしお出版に再掲　p.297-320）
―――――（1982）『日本語のシンタクスと意味』Ⅰ　くろしお出版
―――――（1984）『日本語のシンタクスと意味』Ⅱ　くろしお出版
時枝誠記（1941）『国語学原論』（岩波書店より復刊『国語学原論』上下（2007））
―――――（1950）『古典解釋のための日本文法』至文堂
豊田豊子（1978）「接続助詞「と」の用法と機能（1）」『日本語学校論集』5　東京外国語大学外国語学部附属日本語学校　p.28-46
―――――（1983）「接続助詞「と」の用法と機能（Ⅴ）―因果を表す「と」―」『日本語学校論集』10　東京外国語大学外国語学部附属日本語学校　p.1-24
ドラガナ・シュピツァ（2002）「「ご飯をおいしく食べた」構文についての一考察　感情・感覚形容詞の連用修飾について」『日本語・日本文化研究』12　大阪外国語大学日本語講座　p.139-145
―――――（2005）「日本語における動作主認識の副詞的成分をめぐって」『日本語文法』5-1　日本語文法学会　p.212-222
中村亘（2000）「接尾辞「げ」の意味・用法―「そう」との事態把握の違いを通じて―」『早稲田大学大学院文学研究科紀要　第3分冊』46　p.73-82
西尾寅弥（1972）『形容詞の意味・用法の記述的研究』国立国語研究所報告44　秀英出版
仁田義雄（1988）「意志動詞と無意志動詞」『月刊言語』17-5　大修館書店　p.34-37
―――――（1990）「日本語の形容詞文をめぐって」『ことばの饗宴―箕壽雄教授還暦記念論集―』くろしお出版　p.453-467
―――――（1995）「シテ形接続をめぐって」『複文の研究（上）』仁田義雄編　くろしお出版　p.87-125
―――――（1998）「日本語文法における形容詞」『月刊言語』27-3　大修館書店　p.26-35
―――――（2002）『副詞的表現の諸相』くろしお出版
―――――（2004）「意志性から見た主語」『月刊言語』33-2　大修館書店　p.41-49
日本語記述文法研究会編（2010）『現代日本語文法』1　くろしお出版
橋本進吉（1969）『助詞・助動詞の研究』岩波書店
橋本三奈子・青山文啓（1992）「形容詞の三つの用法：終止，連体，連用」『計量国語学』18-5　計量国語学会　p.201-214
蓮沼昭子・有田節子・前田直子（2001）『条件表現』日本語文法セルフマスターシリー

ズ7　くろしお出版
バックハウス，アンソニー・E（2008）「形容詞の「ク形」を辞書に載せるべきか」『北海道大学留学生センター紀要』11　p.9-18
樋口文彦（1989）「評価的な文」『ことばの科学』3　言語学研究会編　むぎ書房　p.181-192
―――（1996）「形容詞の分類―状態形容詞と質形容詞―」『ことばの科学』7　言語学研究会編　むぎ書房　p.39-60
畢暁燕（2010）「感情形容詞による連体修飾に関して―感情形容詞と名詞との意味的関係を中心に―」『日中言語研究と日本語教育』3　『日中言語研究と日本語教育』　好文出版　p.67-77
藤田保幸（1981）「準引用」『待兼山論叢』15　大阪大学文学部　p.1-16
細川英雄（1986）「風は寒いか冷たいか―温度形容詞とその用法について―」『国語学研究と資料』10　国語語学研究と資料の会　左p.1-13
―――（1989）「現代日本語の形容詞分類について」『国語学』158集　国語学会　左p.14-26
―――（1990）「感情形容詞の連用修飾用法について」『近代語研究』8　近代語学会編　武蔵野書院　p.327-340
許明子（2000）「テモラウ文と受身文の関係について」『日本語教育』105　日本語教育学会　p.1-10
堀川智也（1992）「心理動詞のアスペクト」『言語文化部紀要』21　北海道大学　p.187-202
本多啓（2005）『アフォーダンスの認知意味論―生態心理学から見た文法現象』東京大学出版会
前川喜久雄（2009）「代表性を有する大規模日本語書き言葉コーパスの構築」『人口知能学会誌』24-5　人工知能学会　p.616-622
巻下吉夫・瀬戸賢一（1997）『文化と発想とレトリック』中右実編　研究社
益岡隆志（1987）『命題の文法―日本語文法序説―』くろしお出版
―――（1991）「物語文のテンス」『モダリティの文法』くろしお出版　p.156-172
―――（1997）「表現の主観性」『視点と言語行動』田窪行則編　くろしお出版　p.1-11
―――（2008）『叙述類型論』くろしお出版
松村明（1957）「「水を飲みたい」という言い方について」『江戸東京語の研究』東京堂p.239-271
三上章（1953）『現代語法序説』刀江書院（くろしお出版より復刊（1972））

三上章（1969）『象は鼻が長い―日本文法入門』くろしお出版
三田村紀子（1966）「形容詞の意味分類」『研究年報』10　奈良女子大学文学会　p.14-25
南不二男（1974）『現代日本語の構造』大修館書店
三原健一（2000）「日本語心理動詞の適切な扱いに向けて」『日本語科学』8　国立国語研究所　p.54-75
宮腰幸一（2009）「日英語の周辺的結果構文―類型論的含意」『結果構文のタイポロジー』小野尚之編　ひつじ書房　p.217-265
村木新次郎（2002）「第三形容詞とその形態論」『現代日本語の文法研究』国語論究10　明治書院　p.211-237
森田富美子（1988）「接尾辞「～がる」について」『東海大学紀要. 留学生教育センター』8　p.1-15
森田良行（1981）「「悲しく思う」か「悲しいと思う」か」『日本語の発想』冬樹社　p.84-89
森山卓郎（1992）「文末思考動詞「思う」をめぐって―文の意味としての主観性・客観性―」『日本語学』11-8　明治書院　p.105-116
守屋三千代（2001）「必須成分としての授受形式」『日本語日本文学』11　創価大学日本語日本文学会　p.1-14
―――（2002）「日本語の授受動詞と受益性～対照的な観点から～」『日本語日本文学』12　創価大学日本語日本文学会　p.1-22
八亀裕美（2008）『日本語形容詞の記述的研究―類型論的視点から―』明治書院
―――（2009）「形容詞述語文をとらえるために　分析に必要な視点」『国文学解釈と鑑賞』74-7　至文堂　p.20-29
矢澤真人（1983）「情態修飾成分の整理―被修飾成分との呼応及び出現位置からの考察―」『日本語と日本文学』3　筑波大学国語国文学会　p.30-39
―――（2007）『日本語情態修飾関係の研究』筑波大学博士論文
山岡政紀（2000）『日本語の述語と文機能』日本語研究叢書13　くろしお出版
山口仲美（1982）「感覚・感情語彙の歴史」『語彙史』講座日本語学4　森岡健二編　明治書院　p.202-227
山崎誠（2009）「代表性を有する現代日本語書籍コーパスの構築」『人口知能学会誌』24-5　人工知能学会　p.626-631
山田進（2005）「感情語の意味をどう記述するか」『聖心女子大学論叢』104　聖心女子大学　p.83-99
山本和之（1983）「日英語の感情形容詞（Ⅰ）」『他者の心的・感覚的状態の表出に関

　　　　　　　　する日英語の比較研究』科学研究費補助金研究成果報告書　p.1-61
山本俊英（1955）「形容詞ク活用・シク活用の意味上の相違について」『国語学』23
　　　　　国語学会　p.71-75
吉澤義則（1933）「所謂「ヲ」に通ずる助詞「ガ」に就いて」『金澤博士還暦記念東
　　　　　洋語学の研究』金澤博士還暦祝賀會編　三省堂　p.1-10
吉永尚（2008）『心理動詞と動作動詞のインターフェイス』和泉書院
李仙花（2006）「「てもらう」文と受身文の交替可能性について」『国語学研究』45
　　　　　東北大学文学部　p.73-85
林青樺（2007）「現代日本語における実現可能文の意味機能―無標の動詞文との対比
　　　　　を通して―」『日本語の研究』3-2　日本語学会　p.31-46
ロザリンド・ソーントン（1983）「形容詞の連用形のいわゆる副詞的用法」『日本語学』
　　　　　2-10　p.64-76
鷲尾龍一（1996）「語のタイポロジー」『言語』25-11　p.28-35
渡辺実（1983）『副用語の研究』明治書院
―――（1991）「「わがこと・ひとごと」の観点と文法論」『国語学』165　国語学会
　　　　　p.1-14
Gregory N.Carlson (1980) *Reference to kinds in English*. New york: Garland
Washio, Ryuichi. (1997) Resultatives, composionality and language variation. *Journal of East Asian Linguistics* 6, 1-49.

辞書類

国立国語研究所編（2004）『分類語彙表』増補改訂版　国立国語研究所資料集14　大
　　　　　日本図書
情報処理技術振興協会（1994）『計算機用日本語基本形容詞辞書IPAL（Basic
　　　　　Adjectives）辞書編上（あ～し）』情報処理振興事業
　　　　　協会技術センター
――――――――――（1994）『計算機用日本語基本形容詞辞書IPAL（Basic
　　　　　Adjectives）辞書編下（す～わ）』情報処理振興事業
　　　　　協会技術センター
――――――――――（1995）『計算機用日本語基本形容詞辞書IPAL（Basic
　　　　　Adjectives）解説編』情報処理振興事業協会技術セン
　　　　　ター
中村明（1993）『感情表現辞典』東京堂出版

初出一覧

　本書は、以下の論文に加筆修正を加えたものである。特に、第3章については、下記の論文のデータの一部を修正し、大幅な修正を加えている。

序　章　書き下ろし
第1章　書き下ろし
第2章　「現代日本語の形容詞分類――様態のソウダを用いて――」
　　　　『日本語文法』12-1 日本語文法学会（2012）p.20-36
第3章　「感情形容詞の使用実態――属性形容詞との対比を通して――」
　　　　『國語國文學會誌』56　学習院大学國語國文學會（2013）p.75-60
第4章　「「動詞のテ形、感情形容詞」に関する一考察」
　　　　『日本語／日本語教育研究』2　日本語／日本語教育研究会（2011）p.169-187
第5章　「連体修飾用法の感情形容詞と被修飾名詞の意味関係――うれしい人、うれしい話、うれしい悲鳴――」
　　　　『学習院大學國語國文學会誌』57　学習院大學國語國文學会（2014）p.56-45
第6章　「感情形容詞の副詞的用法について」
　　　　『人文科学論集』21　学習院大学大学院人文科学研究科（2012）p.51-82
第7章　「「友達に会わなくて、寂しいです」――「Vテ、感情」の産出に向けて」
　　　　『日本語／日本語教育研究』6　日本語・日本語教育研究会（2015）p.21-36
　　　　「日本語の教科書の実現可能の取り扱いについて――初級の教科書の調査より――」『学習院女子大学紀要』17（2015）学習院女子大学　p.147-162

あとがき

　本書は、2015年3月に学習院大学より博士（日本語日本文学）の学位を受けた学位論文「現代日本語の感情形容詞の研究」に加筆修正を加えたものです。出版にあたり、学習院大学大学院人文科学研究科より、博士論文刊行助成を受けています。

　思えば、私が民間の420時間日本語教師養成コースを受講し、初めて日本語教師として教壇に立ったのは、今から13年前のことでした。人生で2つめの職業として、一生続けられる仕事をと日本語教師になったものの、私を待ち受けていたのは、日本語学習者が産出する「日本語としておかしいのはわかるが、なぜおかしいか説明できない日本語の文の山」でした。日々、なぜおかしいのかわからない文と格闘しながら、私は、人生2度目の大学生活を送ることにしました。大学の3年次に編入し、日本語教師をしながら7年間の学生生活を送りました。そして、この書を世に送り出すまでに、さらに3年の月日が流れました。

　大学に入学してから、たくさんの先生方に教えを受けました。3年次に編入し修士時代までを過ごした大正大学では、倉島尚節先生、木村義之先生に、言葉のおもしろさとともに、用例の収集方法、文献の扱い方、先行研究の読み方等、基礎的なことを一から丁寧に教えていただきました。このときに、研究の過程において一つ一つの作業をきちんと丁寧にしていくことの大切さを学び、今でも研究や仕事をするときに思い出すようにしています。また、東京大学の井島正博先生には、研究会等でたくさんの学恩を賜りました。論文や書籍を読んでいて「よくわからないな」と思っていたことが、後になって分かったときというのは、学ぶことの喜びだと思います。井島正博先生には、学ぶ喜びをたくさん経験させていただきました。

　博士後期課程から入学した学習院大学では、前田直子先生に、本書のもとになった博士論文のご指導をしていただきました。固定観念を捨てて例文を見ることの大切さ、さまざまな角度から物事を考えることの重要さを学びました。

そして、研究だけでなく、大らかなお人柄に自分も少しでも近づければと日々感じております。鷲尾龍一先生にも、並々ならぬお世話になりました。穏やかなお人柄と厳しい研究への姿勢を見て、研究とはどういうものかを知りました。安部清哉先生は、論文を読み質問を送ってくださいました。頂いた質問のおかげで論文の内容を深めることができました。村野良子先生、金田智子先生には、日本語教育の実践を通じて多くの経験をさせていただきました。そして、日本語教育での悩みや、時には泣き言も聞いていただきました。言葉では言い尽くせないほどたくさんの薫陶を受けた7年間でした。先生方のおかげで、この本を書き上げることができました。

　それから研究仲間のパニキの会のみなさんにも、勉強会を通じて大変お世話になりました。この会は、文法と日本語教育の研究仲間の会です。学習院大学の先輩、同級生、後輩のみなさんにも心から感謝いたします。特に、南波千春さんには出版に際し、全編に目を通してもらいました。笠間書院の重光徹氏には、読みやすい本になるようたくさんのご助言をいただきました。また、研究会、学会でもたくさんの方からご教示をいただきました。ここですべての方のお名前をあげることはできませんが、心よりお礼申し上げます。特に関東日本語談話会では、論文の問題点に気付くきっかけを頂戴しました。そして、私に研究のヒントを与えてくれ、今も与え続けてくれる私の日本語のクラスの日本語学習者のみなさんにも感謝いたします。この本は、日本語学習者の発話をきっかけに生まれました。

　最後に、突然大学に行くと言いだした私を支えてくれた家族にも感謝の気持ちを伝えたいと思います。

2017年2月
村上佳恵

事項索引

●い

イ形容詞…3, 11, 12, 24, 28, 46, 81, 83, 92, 191, 270, 279
異主体…14, 133, 136, 138
意味関係…16〜18, 24, 152, 153, 158, 165, 180, 187, 203
意味役割…5, 196, 223
因果関係…146, 203, 205〜207, 219, 275

●う

受身…123〜127, 138〜144, 149, 223, 225, 248, 255〜258, 264, 274
受身のテ形、感情…248, 254〜256
ウチの関係…155〜157, 159, 169, 172

●か

χ^2 検定…103, 104, 270
［外部ソウダ］…8, 62, 64〜66, 68, 69, 71〜73, 75, 76, 79, 268, 269
学習者向けのルール…22, 221, 262, 264, 266, 278
活用形…11, 83, 88, 89, 91, 92, 94, 95, 97, 100, 101, 103, 109, 111, 115, 270, 279
可能形…1, 2, 13〜16, 20〜22, 118, 124, 127〜129, 132, 210, 221, 231, 232, 235, 236, 238, 242, 243, 245, 247, 265
可能タ形…130〜132, 233
感覚形容詞…49, 54
感覚形容表現…43
関係形容詞…54
観察形容表現…43, 44
感情・感覚形容詞…48, 82, 193
感情形容表現…43
感情動詞…20, 29, 226〜228, 230, 231
感情の対象…13, 15, 16, 21, 29, 45, 60, 117, 121, 122, 129, 132, 135〜137, 146〜149, 157, 169, 176, 190, 204〜206, 216, 217, 223, 226, 227, 272, 278, 280
間接受身…143

●き

機能語…11, 95〜98, 111

●け

［経験者］…17, 152, 159, 160, 172, 173, 175, 176, 180, 181, 187, 188, 275, 278
経験者…5, 18, 33, 60, 61, 64〜66, 68, 73, 79, 152, 157, 161, 164, 165, 167, 168, 187, 188, 196, 198, 212, 213, 217, 268, 275
［形容詞述部］…11, 12, 81, 94, 95
形容詞の偏り…190, 203, 211
結果構文…191, 196〜198
結果相修飾成分…197
原因・理由のテ形…231, 238, 243, 247, 248, 252, 253, 256, 262, 263
顕在化…15, 37, 117, 135〜137, 148, 272, 280
現代日本語書き言葉均衡コーパス…11, 17, 23, 81, 116, 117, 151, 152, 158, 189, 221, 267, 270

●こ

誤用…118, 222, 232, 235, 247, 258, 262

●さ

作成系の動詞…214

●し

嗜好形容表現…43, 44
思考動詞…63, 64
自己制御性…14〜16, 21, 117, 120〜130, 132〜138, 148, 149, 223〜225, 227, 228, 231, 252, 253, 256, 258, 259, 262, 263, 265, 272, 273, 277
質形容詞…41, 49〜51, 53, 54, 56, 153
実現可能…126, 232〜236, 238, 239, 242〜245, 247, 265, 277
社会通念…138, 141, 142
終止用法…3, 8, 9, 13, 58, 66, 67, 76, 79, 82, 268, 278, 279
［修飾部（副詞的用法）］…11, 12, 81, 95, 99
受益表現…16, 22, 133, 138〜142, 144, 149,

223, 225, 226, 264, 274
情意形容詞…54
状況相修飾成分…196
[条件的理由]…117, 147～149, 274
状態形容詞…40, 49～54, 56, 57, 153
情態修飾成分…191, 196, 202
状態相修飾成分…196
叙述形容詞…54
心理形容詞…4

●す

SPURIOUS resultatives…197, 198

●せ

前件の制約…14, 256, 262, 265, 277
潜在可能…232, 233, 236, 238, 243, 245, 247

●そ

相互作用的性質…35, 36
[相対補充]…17, 18, 152, 159, 168, 169, 172, 180, 184, 188, 275
相対補充節…156, 169
属性と情意の綜合的な表現…6, 7, 26～29, 35 ～37, 40, 57
ソトの関係…155～157, 159, 172, 179, 187
[その他]…11, 12, 17, 18, 81, 95, 100, 152, 159, 169～172, 177, 179, 180, 184, 187, 275

●た

[対象]…17, 18, 121, 152, 159, 167, 169, 172 ～181, 187, 188, 275, 278
対象語…6, 7, 26～34, 40, 43, 57, 82
[対象事態]…13～16, 20, 21, 117, 121, 122, 134～137, 145, 148, 149, 223, 224, 226～ 230, 248, 256～258, 260～263, 265, 266, 272, 273, 277, 278
[対象認識]…13～16, 21, 22, 117, 120～122, 134～137, 145, 148, 149, 205, 223, 226～ 228, 230, 248, 256, 258, 260～263, 265, 266, 272, 277, 280
対比的な文脈…56, 60, 269

●て

[テ形述部]…11, 12, 95, 97
テンス…118, 120, 126, 127, 233

●と

同一主体…14, 122, 123, 125, 128, 133, 136, 138
動作主…5, 19, 33, 124, 125, 130, 138, 190, 195, 196, 201, 202, 207, 215, 223～226, 257, 258, 261, 275
動作主認識の副詞的成分…19, 20, 190, 196, 198～203, 206～208, 211, 214, 216, 217, 219, 275, 279
[動詞句述部]…11, 12, 81, 95, 99
同時性…20, 190, 203～207, 214～216, 219, 275, 279
[とき]…17, 152, 159～162, 172, 173, 176, 177, 180, 184, 275
特性形容詞…51, 52, 56, 57

●な

[内部ソウダ]…8, 62, 64～73, 75, 76, 79, 268, 269
[内容]…17, 152, 159, 162～164, 171, 172, 174, 180, 184, 187, 188, 275, 278
内容補充節…156
ナ形容詞…3, 11, 74, 76, 84, 191

●に

人間の側…217
認識系以外の動詞…203, 205, 206, 226, 227, 230, 231
認識系の動詞…190, 203, 204, 223, 226～228, 230, 231, 263
認識した内容…13, 16, 21, 122, 135, 190, 205, 280
人称制限…5～7, 26, 28, 29, 38～40, 43, 57, 61, 64, 66, 75, 93, 94, 175, 176, 181, 207, 209

●は

BCCWJ…11, 23～25, 81, 84, 85, 89, 94, 100, 115～117, 148, 151, 152, 158, 164, 169, 179, 180, 187～189, 221, 227, 228, 231, 267, 275

●ひ

被修飾名詞…16～18, 24, 65, 76, 91, 152～ 175, 178～180, 187, 275, 278, 279

必須成分…3, 12, 92, 100, 106, 109, 113, 200, 201, 217
否定辞…84
非必須成分…12, 92, 105, 109, 112, 113, 198, 200, 201, 217
評価形容詞…47, 48
評価・判断形容詞…48, 82
描写形容詞…54
［表出物］…17, 18, 152, 159, 164〜168, 172, 173, 177, 178, 180, 184, 187, 188, 275, 278

●ふ

（副）産物志向の結果句…198
副詞句…3, 10, 12, 19, 60, 66, 69〜71, 76, 80, 105, 106, 190, 191, 193, 197, 199, 200, 214, 270, 279
副詞的用法…3, 7, 19, 20, 37, 58, 81, 190, 191, 193, 196, 198, 200, 201, 205, 208, 209, 213, 218, 219, 268, 275, 276, 278〜280
文の結束機能…139
文の成分…11, 12, 31, 32, 81, 83, 85, 91, 92, 94, 100, 103, 109, 115, 270, 272, 279

●ほ

［補部］…11, 12, 81, 95, 98, 99

●む

無標のタ形…130〜132, 233, 234

●め

［名詞句述部］…11, 12, 81, 95, 97

●も

モノの側…217

●ゆ

有意差…104〜106, 115, 270

●よ

様態相修飾成分…196, 197
様態のソウダ…7, 59〜61, 268

●れ

連体修飾用法…3, 8, 9, 12, 16〜18, 24, 25, 29, 58, 65, 66, 73, 76, 79, 82, 152, 153, 157, 158, 168, 172, 173, 178〜180, 184, 187, 188, 268, 269, 275, 278, 279

●わ

話者認識の副詞的成分…19, 20, 202, 213, 214, 216〜219, 275, 279

人名索引

●あ行

荒正子…*49〜51, 53, 54, 56, 153*
井島正博…*232, 233*
奥田靖雄…*127*
小山敦子…*6, 7, 26, 28, 29, 38, 40, 42, 267*

●か行

Carlson…*57*
影山太郎…*4*
加藤庸子…*193, 194, 196*
北原保雄…*30, 31, 49*
金水敏…*38〜40*
草薙裕…*43, 44, 53*
工藤真由美…*94*
久野暲…*31〜34*
ケキゼ・タチアナ…*62*
郡博子…*63*
小針浩樹…*46, 48, 56*
小矢野哲夫…*233*

●さ行

篠原俊吾…*35〜37*
柴谷方良…*31, 33, 34*
渋谷勝己…*127, 130, 232, 233*
ジョンソン由紀…*34*
新川忠…*191, 193, 196*
新屋映子…*83*
鈴木重幸…*31, 32, 82*
瀬戸賢一…*37*

●た行

高橋太郎…*231*
寺村秀夫…*29〜31, 35, 36, 38, 40, 45, 53, 61, 155〜157, 168, 169, 210*
時枝誠記…*6, 26〜37, 42*
ドラガナ・シュピツァ…*19, 190, 195, 196, 199, 201〜203*

●な行

西尾寅弥…*18, 42, 43, 46, 56, 61, 63, 74, 75, 93, 153, 172, 173, 180, 187, 207, 208, 275*

仁田義雄…*48, 49, 82, 83, 91, 120, 121, 129, 145, 146*

●は行

橋本進吉…*31*
蓮沼昭子…*118〜121, 145, 146*
樋口文彦…*49, 51, 56*
畢暁燕…*153〜155, 157, 159, 160, 162, 163*
藤田保幸…*108*
細川英雄…*46, 54, 56, 59, 62, 63, 82, 83, 194〜196, 204*
許明子…*140*
堀川智也…*231*

●ま行

巻下吉夫…*37*
益岡隆志…*39, 40*
三上章…*6, 143*
三田村紀子…*35, 41, 61, 108*
三原健一…*231*
宮腰幸一…*198*
守屋三千代…*139, 140*

●や行

八亀裕美…*49, 51, 52, 56, 57, 82, 83*
矢澤真人…*196, 197, 202*
山岡政紀…*41, 48, 53〜56, 59, 62, 231*
山本和之…*65*
吉永尚…*228*

●ら行

李仙花…*140*
林青樺…*126, 127, 234*

●わ行

鷲尾龍一…*197*
Washio, Ryuichi…*197, 198*

著者略歴

村 上 佳 恵（むらかみ・かえ）

1973年　山形県生まれ
2012年　学習院大学大学院人文科学研究科日本語日本文学専攻博士後期課程単位
　　　　取得退学
2015年　同大学より博士（日本語日本文学）の学位を取得
現在、学習院女子大学非常勤講師

論文に「感情動詞の補語に関する一考察　―感情動詞の「ニ」と「デ」について―」
（2010年『國語國文學會誌』53　学習院大学国語国文学会）など。

感情形容詞の用法　現代日本語における使用実態
On the Use of Emotional Adjectives : How Emotional Adjectives are Used in Contemporary Japanese

2017年（平成29）5月31日　初版第1刷発行

　　　　　　　　　　　　著　者　村　上　佳　恵

　　　　　　　　　　　　装　幀　笠間書院装幀室
　　　　　　　　　　　　発行者　池　田　圭　子
　　　　　　　　　　　　発行所　有限会社 **笠間書院**
　　　　　　　　〒101-0064　東京都千代田区猿楽町2-2-3
　　　　　　　　　☎03-3295-1331　FAX03-3294-0996
　　　　　　　　　　　　振替00110-1-56002

ISBN978-4-305-70846-5　　　　組版：ステラ　印刷／製本：モリモト印刷
ⓒMURAKAMI 2017
落丁・乱丁本はお取りかえいたします。　　　　（本文用紙：中性紙使用）
出版目録は上記住所までご請求下さい。http://kasamashoin.jp/